O OURO DO PALÁCIO
O AMOR VIVIDO NAS MINAS DE OURO, DO SÉCULO XVIII AOS TEMPOS DA LAVA JATO

Editora Appris Ltda.
1.ª Edição - Copyright© 2021 dos autores
Direitos de Edição Reservados à Editora Appris Ltda.

Nenhuma parte desta obra poderá ser utilizada indevidamente, sem estar de acordo com a Lei nº 9.610/98. Se incorreções forem encontradas, serão de exclusiva responsabilidade de seus organizadores. Foi realizado o Depósito Legal na Fundação Biblioteca Nacional, de acordo com as Leis nos 10.994, de 14/12/2004, e 12.192, de 14/01/2010.

Catalogação na Fonte
Elaborado por: Josefina A. S. Guedes
Bibliotecária CRB 9/870

L318o 2021	Lara, Eli M. O ouro do palácio : o amor vivido nas minas de ouro, do século XVIII aos tempos da lava jato / Eli M. Lara. - 1. ed. – Curitiba : Appris, 2021. 233 p.; 23 cm. Inclui bibliografia. ISBN 978-65-5820-746-7 1. Ficção brasileira. I. Título. II. Série. CDD – 869.3

Livro de acordo com a normalização técnica da ABNT

Appris
editora

Editora e Livraria Appris Ltda.
Av. Manoel Ribas, 2265 – Mercês
Curitiba/PR – CEP: 80810-002
Tel. (41) 3156 - 4731
www.editoraappris.com.br

Printed in Brazil
Impresso no Brasil

Eli M. Lara

O OURO DO PALÁCIO
O AMOR VIVIDO NAS MINAS DE OURO, DO SÉCULO XVIII AOS TEMPOS DA LAVA JATO

FICHA TÉCNICA

EDITORIAL	Augusto V. de A. Coelho
	Marli Caetano
	Sara C. de Andrade Coelho
COMITÊ EDITORIAL	Andréa Barbosa Gouveia (UFPR)
	Jacques de Lima Ferreira (UP)
	Marilda Aparecida Behrens (PUCPR)
	Ana El Achkar (UNIVERSO/RJ)
	Conrado Moreira Mendes (PUC-MG)
	Eliete Correia dos Santos (UEPB)
	Fabiano Santos (UERJ/IESP)
	Francinete Fernandes de Sousa (UEPB)
	Francisco Carlos Duarte (PUCPR)
	Francisco de Assis (Fiam-Faam, SP, Brasil)
	Juliana Reichert Assunção Tonelli (UEL)
	Maria Aparecida Barbosa (USP)
	Maria Helena Zamora (PUC-Rio)
	Maria Margarida de Andrade (Umack)
	Roque Ismael da Costa Güllich (UFFS)
	Toni Reis (UFPR)
	Valdomiro de Oliveira (UFPR)
	Valério Brusamolin (IFPR)
ASSESSORIA EDITORIAL	Beatriz de Araújo Machado
REVISÃO	Andrea Bassoto Gatto
PRODUÇÃO EDITORIAL	Jaqueline Matta
DIAGRAMAÇÃO	Andrezza Libel
CAPA	Gabriella de Campos Borges
COMUNICAÇÃO	Carlos Eduardo Pereira
	Débora Nazário
	Kananda Ferreira
	Karla Pipolo Olegário
LIVRARIAS E EVENTOS	Estevão Misael
GERÊNCIA DE FINANÇAS	Selma Maria Fernandes do Valle
COORDENADORA COMERCIAL	Silvana Vicente

*Aos meus filhos, Letícia Mendes, Luísa Mendes e Ulysses Mendes
Ao meu esposo, Demétrio Lara
Aos meus pais, Zélia Mendes e Evilásio Mendes
À minha tia Maria da Paixão Mendes (in memorian)
Ao escritor e jornalista Afonso Ligório Pires de Carvalho
Aos escritores José Orlando P. da Silva e Olímpio Pereira Neto (in memorian)
Aos professores doutores e pesquisadores, da Universidade de Brasília, Ana Claudia,
Claudio Braga, Elga Laborde, Fernanda Alencar e Norma Hamilton*

Alguns amores podem ser cósmicos com certa áurea poética de comunicação mental, sintonizados para além do encontro formal. Amores além da lógica, aqueles que superam a distância e o esquecimento. São movidos pela astrologia dos anjos. Quebram a barreira do tempo e do espaço.

A autora

SOBRE O OURO EM DOIS TEMPOS

Um romance histórico de ficção que Eli M. Lara nos apresenta em O ouro do palácio, narrativa contextualizada em duas épocas diferentes do Brasil, mas, semelhantes na essência dos sentimentos e desejos que mobilizam as suas personagens, como assinala no subtítulo "O amor vivido nas minas de ouro, do século XVIII aos tempos da Lava Jato".

Em vinte capítulos, divididos em duas partes, a autora constrói um universo paralelo no qual o que verdadeiramente reina é a manipulação do poder: escravidão, cobiça, engano, corrupção, drogas, em contraponto com o amor, que tanto antes, no passado, quanto depois, na contemporaneidade, é o fio condutor das protagonistas. Na realidade, mais que uma saga de amor, a autora utiliza recursos do seu imaginário, cumprindo o ritual de encher os vazios da história, no sentido que explica Foucault, para retrataratividades análogas no tempo e no espaço entre dois séculos, que dão um sentido crítico e social à obra.

Com uma linguagem dinâmica, cuidadosa em detalhes, Eli M. Lara levanta os cenários de cada época, assim como a fala coloquial própria dos diversos caracteres, que evidenciam a distância que os separa ou que os une, nos diferentes dramas e classes que lhes toca viver e sofrer. Detrás das conjunturas locais, cronológicas, regionais, geográficas, linguísticas, é possível vislumbrar os agentes e os critérios dos poderosos interesses no jogo de opressores e oprimidos em cada etapa. Nesse panorama, um detalhe a destacar: é a revolução, o papel que desde sempre o amor tem na subversão das forças destruidoras da sociedade. Como bem diz a escritora na epígrafe: "Alguns amores podem ser cósmicos com certa áurea poética de comunicação mental, sintonizados para além do encontro formal. Amores além da lógica, aqueles que superam a distância e o esquecimento. São movidos pela astrologia dos anjos. Quebram a barreira do tempo e do espaço".

Na ficção que a autora compõe há uma perspectiva desde a mulher narradora e personagem que se confundem. Em cada século, as figuras e seus rasgos físicos e mentais que numa leitura rápida podem parecer supérfluos, assumem um perfil cuja dinâmica revela os movimentos sociais, morais, psicológicos e culturais, numa, como diz Hegel, "totalidade do movimento". O conhecimento totalizador do ser humano só é possível de ser encontrado no romance. E nos âmbitos dos palácios de ontem e de hoje, reconstruídos por Eli M. Lara para registro da memória, além do ouro, podemos achar a riqueza da consciência e da coletividade humana através da linguagem. Sem contar com a profusão de alusões artísticas, menções de esculturas e quadros clássicos, descrição dos elementos arquitetônicos suntuosos dos palácios onde se guardam os segredos e fortunas, mais os desenhos próprios com que a escritora ilustra cada capítulo.

Todas essas questões surgem do encontro com um texto de leitura sem esforço, fluida, entretida e que justifica a permanência do romance tradicional, apesar de todas as novas incursiones que o gênero tem experimentado nos últimos tempos da pós-modernidade. Assim como reafirmara a opinião de Vargas Llosa de que a criação literária acabou por se tornar, cada vez mais, uma atividade feminina, nas livrarias, nas conferências ou nas readings dos escritores, e nas faculdades em que se estuda literatura. Sem dúvida o romance de Eli M. Lara contribui a manter vivo o gênero e é um convite para uma série de reflexões sobre a realidade brasileira na qual os seres humanos representados em torno da opulência, da pobreza e suas contradições podem se identificar, podem dialogar, revisar as circunstâncias históricas em que se encontram e as condições que podem lhe determinar um horizonte.

Professora Dra. Elga Laborde
Líder do grupo de Pesquisa Literatura Latino-Americana Contemporânea
Membro do Grupo de Pesquisa Textualidades contemporâneas:
processos de hibridação
Membro fundador honorário dos Congressos Internacionais de Humanidades
Pesquisadora Permanente do Programa de Pós-Graduação/TEL/IL/UnB

APRESENTAÇÃO

Este romance de minha autoria, sobre o amor incondicional vivido no cenário da mineração de ouro e da escravidão, a partir de 1765, é constituído de enredo ficcional, todavia, é baseado em fatos reais. A História do Brasil, que por vezes surge no texto, caracteriza o contexto histórico vivenciado pelas personagens fictícias. A narrativa justapõe o conhecimento, as experiências de vida, a arte, a história, a literatura, as políticas públicas, as práticas culturais e a ficção, portanto, constitui-se em obra de arte elaborada de forma crítica.

O ouro do palácio narra personagens que viveram durante a exploração do ouro, nas minas de Paracatu do Príncipe, com uma nova leitura. Os manuscritos da história da colonização portuguesa na cidade de Paracatu, no estado de Minas Gerais, são ressaltados sem a verossimilhança fidedigna, por se tratar de enredo baseado na criação artística. A contemporaneidade em Brasília e Paracatu, a partir de 2014, com a exclusão social e a tentativa de ascensão das personagens, repensa as arbitrariedades dos colonizadores e neocolonizadores do século XVIII e do século XXI.

Os nomes mencionados nesta obra são fictícios e qualquer semelhança com nomes reais será mera coincidência. A exceção se dá às personalidades homenageadas no romance ou nomes da História do Brasil.

SUMÁRIO

PARTE I 17

CAPÍTULO 1
CÁRITA E EULÁLIO NO COMÉRCIO DE OURO, EM 1765 19

CAPÍTULO 2
SISTEMA DE COLONIZAÇÃO DO SÉCULO XVIII 33

CAPÍTULO 3
NEGÓCIOS COM BOTANERA 41

CAPÍTULO 4
O TEMPO DA ESCRAVIDÃO 47

CAPÍTULO 5
A ÍNDIA IRANDIRA CONTA A SUA HISTÓRIA 55

CAPÍTULO 6
A ESCRAVA ZEFA RECLAMA DA ESCRAVIDÃO 61

CAPÍTULO 7
O CAPITÃO RAMIRO VOLTA A FALAR EM CASAMENTO 67

CAPÍTULO 8
EMBARGOS DAS TERRAS DE AMÂNCIO BOTANERA 71

CAPÍTULO 9
A HOSPEDARIA REORGANIZADA POR CÁRITA 77

CAPÍTULO 10
A GRUTA DE VÊNUS NO MORRO DO OURO 81

PARTE II - DE 2014 A 2020 87

CAPÍTULO 11
O OURO E A ARTE DO PALÁCIO EM JANEIRO DE 2014 89

CAPÍTULO 12
RAYANE COMEÇA A MELHORAR 105

CAPÍTULO 13
O OURO DO SÓTÃO DO PALÁCIO 113

CAPÍTULO 14
O ENCONTRO DE ELISA E TEODOTO 133

CAPÍTULO 15
O OURO DE PARACATU E A NEOCOLONIZAÇÃO 139

CAPÍTULO 16
QUILOMBO SÃO DOMINGOS, EM 23 DE JUNHO DE 1765 161

CAPÍTULO 17
OS DOIS ANOS DA LAVA JATO NÃO ACABARAM 167

CAPÍTULO 18
OS MANUSCRITOS DO SÉCULO XVIII 181

CAPÍTULO 19
A SAUDADE DE TÉO EM MEIO AO IMPEACHMENT DE DILMA
ROUSSEFF 193

CAPÍTULO 20
OS JULGAMENTOS 213

PARTE FINAL DOS MANUSCRITOS DO SÉCULO XVIII 227

FINAL 229

REFERÊNCIAS 231

PARTE I

CAPÍTULO 1

CÁRITA E EULÁLIO NO COMÉRCIO DE OURO, EM 1765

Naquele dia 21 de janeiro de 1765, em plena tarde, quando olhei pela janela da carruagem, vi um vento forte, nuvens de chuva apareciam do céu azul já quase se tornando branco acinzentado com a tempestade iminente. A ara ararauna no tronco do buriti tentava se esconder, por deveras acreditar nas vicissitudes do tempo. Eu estava a pensar e a repensar em como deveria estabelecer a minha sobrevivência aqui no arraial com o comércio do ouro. Entretanto me sentia deveras merencória com os acontecimentos ainda muito recentes, tristes e fatídicos, todos eles.

Via a linha do horizonte envolta em brumas e nas minhas lembranças cintilavam a saudade e a dor. Naquele tempo ficava a pensar que haveria de chegar um fim para tantas mortes violentas no comércio do ouro. Não podia mais suportar tantas agruras nesta minha existência, nesta terra inóspita das veredas tão distantes do meu solo lusitano. Portanto me dava conta de que me encontrava nesse sertão sem fim.

Quando lembro que meu pai, meu irmão e o escravo foram pegos numa emboscada, bem na saída do garimpo, fico deveras ressabiada. Muito medo me assaltava ao transitar naquelas margens do córrego na mata. O sangue derramado da minha família cintilava em minha mente. Todavia, deveras, haveria de haver justiça. Haveria de descobrir os verdadeiros executores de um dos crimes mais cruéis ocorridos nas minas do arraial, uma verdadeira chacina. O meu pai havia vindo para cá para tentar a vida no comércio e o crime não podia ficar impune. O meu pai e o meu irmão trabalhavam de sol a sol como pequenos comerciantes de ouro.

Quem havia tirado as vidas dos meus familiares nestas terras do sertão? Seriam eles os bravos gentios que habitavam entre o Rio Paracatu e o Rio Preto? Pensei também que poderia ter sido o valente senhor Amâncio

Botanera[1], o arrivista, o que queria dominar a produção de todo o ouro no arraial. Fiquei sabendo que ele estava a pretender ser o poderoso rei das minas auríferas por estas bandas. Lembrei-me, também, do capitão Ramiro, que para ficar comigo tentou de tudo, desde sempre já me espreitava de longe, espionava-me, desejava-me sem amor verdadeiro.

Por essas razões, a respeito do perigo, já estava consciente de que o comércio do ouro era demasiado perigoso para mim, uma jovem mulher. Todavia, eu devia continuar com o negócio do ouro, esse era o ofício do meu pai, que me fora herdado.

Efetivamente, não havia mesmo alternativa de escolha, até o presente momento, mas eu devia aumentar os meus cuidados ao transportar o ouro de um lugar para o outro. Nesse sertão dos gerais, gente forasteira era o que mais havia.

O que me mantinha viva para lutar contra as adversidades da vida era a esperança por dias melhores. Tinha eu força para continuar viva por causa dos escravos do meu pai, que agora eram meus amigos, o Shomari e o Chawo. Eles sempre me acompanhavam por todos os cantos das minas. Eles eram meus confidentes, meus broquéis.

Naquele dia, vi muitos cativos na bateia nas margens do Córrego de São Luís e Sant'Ana, lugar de garimpo intenso, porém limpo. Os escravos enfiavam o corpo na água já quase afundando com as bateias nas mãos. O córrego estava quase cheio com as águas das chuvas do mês de janeiro.

---
[1] Neste romance, Cárita Macedo de Mello, Eulálio Ferreira, capitão Ramiro e Amâncio Botanera são personagens fictícios do século XVIII.

Figura1 – Entre o córrego e o rio – Colagem sobre papel canson A3

Fonte: a autora

O escravo alforriado, apesar de viver em liberdade, não conseguia emprego no garimpo e nem conseguia garimpar por conta própria. Muito menos nas minas de Amâncio Botanera, que já possuía os seus próprios escravos.

Sei que precisava de ouro para o meu próprio comércio. A luta pela sobrevivência era emergente para mim, no sertão dos gerais, terra do ouro prometido.

O minerador Amâncio Botanera me oferecia o ouro por um preço absurdo, certamente, porque eu era mulher muito jovem. Aquele senhor de garimpeiro possuía muitos escravos, que trabalhavam de sol a sol para minerar os veios de ouro das águas limpas e tranquilas do Córrego Rico. Outros garimpos persistiam nos riachos Poções, Praia da Bela Vista,[2] afluente do Córrego Rico e outros córregos. Sempre andava por todas essas minas, de sol a sol, para comprar os gramas de ouro que necessitava para o meu comércio.

---
[2] O nome original desse Córrego é Praia dos Macacos, todavia mudado, ficcionalmente, para Praia da Bela Vista.

Eu precisava urgentemente do ouro, já tinha vários pedidos importantes e devia enviar vários gramas de ouro para Olinda, por meio do comércio na Vila Real de Nossa Senhora da Conceição de Sabará. No entanto todo aquele sofrimento dos escravos me sensibilizava. Vê-los sujos de lama e eu com aquele vestido branquinho de algodão, bordado no punho e nas golas pela minha avó, deixava-me deveras sensibilizada com a penúria daqueles homens explorados.

Naquele dia, andei quase tropeçando na barra do meu longo vestido. O aurífice de Botanera pesou o ouro em uma pequena balança dourada. Peguei os gramas de ouro em pó, paguei por eles com moedas de réis e saí às pressas para voltar para a carruagem e retornar à hospedaria. Estava a juntar todo o ouro de aluvião para vender na casa de fundição, na Vila Real de Nossa Senhora da Conceição de Sabará.[3] Essa espécie de comércio do ouro era porque o Arraial de São Luis e Sant'Ana das Minas do Paracatu estava subordinado à Ouvidoria da Comarca do Rio das Velhas, com sede na Vila de Sabará. Tudo por causa do meio de transporte aquaviário, do Rio das Velhas, que é conhecido por todos, aqui no arraial, pela rapidez para navegação. Outro motivo era porque o Rio das Velhas faz ligação com o Rio São Francisco, por isso forte comércio de ouro naquela região de águas calmas e tranquilas.

Naquele tempo, o ouro de Sabará, na maioria das vezes, ia parar em Olinda, sede do bispado colonial. Então era transformado em moedas com o brasão imperial e enviado para Portugal. Certamente, eu devia pagar por um quinto à coroa portuguesa.

O garimpo, naqueles tempos áureos do ouro limpo, durante o século XVIII, era uma esperança de construção de riqueza, a cobiça, o meio de produção artesanal. Eu via, naquelas paragens, o caixote e a bateia num pa pa pa, num ti ti ti, num trac trac do cascalho rolando da tábua lisa. Para a concentração do ouro em pó extraído usavam o ímã para retirar os minerais magnéticos presentes na ganga, não havia poluição naquele garimpo rudimentar. Estou contando da melhor fase dos meus negócios no garimpo, quando ganhei meu ceitil.

Naquele mesmo dia, 21 de janeiro de 1765, quando já estava subindo o vale do Córrego Rico, vi maus feitores com chibatas em punho, saindo da brenha, bem na nossa frente. Corriam atrás de um escravo. Eu ainda estava

---

[3] As informações mencionadas sobre a História do comércio de ouro estão em: CARRARA, Angelo. Ouro de Tolo. In: FIGUEIREDO, Luciano (org.). *História do Brasil para ocupados*. Rio de Janeiro: Casa da Palavra, 2013. p. 154.

na carruagem com Shomari e Chawo. Shomari era muito corajoso, alegre e brincalhão. Já Chawo era tímido e ressabiado. Todavia, ambos me passavam confiança, Nessora, meus companheiros no comércio do garimpo de ouro.

Pedi a Shomari, que estava guiando os cavalos, que chegasse mais perto para ver o que se passava. Logo, vimos o escravo garimpeiro que corria já quase rastejando na terra enlameada, bem na mata ciliar, nas proximidades da estrada. Pedi a Shomari que parasse e mandei o escravo todo sujo de lama do garimpo entrar na carruagem. Os homens correndo aproximaram-se de nós e, de maneira muito rápida, seguraram as rédeas dos cavalos para que não seguíssemos adiante. Tentaram entrar na carruagem, entretanto, o Shomari deu de chicote nos braços dos feitores, que se assustaram, desviando as mãos das rédeas. Como sentiam enormes dores, pararam de nos perseguir. Assim, continuamos a longos galopes e não conseguiram nos alcançar.

Naquele mesmo dia, muito comovida com o estado do escravo, que se chamava Eulálio, levei-o para hospedaria[4] de dona Marlene, onde eu estava hospedada, que ficava entre o Largo do Sant'Ana e a Igreja Matriz de Santo Antônio de Manga.

Nas proximidades da hospedaria havia poucas casas, construídas no estilo colonial. As portas e as janelas eram de madeiras retas, sem nenhum relevo. Aos poucos, o arraial se expandia com a arquitetura colonial simples.

Cheguei com o escravo Eulálio na hospedaria todo sujo de lama. A dona Marlene deu um grito comigo, reprimindo-me muito.

– O que vosmecê pensa que estás fazendo, Cárita? A tua nobreza não te permite tal rebeldia. Vosmecê mais parece uma biscate! Trazendo um pobre escravo garimpeiro para este pensionato de família!

– Qual nobreza tenho, dona Marlene? Como ousas falar a meu respeito com tanta crueldade? Vosmecê não tem sensibilidade!

– Dessa maneira tu darás azo pra fofocas da minha nobre hospedaria! Deixe esse escravo na senzala!

Eu não queria deixar o Eulálio na senzala da hospedaria, tendo em vista o perigo que ele correria com os capatazes de Botanera que o perseguiam. Então insisti para que ele subisse comigo até os aposentos do piso superior do sobrado. Enquanto andava com ele para subir as escadas de madeira, dona Marlene abriu os braços, repentinamente, para que não passássemos.

---
[4] A hospedaria de dona Marlene é fictícia.

Não pretendia mesmo arrumar arenga com a dona da hospedaria, então desci com ele para o pátio externo. Andamos até a rua e fomos ao chafariz da Traiana. Aparei água na gamela e ele se lavou com a água limpa da fonte. Eulálio, muito ressabiado, deveras tímido, muito lentamente foi retirando o excesso de lama do corpo. As pessoas que passavam para buscar água da fonte do chafariz ficavam a nos olhar com espanto. Por causa disso, voltei com ele para a hospedaria. Em um momento em que a dona Marlene se distraiu um pouco, subi com ele para os aposentos no andar superior do sobrado.

Após pôr o jovem Eulálio para tomar um bom banho, no quarto ao lado, que estava vazio, pedi para ele vestir umas roupas do meu falecido irmão. Fiquei boquiaberta com a beleza daquele rapaz com aquele terno claro e um cravo na lapela.

– Pra que tudo isso, Sinhá Cárita?

– Assim eles não irão reconhecê-lo – respondi, enquanto passava no rosto do rapaz um *blanc e rouge* para deixá-lo com a aparência mais sofisticada. Coloquei em sua cabeça uma peruca para que ele se passasse por outro homem, um aristocrata. Ele se assemelhava a um homem nobre. Esse tipo de peruca era moda do século XVIII. As pessoas poderosas costumavam usá-la. Com essa aparência ele não parecia com um escravo. Fiz isso para proteger a vida do Eulálio, porque se aqueles homens o pegassem, certamente o matariam. E fiz, também, porque era muito jovem e sem juízo.

– Cárita, tenho que voltar às margens do Córrego Rico, na mata ciliar, debaixo do pé de jenipapo.

– É lógico que vosmecê não pode voltar lá. Se os teus senhores te pegam, eles te matam.

– Tenho que pegar todo o ouro que estou guardando na areia. A trouxinha com todo o pó está enterrada debaixo do pé de jenipapo. Se eu conseguir pegar todo aquele ouro posso começar a juntar uns réis para a minha carta de alforria. Desse jeito, deixarei de ser escravo.

– Calma, depois vosmecê volta lá. Não pode ser hoje. Então estava roubando o teu patrão?

– Não senhora, eu estava garimpando fora do meu horário de serviço, sim senhora.

Eulálio respondeu com muito medo.

– O ouro é todo meu, Sinhá Cárita.

– Não me chame de sinhá. Não sou sua sinhá, Eulálio. Considere-me sua amiga e confidente.

Logicamente que eu não iria entregá-lo, mesmo porque já começava a sentir algo inexplicável por aquele escravo. O seu jeito simples de falar passava a impressão de rapaz probo. O seu corpo musculoso e o olhar grafite brilhante mexiam comigo. Percebi que ele devia ser mais ou menos da minha idade.

– Vamos descer para jantar, Eulálio.

– Cárita, pense bem, a dona Marlene não vai gostar.

– Gostando ou não, vosmecê irá comigo. As pessoas comuns querem ser como os nobres e tratam os escravos como se fossem animais. Não podem agir dessa maneira. Vamos jantar.

Sentamo-nos na cantina da hospedaria e ficamos esperando que os cozinheiros nos servissem o jantar da noite. Esperamos, esperamos... Até que a dona Marlene foi entrando e logo indagando:

– Quem é esse moço? Ele não está hospedado aqui.

Eulálio ficara irreconhecível com a indumentária que ele estava vestindo. Fiz de um tudo para não rir.

– Este é um amigo mouro que chegou recentemente no arraial. Ele procura pouso aqui por uns dias.

– Entonces deve acertar comigo após o jantar.

– Deixe que acertarei a conta do mouro, dona Marlene.

– E esse mouro por acaso não tem nome?

– O nome dele é Guillaume. Ele é proveniente do povo berbere, entretanto, já está a residir no Brasil. Ele está a comercializar produtos franceses, como perfumes e maquiagens, contudo, também vende pedras preciosas e especiarias.

Inventei tudo aquilo para que ela não nos incomodasse. Todavia, logo depois eu bem sabia que ela descobriria a verdade, que o moço de peruca era o escravo Eulálio.

– Estás a trazer pessoas estranhas para a hospedaria, Cárita de Mello! Lembres que vosmecê deves de se dar ao respeito! Não queres ficar rapariga falada no Arraial de São Luiz e Sant'Ana das Minas do Paracatu.

25

– Não estou preocupada com as fofocas, senhora Marlene. Agora nos deixe a sós que temos de tratar de uma conversa de cunho particular. Mande nos servir o jantar, por favor.

Logo em seguida, os cozinheiros de dona Marlene trouxeram uma bandeja com carne de porco cozida e mantida na lata, arroz, pão, abóbora, azeite, uma botija de vinho tinto português e mais duas pequenas botijas de água. O Eulálio, muito tímido, começou a comer bem devagar, deveras ressabiado.

Figura 2 – Botijas de água – Desenho a grafite sobre papel canson A2

Fonte: a autora

– Faça assim, Eulálio... Vosmecê volta lá para pegar o teu ouro, entretanto, irá apenas depois de amanhã. Depois irá comigo para a comarca do Rio das Velhas, vamos à Vila Real de Nossa Senhora da Conceição de Sabará, e lá poderemos transformar todo o nosso ouro de aluvião em moedas de ouro.

— Está bem, dona Cárita.

— Não me chame de dona. Pode ser vosmecê mesmo.

— Estou pensando que se eu conseguir transformar todo aquele ouro de aluvião em moedas de ouro devo ficar por lá. Se voltar para cá, Amâncio Botanera me mata.

Naquela época era proibido andar com o ouro em pó nas ruas. Todo o ouro de aluvião devia ser transformado em barras ou em moedas de ouro com o carimbo real.[5]

Lembrei que estava só, no Brasil e neste arraial, e aquele belo escravo de dentes alvos podia ser uma companhia para mim. Achei que poderia comprá-lo para que trabalhasse comigo no comércio do ouro. Apesar de ainda não querer comentar nada com ele, acabei comentando logo em seguida.

— Pode ser, mas acho que vosmecê poderá optar em trabalhar comigo. Posso comprá-lo. Possuo bens suficientes para tal proposta. Assim, deixará de ser escravo daquele arrivista explorador, o Botanera.

Senti afeição por aquele belo rapaz negro, de sobrancelhas pretas, muito brilhantes. Braços e tórax musculosos. Quando olhava naqueles olhos grandes, com a cor de jabuticabas bem maduras, via neles algo que ainda não compreendia muito bem. Em seus olhos via esperança de vida. Algo enigmático. Senti como se fosse coisa de destino, sentia como se já o conhecesse bem.

— Eulálio, por enquanto, durante o dia, vosmecê ficará aqui na hospedaria. Agora, se vosmecê almejar voltar naquelas margens para resgatar o teu ouro, que o faça pelas tantas do breu da noite. Amâncio Botanera é um homem muito valente, ele pode muito bem te mandar para o tronco da praça da matriz ou até mesmo matá-lo.

— Está bem, Cárita.

— Eulálio, não aprecio o trabalho de Amâncio Botanera. Vem sendo cruel com os escravos dele. Tudo isso para servir a D. José, o rei de Portugal.

— Verdade, Cárita. Já estou juntando o ouro para conseguir a minha carta de alforria.

— Posso ajudar-te, Eulálio. Tenha calma, mas, realmente, não podes continuar naquela vida de exploração.

---
[5] CARRARA, 2013, p. 154.

– Queria muito conhecer Portugal, Cárita. Mas acho que nunca vou poder. Sou apenas um escravo. Ainda que eu consiga a liberdade, não teria condições financeiras.

– Nunca é uma palavra sem esperança, Eulálio. Acredite que um dia poderás conseguir. Deves conhecer o Palácio de Mafra,[6] construído com o ouro do Brasil. Belíssimo. No entanto, construído com o trabalho árduo dos africanos escravizados no Brasil.

Ficamos a conversar por duas horas. Percebi que a D. Marlene não estava gostando.

– Nessora que já jantamos. Volte para o seu quarto, porque se a dona Marlene te encontrar beirando pelas proximidades dos meus aposentos, ela poderá expulsar-me desta hospedaria.

Falei veementemente com ele, mas, ao mesmo tempo, sentindo uma imensa ternura pelo jovem escravo de dezoito anos.

Entrei nos meus aposentos já no breu da noite. Enquanto acendia o candeeiro de porcelana do meu quarto, fiquei pensando no Eulálio. Eu estava a sentir grande atração pelo moço. Devia dissimular os meus sentimentos para não causar espanto em dona Marlene, pois ela insistia em me vigiar. Certamente, eu devia acertar as contas do escravo Eulálio, que ela pensava ser Guillaume, o mouro. Todavia, assim que possível, eu ia contar toda a verdade para dona Marlene, porque não prezava por mentiras.

Eulálio, o filho de escravos angolanos, ainda muito jovem foi escravizado, e em meio a todos aqueles outros escravos, recebia apenas comida. Ele sempre reclamava da ausência do pai. O pai de Eulálio chegara ao Arraial apenas para fazer um filho em Zefa e depois nunca mais voltou. Sua mãe sempre dizia que o pai de Eulálio era um aventureiro, um auxiliar de bandeirante em busca de ouro fácil.

De repente, no breu da noite, comecei novamente a pensar no meu pai, no meu irmão e no escravo, que haviam sido assassinados no comércio do ouro. Quando eles foram pegos numa emboscada, na saída do garimpo, roubaram deles uma boa parte do trabalho da semana. A minha mãe havia voltado para Portugal e eu estava só com o negócio do ouro no arraial. Ela voltou para as terras lusitanas para cuidar da minha avó, que estava

---

[6] O Palácio de Mafra é uma suntuosa construção de estilo Barroco. SANTOS, Mário Pereira dos. *Palácio Nacional de Mafra*. 2007. Disponível em: http://www.patrimoniocultural.gov.pt/pt/museus-e-monumentos/dgpc/m/palacio-nacional-de-mafra/. Acesso em: 31 jan. 2020.

acamada. Então estava eu a viver aqui, neste sertão perigoso, por causa da cobiça do ouro.

Já estávamos morando naquela hospedaria havia dois anos. Sem nenhuma casa boa para morarmos, o meu pai insistia que deveríamos continuar morando por uns tempos na hospedaria. Ele dizia que após se estabelecer nas Minas do Paracatu, haveria de nos mudarmos da hospedaria e logo em seguida ia providenciar uma aia para mim. Na hospedaria não precisava, porque ele sempre contava com dona Marlene e as suas escravas para me ajudarem em tudo.

No dia seguinte, pela manhã, olhei meu rosto na penteadeira e pensei o quanto eu era jovem e bonita. Os meus cabelos pretos e a pele amorenada pelo sol forte do arraial tornavam-me uma bela moça. Por aqui já estavam chegando boas maquiagens francesas, como o *blanc e o rouge*.

A penteadeira emoldurada com madeira pau-brasil ficava próxima à janela para iluminar melhor o espelho. Dei alguns passos e olhei bem na lateral, donde avistava a Igreja de Santo Antônio de Manga. A bela arquitetura mais evidente do arraial.

Fiquei sabendo que o templo católico fora construído pelo Padre Antônio Mendes Santiago,[7] bem na década em que nasci, em Lisboa. Fiquei sabendo também que, por aqui, nos gerais, o bandeirante Felisberto Caldeira Brant e José Rodrigues Froes enviaram uma carta oficial sobre as descobertas das minas de ouro ao governador, em 1744.[8] Nessa carta, eles falavam sobre as jazidas existentes na capitania de Minas Gerais, que já estavam sendo exploradas, mas a exploração ainda não havia sido oficializada. Após o envio da carta, José Rodrigues Froes acabou sendo nomeado como o primeiro guarda-mor do Arraial.

Essa data coincidia com a década em que nasci, em Lisboa. Nasci mesmo em 1745, bem na época das descobertas das minas do Arraial de São Luís e Sant'Ana das Minas do Paracatu. Isso mesmo, em 1745, um ano depois da oficialização da descoberta das Minas do Paracatu. O meu pai já dizia para minha mãe que ele haveria de se mudar para as Minas do Paracatu. A ambição aumentava, cada dia mais, após o meu pai ouvir os comentários

---

[7] BOTELHO, José Aluísio. *A raposa da chapada*. Publicado em: 3 mar. 2013. Disponível em: https://araposadachapada.blogspot.com/2013/03/padre-antonio-mendes-santiago.html. Acesso em: 25 abr. 2016.

[8] GAMA, Alexandre de Oliveira. *Historiografia e memórias de Paracatu - Noroeste de Minas Gerais*. Disponível em: http://repositorio.unb.br/bitstream/10482/18413/1/2015_AlexandredeOliveiraGama.pdf. Acesso em: 20 jun. 2016. Brasília: Universidade de Brasília, 2016. p. 125.

de que, em Portugal, tinham chegado por volta de 529[9] toneladas de ouro, até o ano de 1760, provenientes da produção brasileira.

Quando o ouro de aluvião foi descoberto, nas margens do Córrego Rico, aqui no arraial, ganhou o nome de Córrego de São Luís e Sant'Ana. Após a exploração, o principal córrego do arraial recebeu o nome de Corgo Rico – para os mais letrados, Córrego Rico. Entretanto o nome popular Corgo Rico era falado por todos do arraial.

A descoberta de ouro em Minas Gerais, Bahia, Goiás e Mato Grosso[10] favoreceu intensa corrida para a exploração do ouro. Imensa corrente imigratória sucedeu-se de Portugal para o Brasil. Assim, durante os primeiros anos do século XVIII, desembarcaram milhares de pessoas em terras brasileiras.

O ouro de aluvião do leito e das margens do Córrego Rico chamou vários aventureiros em busca de fazer fortuna. Gente de todo canto vinha de várias outras regiões para ganhar a vida com o ouro cobiçado de São Luís e Sant'Ana das Minas do Paracatu, lugar onde acabei me estabelecendo.

Várias pessoas pensavam que eu fosse filha de Maria da Cruz,[11] a mulher guerreira que participou de levantes em Minas Gerais.

Diziam que eu parecia em demasia com a dita cuja, mas não, não havia conhecido a tal senhora que muitas pessoas mencionavam. Elas insistiam e eu sempre respondia a mesma coisa:

– Não, meus caros, não sou filha de Maria da Cruz. Morei em Portugal até o ano de 1763. Sou filha de Maria, de Lisboa. Maria Macedo de Mello.

---

[9] CARRARA, 2013, p. 155.
[10] *Idem.*
[11] Personagem histórica (BOTELHO, 2013. p. 1).

Figura 3 – Fotografia – Primeiro sobrado construído no século XVIII, no Arraial de São Luiz e Sant'Ana das Minas do Paracatu

Fonte: a autora

CAPÍTULO 2

SISTEMA DE COLONIZAÇÃO DO SÉCULO XVIII

Ainda pela manhã daquele mesmo dia, após ajeitar os meus cabelos e passar sobre a minha pele o *blanc e rouge*, Eulálio e eu nos sentamos na cantina da hospedaria para tomarmos o café da manhã. A dona Marlene veio se aproximando de nós e indagou:

— Ando a precisar de maquiagens. Quero ficar tão formosa quanto vosmecê, Cárita. Assim que terminares o café da manhã, traga até aqui as suas maquiagens francesas, Guillaume. Quero comprar o *blanc e rouge* que a senhorita Cárita usa.

— Mas, dona Marlene, Guillaume está aqui de passagem. Está a ir a Goiás, a mercadoria dele está no lombo da mula e ficou longe da hospedaria.

— Vá lá e busque as bagagens. Quero ver as maquiagens.

— Sim, sim, dona Marlene.

Eulálio ficou deveras ressabiado, sentiu medo. Pude observar em sua feição bastante ansiosa.

Portanto insisti, tentando convencer dona Marlene que não daria tempo, que Guillaume devia partir. Assim sucedendo, após tomar o café da manhã com Eulálio, o pretenso Guillaume, lembrei que eu precisava conversar com o padre Antônio de Jesus. A prosa seria sobre as terras que eu necessitava comprar na região e eu sabia que o padre tinha muita influência no arraial. Assim, coloquei um véu sobre os meus cabelos presos e falei a Eulálio:

— Vamos comigo à Igreja e fique me aguardando sentado no banco. Preciso ter uma prosa com o padre.

— Mas... Dona Cárita, preciso voltar nas minas do Corgo Rico.

— Por enquanto não vá lá, Eulálio. Pode ser muito perigoso para ti. Já pensastes se Amâncio Botanera lhe ver a espreitar pelas minas? Aguarde. Vamos almoçar juntos.

Em janeiro de 1765, a economia da região estava emergindo mais com o comércio do ouro. Outras produções originavam-se das grandes fazendas dos proprietários de terra e criadores de gado. Pensava seriamente que devia investir numas terras com gado também. Destarte, devia conversar com o padre.

Quando cheguei à Igreja de Santo Antônio vi, ainda na porta da Matriz, o padre Antônio de Jesus, passando pelo alto dossel de madeira, todo em alto-relevo, que formava o baldaquino que protegia a imagem de Santo Antônio.

Todas as vezes que eu me encontrava com o padre, ele sempre dizia que a igreja existia desde o dia 1755.[12] Ele também dizia que Dom Francisco Xavier de Aranha, o bispo Coadjutor de Olinda, havia enviado um Alvará dando como já construída e terminada, a Paróquia de Santo Antônio de Manga do Paracatu.

Desde 1755, o polêmico vigário Pe. Antônio Mendes Santiago,[13] realizava batizados e matrimônios naquela Igreja. O jovem Pe. Antônio de Jesus[14] falava sobre esse seu amigo e confidente, que havia construído a paróquia. Dizia que o Pe. Antônio Mendes Santiago era, ao mesmo tempo, admirado e odiado por comandar a Santa Inquisição no arraial.[15]

Quando me aproximei bem perto do padre pude observar a sua beleza e jovialidade. Homem branco amorenado pelo sol do arraial, de cabelos castanhos escuros, alto e esbelto, passava um jeito muito canônico. Todavia, encontrei-o muito ansioso. Ele se ajoelhava diante da escultura de Santo Antônio padroeiro e rezava o Pai Nosso. Fiquei por alguns instantes observando o semblante do homem de batina.

– O que houve padre? O senhor me parece preocupado.

– Aqueles hereges estão nos caluniando muito, Cárita. É uma longa história.

– Conte-me, padre, assim o senhor pode desabafar.

– Uai, Cárita de Mello, mas quem veio aqui confessar foi vosmecê.

– Pare de orgulho, padre. Vai, desabafa logo.

Nessora, o padre foi logo quebrando o protocolo e desabafando.

---
[12] Fatos históricos sobre o Tribunal Eclesiástico de Paracatu (BOTELHO, 2013, p. 2).
[13] Personagem histórico.
[14] Personagem fictício.
[15] EQUIPE DO ARQUIVO PÚBLICO MUNICIPAL. *Inventário analítico do fundo Tribunal Eclesiástico*. 2015. Disponível em: https://paracatumemoria.wordpress.com/fundo-tribunal-eclesiastico-tec/inventario-eclesiastico/. Acesso em: 9 nov. 2016.

— O Pe. Antônio Mendes Santiago e eu estamos sendo perseguidos. Como diabos estão a nos conclamar. Não posso suportar tamanha injúria e soberba da parte, sobretudo, do clero episcopal. Ah, não, isso não! Por isso vamos mover um processo por injúrias e difamação sofridas, pois tudo que fizemos foi tratar de todos os assuntos da Igreja de forma disciplinar.

— Mas qual é o motivo de tamanha injúria, padre?

— Alguns moradores daqui do arraial estão nos denunciando, dizendo que os estamos explorando com altas taxas de cobranças da Igreja, como taxas para matrimônios, batizados e impostos de terras. Em razão disso, os bispos estão nos perseguindo. Mas mudando de assunto, o que a trouxe aqui, linda rapariga, a esta hora do dia, já que não há missa durante esse horário?

— Padre, necessito adquirir umas terras para começar a minha vida aqui neste arraial. O que o senhor me aconselha?

— Ah, sim, Cárita de Mello, vosmecê veio até aqui para dialogar com a pessoa certa.

Pensei que, realmente, eu devia estar certa em falar primeiro com os padres, porque a relação com eles devia ser de amizade, melhor do que de inimizade, pois todos comentavam que eles ainda faziam o papel de padres inquisidores.

— Pode deixar, Cárita. Vou favorecer auxílio a vosmecê. É dever de um padre ajudar uma moça órfã. Pobrezinha! Entre, vamos à casa dos padres. Vamos fazer uma boquinha, tomando um café com quitandas assadas no forno à lenha, enquanto conversamos.

O padre estava de vero muito solícito para com a minha pessoa e o acompanhei à casa dos padres. Ele mandou as escravas arrumarem a longa mesa de madeira de Pau-Brasil com flores frescas, dentro de altos jarros de porcelana, e mandou que eu fosse me sentando, porque a prosa haveria de ser comprida.

— Cárita, acho que posso negociar umas terras para vosmecê, lá no Vale do Rio Paracatu. As terras são das melhores, com água boa para plantação e criação de gado. Essas terras das quais estou falando são terras devolutas, terras ignotas mesmo, nunca antes desbravadas. Vosmecê terá apenas que mandar seus escravos cercarem a terra com arame. Sabe como está a região, por aqui o que há são maus feitores, forasteiros e piratas. Estamos nas terras do sertão das minas dos gerais, Cárita.

— A minha vontade é de adquirir terras para me estabelecer aqui no sertão de Minas Gerais, todavia, estou a pretender continuar no comércio do ouro enquanto me organizo.

— O comércio do ouro não é para ti, rapariga. Necessitas de terras para plantar e criar gado mesmo. Como eu estava lhe dizendo, vosmecê deves verificar o terreno que pretendes adquirir no Vale do Paracatu. Depois vosmecê ergue a tua morada. Se alguém lhe molestar para que saias do terreno, aí deves falar comigo para dar uma solução. Os portugueses, aqui no arraial, possuem o direito à exploração das riquezas locais com a autorização do rei. Vosmecê sabe que possuo importantes influências com o Rei D. José I. Ademais, as terras devolutas podem ser registradas e outorgadas para as mulheres órfãs como vosmecê. Então entras no sistema de concessão das sesmarias[16] concedidas pelo rei. Dessa maneira, vosmecê estabelecerás como sesmeira, no Vale do Paracatu, podendo administrar roças.

— Agradeço-lhe muitíssimo a sua atenção com a minha pessoa, padre.

— Então, Cárita, deves ter em mente formar quintal com pomar, cultivar lavoura, criar aves e gado leiteiro. Estou vendo um problema para vosmecê porque és solteira. O melhor será arranjar um rapaz para matrimônio, como manda a Santa Madre Igreja. Assim procedendo, religiosamente, então levarás uma vida de respeito.

Enquanto conversávamos, uma escrava chegou com as quitandas e pamonhas assadas na palha de milho.

— Coma, Cárita, coma. Pobre menina! Vosmecê perdeu os teus familiares nas minas do Paracatu. Agora, se vosmecê quiser vir morar na casa do padre, posso lhe acolher. Será uma honra ter uma moça como vosmecê para fazer uma caridade. Apenas até se estabelecer no arraial.

— Padre, agradeço muitíssimo ao senhor pela imensa boa vontade em acolher-me, mas já estou hospedada na hospedaria de dona Marlene. Lá possuo os meus aposentos. Ela não cobra tão caro.

— É uma pena, Cárita! Uma grande pena vosmecê não aceitar a minha ajuda. Na verdade, vosmecê não ficarias aqui, vosmecê se hospedaria no convento. Por mim, eu a hospedaria aqui comigo. Todavia, sabes muito bem como são as más línguas do povo deste arraial, logo já pensam coisas libidinosas. E bem sabes que a minha fama não anda tão boa pelas redondezas.

---

[16] SILVA, Rafael Ricarte da. Sesmarias. *In:* Biblioteca de Referências do Atlas Digital da América Lusa. Publicado em 03 jul. 2013. Disponível em: http://lhs.unb.br/atlas/Sesmarias. Acesso em: 22 mar. 2020.

Como tive medo de que o padre me enviasse ao convento das freiras, tentei persuadi-lo com argumentos para relembrá-lo de que eu não era uma órfã:

– Bem sabes que não sou órfã. Tenho a minha família, que se encontra em Portugal. A minha mãe pode chegar a qualquer momento. A minha avó também ainda está viva e mora com a minha mãe. E ainda tenho mais duas irmãs.

Conversamos muito sobre as terras que eu poderia vir a conquistar no arraial. Eu bem devia ter razões para continuar no sertão e não voltar para Portugal, pois devia continuar com o projeto de comércio de ouro do meu pai. Até então era questão de sobrevivência. Ainda tinha como missão enviar parte da minha renda do comércio do ouro para a minha família, em Lisboa.

Quando conversei com uma beata na saída da Igreja, fiquei sabendo que o vigário, o padre Antônio Mendes Santiago e o amigo do padre Antônio de Jesus já estavam movendo um processo contra injúrias sofridas, porque estavam sendo processados pelo bispado de Olinda e outros padres da região. A Santa Inquisição no arraial começava a ser mal vista pelo povo. Já que as pessoas estavam dando início a denúncias contra o padre inquisidor de Santo Antônio de Manga, o padre Antônio Mendes Santiago.[17]

O ouro que o meu pai havia deixado daria para eu adquirir terras com minas e umas cabeças de gado. Eu tinha certeza de que queria mesmo me estabelecer no arraial. Seria uma pequena lavradora, porque meu pai não havia me deixado muito. Era pouco o ouro, pois grande parte do trabalho da semana havia sido roubada.

Então, aos poucos, fui desnudando aquelas paragens muito distante das minhas terras lusitanas e me acostumando com as desérticas terras auríferas dos Gerais. Ademais, era vero que das muitas vicissitudes provenientes dessas capitanias, o comércio do ouro cada vez mais prometia vida abundante.

Após conversar com o padre na casa dos padres, voltei para o interior da Igreja de Santo Antônio e, depois, procurei Eulálio nos bancos de madeira do templo católico, mas não o avistei. Certamente, ele já havia saído para buscar o ouro enterrado perto do pé de jenipapo.

---

[17] Fatos históricos sobre o Tribunal Eclesiástico de Paracatu (BOTELHO, 2013).

Embora preocupada com a ausência de Eulálio, voltei para a hospedaria. Já nos meus aposentos, peguei o papel, a pena e a tinta para escrever uma carta para minha mãe. Até então eu não havia tido coragem de contar a ela que meu pai, meu irmão e o escravo estavam mortos. Então criei coragem. Sentei-me na escrivaninha de Pau-Brasil, madeira muito nobre e avermelhada, e comecei a triste escritura.

Arraial de São Luís e Sant'Ana das Minas do Paracatu, 22 de janeiro de 1765

Minha doce mãezinha!
Estou vivendo nesta terra inóspita, neste sertão sem fim. Por aqui não vejo o mar. Para chegar neste imenso cerrado viajei e penei por milhas e milhas de distância. Agora, encontro-me presa nesta terra de serras e morros sem fim. As veredas têm as águas medicinais que brotam dos buritis. Encontro-me neste imenso sertão em busca do ouro. Sempre o ouro. Sei que a senhora ainda não veio por causa da minha avó, que se encontra acamada. Compreendo. Ontem, bem no breu da noite, a saudade em demasia disparou em meu peito. Nessora, pela manhã, estou sentada na escrivaninha de Pau-Brasil para lhe escrever esta carta. Maus feitores são com quem mais nos deparamos na região, minha amada mãe. Homens valentes e selvagens. Nestes Gerais, a brava gente vende a alma por gramas do minério precioso, pouco se importando com a própria existência ou de seus semelhantes. Possuo suspeitas de que esses homens não são índios nativos. Tenho as minhas desconfianças que sejam os homens que vieram das nossas terras lusitanas como foragidos e se estabeleceram nos Gerais. Os indígenas que por aqui habitam são deveras bravios e insistem pela resistência. Os pretos e os mestiços são sofridos e medrosos e não dispõem de armamentos. Ouvi dizer que o Rei D. José I enviará mais tropas para dominar a ambição dos contrabandos.[18] Por aqui, assaltam e matam pelo ouro. Das Minas do Paracatu, seguindo pelo caminho do ouro, ao Rio de Janeiro, ou pelas águas dos rios das Velhas e São Francisco, até chegar ao além-mar, a pirataria corre aceleradamente e o comércio do ouro nem sempre pode ser controlado pela coroa.[19] Além do mais, pelo Rio das Velhas e Rio São Francisco, até chegar a Olinda, há pirataria da mesma forma.

---

[18] Enredo fictício
[19] Sobre o tráfico de ouro, ficção baseada na História de Minas Gerais: CHIAVENATO, Júlio José. A conjuração mineira e a derrama. In: *Tributos do Brasil Colonial*. São Paulo: Editora da USP, 2017. Disponível em: https://edisciplinas.usp.br/pluginfile.php/1766986/mod_resource/content/1/Sem%20II%20-%20Julio%20Jos%C3%A9%20Chiavenato%20-%20obrigat.pdf. Acesso em: 3 out. 2020.

> *Os meios oficiais da coroa não conseguem controlar os roubos e assaltos que por aqui se avultam em demasia.*
> *Além de todas essas estradas do ouro há também o caminho que leva à Bahia, que todos por aqui chamam de descaminho, onde o ouro não pode ser mesmo controlado pela coroa portuguesa.*
> *Com tudo isso, sinto muito, muitíssimo, em lhe informar que meu pai, meu irmão e um dos nossos escravos foram pegos numa emboscada quando saíam do garimpo. Roubaram-lhes o fruto do trabalho da semana e os mataram sem piedade. Sinto muito em lhe dizer, oh minha maravilhosa e amada mãe. Chorei muito, os meus prantos molharam os lençóis, as minhas lágrimas eram lágrimas de ouro. Do ouro garimpado pelo meu pai, pelo meu irmão e pelos três escravos. Um dos escravos morreu. Ficaram Shomari e Chawo, que por aqui me acompanham no árduo comércio do ouro. Querida mãezinha, desejo que o bom menino Jesus e a Nossa Senhora confortem o teu coração que por deveras sofrerás com esta má notícia.*
> *Saudades, minha mãezinha!*
>
> *Cárita Macedo de Mello*[20]

Após escrever a carta procurei Eulálio pela hospedaria. O dia passou rapidamente e Eulálio não retornou. Olhei pela janela do sobrado e nada. Andei pelos becos nas proximidades da hospedaria e nada. Eu não avistava Eulálio em banda alguma. Nessora, fui para os meus aposentos e adormeci preocupada.

---

[20] Carta escrita pela personagem fictícia Cárita Macedo de Mello (grifo da autora).

CAPÍTULO 3

NEGÓCIOS COM BOTANERA

No dia seguinte voltei ao quarto de Eulálio para saber se ele já havia retornado com o ouro que havia enterrado próximo às margens do Córrego Rico. Todavia, vi que ainda não havia retornado. O sol já estava alto na janela, com raios de sol muito quentes penetrando nos alvos lençóis de algodão. A manhã foi passando e nada de Eulálio aparecer. Almocei e nada.

Então, ainda, na tarde daquele dia, resolvi ir ao garimpo para saber o que havia ocorrido com Eulálio. Pensei que ele poderia ter voltado para o garimpo de Amâncio Botanera.

Andei pelas margens do Córrego Rico, enquanto via vários escravos a trabalharem para Amâncio Botanera, um dos grandes proprietários das minas do arraial. Andava pensando como era a vida tão diferente da vida que eu levava em Lisboa. Em Portugal era tudo tão organizado, tão limpo, muita gente bem vestida. Posto que por essas bandas do sertão, durante aquele ano de 1765, o Arraial São Luiz e Sant'Ana das Minas do Paracatu era muito pobre. Algumas poucas tribos indígenas dos povos gentios, que habitavam entre o Rio Paracatu e o Rio Preto, estavam cada vez mais sendo dizimadas[21] e substituídas por zonas de garimpo, fazendas de plantação de cana para rapadura e criação de gado.

Claro que nem todos trabalhavam no garimpo. Muitos dessa capitania moravam nos campos trabalhando na agricultura e nas atividades pastoris. De qualquer forma, eu pensava e repensava na dureza desse tipo de vida. Fazia força para esquecer a minha infância nas margens do Rio Tejo, em Lisboa. Então andei, andei nas margens do Córrego Rico tentando assimilar e viver uma nova vida no arraial.

Andando pelas margens do Córrego Rico, deparei-me com Amâncio Botanera, homem bravo, destemperado, bebedor de vinho português, muito branco, avermelhado pelo sol quente e louco por mulheres. Enquanto eu andava nas margens podia ver o tamanho desprezo que ele mantinha por

---
[21] MONTEIRO, John. Bandeiras indígenas. *In:* FIGUEIREDO, Luciano (org.). *História do Brasil para ocupados.* Rio de Janeiro: Casa da Palavra, 2013. p. 40.

muitos homens a esmo nos arredores do córrego. Alguns escravos alforriados não conseguiam garimpar o ouro por causa do domínio do valente Amâncio Botanera.

Enquanto eu andava e continuava olhando para todos os lados para tentar encontrar o Eulálio, Botanera me abordou de repente.

– O que uma dama tão bela como a senhora faz aqui nesse sol ardente? Ainda não é hora de vosmecê comprar o ouro desses pequenos garimpeiros, mas se vosmecê almejar fazer negócios comigo tenho um bom ouro de aluvião para negociar. Ah! Mas antes quero que vosmecê me responda onde está o meu escravo Eulálio. Ele está fugitivo, mas os meus capatazes disseram que ele entrou na sua carruagem.

– Não sei de Eulálio. Ele andou comigo na carruagem, mas o deixei no arraial. Depois disso, eu não soube de mais notícias a respeito desse cativo.

– Fale a verdade, Cárita. Sei que és uma rapariga órfã e deve aprender boa educação e não deves mentir. Uma rapariga de sangue lusitano como vosmecê não deve mentir.

– Não sei do paradeiro de Eulálio. Todavia, deveras que me preocupo com esses cativos que estão a labutarem em trabalhos árduos. Eles cavam a terra arenosa e ficam tempo muito extenso procurando o ouro em pó. Lá em Lisboa nunca vi tamanha exploração do ser humano.

– Ora, Cárita, vosmecê não conhece esses homens pretos. Eles são preguiçosos. Eles não pagam a comida que comem.

– Lá vem o senhor com o sectarismo próprio de um prospector de minas de ouro! Pois bem que eles não recebem contrapartida em réis para esse árduo trabalho da mineração do ouro. Recebem apenas a comida. As roupas desses pobres escravos estão todas esfrangalhadas com o árduo serviço do garimpo.

– A senhora dama que é vosmecê está preocupada em demasia com esses pretos...

– Estou preocupada sim. Quero mesmo saber também de Eulálio. Quando o senhor encontrá-lo quero fazer ao senhor uma proposta para que me venda o Eulálio.

– O Eulálio é um escravo muito jovem, mora na minha residência desde que nasceu. Tem bons dentes. Ele é forte e bom de serviço. Não estou interessado em vendê-lo.

— Pago ao senhor... Seiscentos e sessenta mil réis pelo escravo. De acordo com o que ouviu, pago bem. Pago em moedas de ouro.

— Uau! Tudo isso? Certamente, é uma boa quantia, mas como vou vendê-lo se ele não está sob o meu poder neste momento? Eulálio está fugitivo. Ele não dormiu na senzala nas últimas noites. Estás a me entender?

— Concordo com o senhor. Vamos aguardar que ele apareça.

— Então deixaremos o Eulálio à parte e vamos tratar dos nossos negócios. Vou vender a vosmecê alguns gramas de ouro, pois bem sei que vosmecê está prestes a viajar para a Vila Real de Nossa Senhora da Conceição de Sabará. Assim comercializará todo o ouro que o seu pai lhe deixou. Entonces levas mais esses gramas.

— Pois bem, pese todo o ouro que o senhor possui. Farei uma proposta. Mas o senhor sabe que devemos descontar o quinto[22] do valor que devo pagar ao Rei D. José I. O rei não está perdoando aos que tentam burlar a coroa.

— A senhora me paga por todo o ouro de que disponho com moedas provinciais de 4.000, 2.000 e 1.000 réis. Trezentos e trinta réis multiplicados por 100 gramas de ouro em pó, isso porque fica em trezentos e trinta réis o grama. Ao todo, vosmecê me paga o total de 33 mil réis.

— O senhor pretende me extorquir porque sou uma mulher. Mas esse valor é simplesmente um absurdo.

Acabei negociando por um preço bem menor, por 250 réis o grama, porque eu ainda teria que pagar um quinto na casa de fundição. Após realizar os negócios com Botanera, ele se dirigiu a mim novamente para saber de Eulálio. Tive que repetir mil vezes que não sabia do paradeiro dele.

Andei, andei e não encontrei o Eulálio, que havia desaparecido.

Nessora, fui andando em direção à minha carruagem para voltar à hospedaria para guardar o ouro dos meus negócios. Não vi Shomari e Chawo, que estavam comigo. Por alguns momentos, eles desapareceram.

Eu era muito cobiçada e assediada no comércio do ouro nos gerais. Os homens pensavam que fosse eu uma cortesã e não uma comerciante de ouro. Sempre tinha que me defender. Então, quando olhei para trás, vi Botanera andando rápido em minha direção. Parei e perguntei o que era que ele ainda queria, já que já havíamos realizado os nossos acertos. Ele foi se aproximando muito rápido e tentou me abraçar e me beijar na boca.

---

[22] Valores referentes a impostos sobre o ouro no século XVIII (CARRARA, 2013, p. 154).

Dei nele um empurrão e tirei um punhal da minha bolsa de tecido de linho. Apontei para ele rapidamente.

– O que o senhor quer é mesmo me afrontar, Botanera! Tome vergonha nessa sua cara vermelha de pimentão maduro! Não sou para o teu bico! Sou uma jovem de princípios, jamais me envolveria com um homem casado como o senhor. Ainda mais da sua idade!

– Calma, donzela. Sei que devo respeito por uma nobre dama como a senhora. Sei que és órfã.

– Não sou órfã, mas exijo respeito, senhor!

– Perdoe-me, Cárita!

Botanera se pôs de joelhos, pedindo perdão como se estivesse arrependido. Enquanto isso, Shomari e Chawo foram chegando.

– O que houve, Sinhá Cárita?

– Não houve nada. Vamos voltar para a hospedaria.

Deveras já estava pensando que se eu encontrasse com Eulálio, o amor que sentia por aquele homem, pois bem quisto poderia me destinar que vivêssemos juntos e compartilhássemos de uma vida em comum. Ainda, porque no arraial não podia mesmo ficar solteira, os homens não iriam me respeitar. Mas logo a dona Marlene insistiu em me apresentar o tal capitão, um lusitano muito dominador, que trabalhava nas tropas da coroa portuguesa procurando criminosos, traficantes de ouro e punindo os escravos fugitivos do arraial.

Assim, quando cheguei à pensão, dona Marlene estava em pé, e vi um homem com trajes de soldado das tropas lusitanas, muito elegante, sentado na poltrona da sala, na lateral da escadaria de madeira. A dona Marlene estava muito ansiosa e apressou-se para me apresentar o capitão.

– Cárita, quero apresentar a vosmecê este moço garboso que se encontra residindo no arraial. Capitão Ramiro, essa bela moça de fino trato é a Cárita. Ela é uma moça órfã, seria muito bom que se conhecessem e que talvez, porventura, viessem até a namorar e a casar.

– Já conheço o capitão Ramiro, dona Marlene. Eu o conheci nas minas de ouro. Posso lhe dizer da despropositada apresentação por vero embaraçosa a que me rogastes ao soldado da coroa. E alto lá, dona Marlene, que não sou uma jovem órfã. Tenho a minha mãe, que se encontra em Portugal, mas ela virá para o Brasil. Ela aguarda a melhora da minha avó para arrumar as malas e embarcar numa nau rumo aqui, ao Brasil. Quando por cá se aportar, ela tratará desse assunto de cunho por demais familiar.

Dona Marlene não se rogou por satisfeita e continuou a insistir para que eu saísse para me divertir e conhecer melhor o capitão Ramiro.

– O melhor será vosmecê sair para conhecer o capitão do que sair com o mouro, aquele ruão, ou com o escravo, outro ruão da mesma laia. Todavia, graças a Deus, vosmecê me disse que o mouro já pegou rumo para o Goiás.

Ainda naquela noite, o capitão Ramiro me convidou para ver uma ópera, tipo de apresentação artística, bem teatral, que envolve drama, música e cânticos, que estava sendo um sucesso no arraial. Com entusiasmo para conhecer a ópera do arraial, arrumei-me e fui apenas para me divertir um pouco na casa de uma família mais abastada. Fui com o capitão Ramiro porque muito insistiu. Eulálio continuava desaparecido, mas não conseguia esquecê-lo. Eu sabia de toda a sua vida, quando olhava para o palco via Eulálio no ator. Ah, Eulálio... Não conseguia esquecê-lo. Sentia que já o amava intensamente. Algo transcendental.

O capitão Ramiro era um homem rico, branco, bonito. Mas eu o achei enfadonho e por demais arrogante, chato e pedante. Eu sentia que não era o tipo de mulher que deveria ser escolhida. Sentia-me livre, apesar de imposições das práticas sociais da época.

Eu me achava mesmo muito avançada para aquele tempo em que vivia. No entanto, o meu pretenso amado havia desaparecido. Já havia enviado os meus Shomari e Chawo ao seu encalço e nada de encontrá-lo. Por enquanto não queria me envolver com Ramiro. Certamente, Botanera deveria saber do paradeiro de Eulálio. Ao olhar o ator que entoava um canto lírico numa voz de contralto, emocionei-me e comecei a chorar. Ramiro me olhou bem de perto e disse:

– Vosmecê está chorando, minha dama. O que houve?

Eu me lembrei do meu pai, do meu irmão e do escravo, todos mortos pelos piratas ladrões. Bem que haveria de descobrir quem havia praticado tamanha maldade com os meus amados familiares.

– O senhor podia investigar o crime para mim. Acho que não conseguirei ser feliz enquanto não conseguir descobrir quem foram os maus feitores que mataram o meu pai, o meu irmão e o nosso escravo, que já considerávamos como da família. Ainda lhes roubaram todo o ouro. O arraial é pequeno e vosmecê conhece bem todos que por aqui habitam.

– Vamos assistir à apresentação artística, minha dama. Assim que terminar vamos conversar sobre esse assunto. Acalme-se, não chore!

Ele me respondeu retirando um lenço do bolso do paletó e me entregou para que eu enxugasse as minhas lágrimas. Aquelas eram lágrimas que lembravam o duro ouro garimpado, cobiçado às duras penas do trabalho humano.

Logo em seguida, a apresentação tornou-se mais alegre. Dançarinas surgiram no palco, dançando e rebolando. Fiquei fascinada com a beleza daquelas mulheres. Os toques dos instrumentos de orquestra tornaram-se mais altos. Consegui me concentrar na animada apresentação, que acabou me envolvendo em demasia. O personagem protagonista da peça musical cantava numa voz de contralto de maneira fascinante.

Acabei por me envolver com a bela apresentação e consegui me controlar. Logo depois eu me lembrei de que eu já estava na idade de me casar para aquela época, pois já estava com 20 anos. Sei que eu precisava ter filhos, mas não pretendia tê-los com Ramiro. Não. Naquele momento, não queria me casar com um homem que não amava.

CAPÍTULO 4

O TEMPO DA ESCRAVIDÃO

No dia seguinte, lembrei-me da mãe de Eulálio. Sua mãe Zefa. Fui à senzala de Botanera para indagar acerca de demais pormenores sobre Eulálio. Chegando aos arredores da longa construção reta do casario de portadas de madeira e de pequenas janelas de madeira reta, vi a escrava Zefa andando de um lado para o outro com uma trouxa de roupas na cabeça. A mão grudada na cintura esquerda revelava o esforço físico a valer. A mulher estava muito magra por causa do serviço duro a que era submetida, mas a inda que magra, era naturalmente bonita.

No chão de terra batida, três crianças negras e quatro mestiças transitavam no quintal. Além de Eulálio, de 18 anos, Zefa tinha mais sete filhos. Os três filhos pretos mais velhos, abaixo de Eulálio, estavam bem grandinhos: uma manceba de 16 anos, um mancebo de 14 anos e um menino de 12. Todos esses mais velhos já estavam sendo escravizados porque naquela época diziam que a vida começava cedo.

Os outros quatro mestiços mais novos, todos ainda eram bem crianças e, por enquanto, ainda poupados da escravidão. O sol se pondo, Zefa já mandando a meninada tomar banho. Banho no quintal, debaixo do pé de jaca. Banho de cuia. Fui me adentrando pelo quintal e fiquei impressionada com tamanha pobreza, com todas aquelas crianças vestidas de esperangas e outras de trapos de algodão. Roupas velhas, muito esfrangalhadas, deveras rotas por demasia. Os cabelos bem soltos. Não se enfeitavam. Nem laço, nem fita. Senti imensa compaixão por aquelas crianças.

– Boa tarde, Zefa! A senhora tem notícias de Eulálio?

– Tarde, sinhazinha. Ah, o meu filho Lálio não se achegou por essas bandas desde tresantonte. Isso mesmo, sinhá. Botanera já mandou caçá pra toda banda e ninguém sabe do paradeiro do meu Lálio.

A mulher expressava uma intensa tristeza nos olhos de jabuticabas bem maduras. Enquanto isso, eu ficava a observar que as crianças maiores estavam dando banhos nas crianças menores.

— Pois é, sinhá, já tem três dias que Lálio não põe o pé aqui na senzala. Mas que mal lhe pregunte, menina moça, o que a senhorinha quer com meu rapaz?

— Vou oferecer trabalho para Eulálio. O seu rapaz muito me interessa. Certamente, irei oferecer uma boa quantia para o Botanera, assim ele não irá se recusar.

— A sinhazinha vai botá o meu rapaz no garimpo de novo? O pobre tá penando tanto, tadinho.

— Espero colocar o seu rapaz como o feitor em meus negócios. Será bom para Eulálio.

— Ah, meus orixás, meu santo São Francisco, meu Santo Antônio, minha Nossa Senhora, então vai ser bão pra ele demais da conta!

— Então agora nos resta encontrá-lo. Vou enviar o Shomari e o Chawo para procurá-lo. Amanhã, logo que o sol raiar.

— Te agradeço muito sinhazinha. Brigada! Nossa Senhora te acompanha.

Na saída da portada principal da senzala, o pequeno escravo de 12 anos de nome Sebastiãozinho veio me seguindo. Zefa chamava-o por Tiãozinho.

— Sinhazinha! Sinhazinha! Acho que sei te dizer onde Eulálio está, mas toma cuidado, porque ele me pediu segredo. Sabe onde é o Quilombo São Domingos? Tem muitas léguas daqui. Ouvi ele dizendo que ia batê lá. Dizem que lá tem uma grande fazenda que aceita até escravos fugitivos. O dono é um homem bom. Não castiga, respeita o homem preto.

— Vosmecê tem certeza, menino?

— Sim, sim.

Dei umas moedas de ouro para Tiãozinho e saí de lá apressada para pegar a estrada.

Fui de carruagem até a estrada principal, depois vi que não havia estrada alguma até São Domingos. Pedi a Shomari que colocasse montaria no cavalo baio para mim e arriasse os outros dois para ele e Chawo. Escondemos a carruagem em uma mata para que nenhum forasteiro a roubasse. Montamos nos cavalos e saímos de montaria atrás de Eulálio.

Fomos esgueirando no matagal, subindo o Morro do ouro, adentrando na mata, passando por nascentes e paredões de lapa. Ara ararauna no tronco do buriti. Vimos uma trilha, uma estradinha pelo lado direito.

Resolvemos pegar a estreita estrada de chão dentro da densa mata, trotando, esgueirando-nos pelo lado direito.

Quando chegamos ao acampamento nas margens do Córrego São Domingos, onde havia o quilombo, vi Eulálio dentro de uma cabana. Ele estava queimando o ouro em pó enquanto tentava formar uma pequena pepita em forma de pirâmide. Fui chegando de mansinho e fiquei olhando de longe. O rapaz usou o imã para ajuntar o ouro em pó. Depois, arrastou as pequenas bolinhas ajuntadas do ouro de aluvião e acendeu o maçarico para produzir pequenas chamas. Nessora, ele começou a derreter o pó de ouro sobre o cadinho. Pude observar que Eulálio dominava a metalurgia. Desde a extração até a fundição do ouro.

As chamas queimavam o pó do ouro de forma muito rudimentar. Como um escultor, Eulálio estava lapidando a escultura de ouro com muita delicadeza. Fiquei perplexa com o que via. A pirâmide parecia dotada de magia, pois o ouro brilhava mais do que de costume. Fiquei imaginando o que Eulálio realmente pretendia esculpindo aquela pirâmide.

Aproximei-me aos poucos de Eulálio. Ele se assustou muito com a minha presença.

– A sinhazinha por aqui? Vá embora. Aqui é um lugar muito perigoso para uma moça branca. Vosmecê sabia que aqui é um quilombo? Há muitos escravos refugiados por aqui. Vá-se embora logo. Ninguém pode te ver, sinhazinha. Monte no seu cavalo e volte para o Arraial.

– Vim buscar a ti, vou comprá-lo. Vamos embora comigo. Vou negociar com Botanera. Preciso que vosmecê me ajude nos meus negócios. Não tenha medo. Vamos, Eulálio.

Quando terminei de falar foram se aproximando de nós alguns homens foragidos, muito assustados. Mas tentei acalmá-los:

– Não estou aqui para procurar cativos. Vim buscar apenas Eulálio.

Os homens com flomengas e paus nas mãos me olhavam com umas caras! Como se eu fosse uma sinhá má.

– Deixem a sinhazinha. Não mexam com ela. Essa moça é minha amiga! – Eulálio falou com autoridade enquanto escondia a pirâmide de ouro.

Aos poucos fui me recuperando do susto. Eu não sabia o que era um quilombo. Era um lugar muito pobre e cheio de escravos alforriados e refugiados. Fiquei rondando e observando o quilombo com as pessoas que se movimentavam tentando organizar as suas moradias simples, várias construídas de pau a pique, no estilo colonial das taipas setecentistas. Poucas casas de adobe de barro, no estilo colonial. Outras ainda tinham as paredes como as ocas indígenas, apenas com capim nas estruturas das paredes. Em frente às cabanas, as pequenas ruas estavam enlameadas.

Alguns homens, mulheres e crianças já haviam tomado banho, mas vários outros ainda estavam sujos do serviço do garimpo. Eles se movimentavam dentro das cabanas de madeira improvisadas. Algumas cabanas estavam sendo construídas com adobes, que eram feitos com estercos de cavalo misturados com terra. Os telhados eram de palhas de buritis.

Quando o dia ia escurecendo e a noite ia se adentrando, o povo do quilombo foi se ajuntando, formando um círculo. Alguns pegaram uns tambores e um berimbau e começaram a tocar. Outros começavam a se contorcer num gingado muito rápido, num ritmo acelerado. O meu coração começou a bater muito forte quando olhei para Eulálio, que veio correndo e começou a participar da capoeira. Sem camisa, com o tórax todo de fora e os pés descalços. Continuei o observando. A dança, o gingado, o contorcionismo, o toque do berimbau.

Nossa, senti algo inexplicável, uma imensa alegria me invadiu de repente. Era uma imensa felicidade. Aí, pensei: não precisamos de tanto ouro ou contos de réis para sermos felizes. A felicidade depende muito do que vivemos com emoção, paz e alegria. Ali, os escravos já não eram escravos. Eles se sentiam libertos. Longe do tronco do senhor.

Sentei-me em um pedaço de madeira cortado que formava um banquinho redondo, levantei as barras do meu longo vestido rosa e fiquei ali, observando a imensa alegria do povo quilombola. O toque dos tambores me fazia vibrar, consegui relaxar. Fiquei muito excitada observando Eulálio rodopiar no gingado da capoeira. Seus músculos fortes me fizeram respirar fundo. Eu estava extremamente cheia de desejos por aquele rapaz. Naquele tempo era proibido ter relações sexuais antes do matrimônio. Bem sabia que não podia de forma alguma.

Quando terminou a dança, Eulálio andou para o meu lado e indagou:

– Gostou, sinhazinha? Dancei para vosmecê.

Senti que ele também estava muito emocionado com a minha presença. Enquanto conversávamos, vi que havia muitas mulheres negras no local, mas havia também alguns mestiços, não apenas negros. Todos muito alegres, como se estivessem numa festa, começaram a distribuir a cachaça que estava em alguns potes de barro. Muitos deles já estavam com pequenas cuias na mão. Tomaram cachaça e cabengue, a aguardente feita pelos pretos. Um deles, já muito bêbado, aproximou-se de mim e disse:

— A sinhazinha não vá dar com a língua nos dentes que o Eulálio está por aqui. Temos os nossos homens fortes e poderá ser muito perigoso para vosmecê, está me entendendo, sua lusitanazinha branquela?

Ele foi ficando meio agressivo. Eulálio aproximou-se de mim, bem pertinho mesmo e disse ao homem:

— Afaste-se de Cárita. Vosmecê está a esfandagar a nossa prosa. Ela é uma boa moça, não vai dizer que esteve aqui. Confie nela.

— O quê? Confiar em gente branca? Essa gente é traiçoeira, quer sugar o nosso sangue com o trabalho árduo. E se possível, leva e acorrenta a nossa alma. O meu senhor nem me dava comida. Se eu tinha fome, me mandava comer manga no pé. Eu já não aguentava comer só manga. Quando matavam porcos, a gente tinha que comer o resto deles ou tinha que ficar apenas com a pele, pés e orelhas do bicho. Essa raça é malvada, só pensa em seus próprios interesses. Oh, racinha malvada! Vosmecê está com medo de mim, sinhazinha? Sou preto, mas sou humano. Não vou escravizar vosmecê não. Então não precisa ter medo não.

— Sinto muito. Não gosto das atitudes do povo português, sou contra a escravidão.

— A sinhazinha se diz contra a escravidão, não é verdade? Então como vosmecê mantém esses dois escravos?

— Estou apenas esperando me estabelecer aqui em Minas Gerais. Logo que puder darei a eles a carta de alforria. Eles são muito dóceis, nos damos bem, dou a eles tudo que querem. Eles nunca se revoltaram comigo. Não pense que sou desses poderosos. Os senhores geralmente possuem por volta de 50, 60, até 100[23] ou mais escravos, enquanto eu só tenho esses dois. Eles já fazem parte da minha família.

Eulálio interviu:

— A Cárita perdeu o pai e o irmão. Eles foram roubados na saída do garimpo. Ela é uma moça órfã. Pobre coitada. Temos a obrigação de ajudar a cuidar da moça.

— Sei como vosmecê quer cuidar dela, viu?

---

[23] Números de escravos dos proprietários colonizadores. (FAUSTO, Boris. *História Concisa do Brasil.* São Paulo: Editora da Universidade de São Paulo, 2006. p. 33).

– Olha... Vosmecê já está perdendo os limites. Pare com isso. A moça não vai gostar dessas brincadeiras – Eulálio bradou.

– Deixe ele conversar conosco, Eulálio! Não tem problema. Ele é um dos donos desse acampamento, desse quilombo, eu é que sou a intrusa. Ele quer desabafar, deixe-o. Pode falar, Kizua. Pode continuar com o seu desabafo.

Eulálio me olhou com uma cara estranha, como se eu estivesse dando muita corda, e cochichou comigo:

– Depois vosmecê não vai aguentar o papo!

A viagem até São Domingos fora muito longa, e quando observei o tempo, dei-me com o breu da noite. Os pirilampos já rondavam o acampamento do quilombo.

– Nossa, Eulálio! Como vamos voltar para o Arraial de São Luís com essa escuridão toda?

– A sinhazinha pode se acampar por essas bandas, se quiser, se não se importar com a falta de conforto.

Eulálio chamou alguns homens, que nos ajudaram a montar acampamento para Antonio e Chawo.

Conversamos mais um pouco e depois fui para o meu acampamento. Eulálio levou Shomari e Chawo para outra cabana improvisada e depois voltou para ver como eu estava.

– Acho melhor eu passar a noite aqui com vosmecê. Sabe que uma moça branca por essas bandas pode ser perigoso. Nunca se sabe o que pode acontecer. Apesar de aqui no quilombo ter muita gente de bem, vosmecê pode imaginar que no meio de gente de bem também tem gente que pode ter má intenção. Então vou passar a noite perto de vosmecê.

– Lógico que vosmecê pode ficar por aqui comigo, tendo em vista que a cabana é sua. Vosmecê sempre dorme aqui?

– Sim, desde que cheguei por estas bandas tive que construir correndo a minha cabana improvisada. Vosmecê está vendo que ela foi construída com materiais das veredas e do cerrado. O telhado foi todo coberto com palhas de buritis e as paredes foram construídas de troncos de carvoeiro, madeira típica do cerrado.

– Como vosmecê é atencioso... Gosto do seu jeito, Eulálio.

Ele ficou me olhando, com seus olhos de jabuticabas bem maduras. Olhava-me de um jeito especial. Sempre mantendo a distância, um pouco tímido, muito respeitoso.

Ele me apontou a minha cama, um velho catre de madeira ripada. Duro, duro, onde dormiam os pretos. Fiquei com receio de me deitar nele, mas não tinha outro jeito. E ele deitou-se no chão batido mesmo, em cima de um couro de boi. Na beira da porta, como um guarda-costas. Fiquei sem graça com Eulálio deitado no chão e falei:

– Deite-se comigo. Venha.

Ele fez um não com a cabeça, mas os olhos iluminados pela luz fraca da candeia diziam sim. Com timidez, ele se aproximou, com o tórax nu, deitou-se com muita vergonha, bem pertinho de mim. Senti de perto o seu cheiro, um aroma muito forte de folhas de buritis e tangerina. Destarte, ficou encostando o seu corpo no meu, até que não aguentei e o beijei na boca. Parece que ele gostou, queria mais e mais. Ele me abraçou com tanta intensidade, foi se encostando cada vez mais em mim.

No dia seguinte, consegui levar Eulálio comigo. Ele pegou a pequena pirâmide de ouro que estava moldando, colocou dentro de um pequeno saco de tecido, um embornal, e assim levou a pirâmide com ele com muito cuidado. Descobri logo que eu gostava dele. Então ele passou a ser como meu broquel, meu escudo, de dia e de noite, por alguns dias.

Todavia, o Eulálio não me pertencia. Eu precisava conversar com Amâncio Botanera para que me vendesse o Eulálio, porque eu o queria bem pertinho de mim.

Figura 4 – Índia brasileira – Pintura sobre entalhe de madeira

Fonte: Waldemar Santos (1998)

CAPÍTULO 5

A ÍNDIA IRANDIRA CONTA A SUA HISTÓRIA

Conheci a dona Cárita de Mello quando eu estava, por uns tempos, amasiada com um lusitano, um soldado português, recém-chegado aqui nos Gerais. Eu era uma índia muito macambúzia, também pelos maus-tratos que os portugueses deram a mim e a minha tribo. Eles chegaram à aldeia, vários soldados e uns homens civis que queriam mais terras, todos juntos, mataram muitos da minha família. Tentei resistir, correr, mas me laçaram como se eu fosse uma égua vadia.

Levaram-me para o Arraial de São Luís e Sant'Ana das Minas do Paracatu como se eu fosse uma selvagem, toda amarrada. Colocaram-me para dormir num velho catre nos fundos do quintal. Passei toda noite sem dormir, muito assustada.

Quando o dono da casa chegou, logo pela manhã, eu estava toda acuada como uma onça brava, os cabelos todos assanhados e embaraçados. Olhei para o soldado e fiquei ainda mais assustada.

O soldado foi logo me dizendo que era para eu tomá um banho de banheira. Ele me mandou pegá a água com a bacia e ir enchendo a banheira. Dizia que eu tinha que tomá logo banho còm sabão de soda e depois usar os extratos perfumados. Então ele entregou em minhas mãos uns extratos perfumados e mandô eu colocá na banheira para o banho.

Quando tava quase acabando de me banhar, ele entrou naquela sala de banho de repente, aproximou-se de mim, passou a mão na minha bunda e nos meus peito, apalpando, a fim de conhecer de imediato o meu corpo, ver para que que eu servia.

Acho que o lusitano estava necessitado, porque de maneira selvagem, me segurou pela nuca e pela cintura, ainda na banheira, me fez ficar de quatro, como uma égua. Ficou me insultando, provocando, como se eu fosse uma cadela vadia. Tentei mordê-lo, mas quanto mais eu o mordia, mais ele me tocava, me segurava de maneira violenta. Quando de supetão tentei escapulir mais uma vez, ele me segurou com muita força pela cintura.

Movimentou bastante, em cima de mim, até se cansar. Ele ficou suado como um cavalo correndo no cerrado. Fiquei toda acuada, aos prantos, assustada.

– Sua vadia. Vosmecê já não é mais virgem! Como vosmecê perdeu a sua virgindade?

Ele ficou esperando a minha resposta. Sua feição era de raiva, muita raiva. Fiquei aquietada no meu canto. Fiquei com medo daquele homem branco.

– Responda logo, índia!

– Me chamo Irandira.

Naquele momento, eu conseguia apenas chorar de tanto medo que sentia.

– Não quer me contar, sua vadia, então toma!

O branquelo me deu uma chibatada no lombo, logo mais outra chibatada e repetiu:

– Vosmecê vai ou não vai falar, sua vadia!

– Na minha tribo eu era amasiada com o meu primo.

– Tão novinha e já era amancebada!

– Sim, a minha mãe dizia que é cedo que começa o dia.

– Mas de agora em diante vosmecê estará amasiada comigo.

– Senhor, tenho que voltar para a minha tribo – eu disse, mas ele nem quis me escutar, deu de ombros. O homem ficou calado por algum tempo. Depois respondeu:

– Como nesse arraial tem poucas mulheres brancas e as que por aqui se encontram já são casadas, vosmecê será a minha concubina.

E como um ato de humilhação, ele me segurou, após eu ter tomado outro banho, veio relando em mim novamente, me puxou pelos cabelos com a mão esquerda, com muita força de homem. Com a mão direita, segurou o instrumento dele todo sujo de gosma e, logo em seguida, enfiou na minha boca. Tentei cuspir, mas ele apertou os meus lábios.

Ele me deu um pano de algodão com perfume europeu para eu passar atrás das orelhas. Disse a ele que não usava perfumes. Mas ele disse que eu tinha que usá sim. Ele mandou queimar as minhas roupas do corpo com incenso. Disse que era para não correr risco de pegar pestes da minha tribo. Depois, ele me deu um vestido branco de seda e disse:

— Irandira, agora se vista como uma moça do arraial. Não quero a ti apenas para abusar sexualmente. Serás a minha concubina.

Mandou que me vestisse como uma moça direita, que não devia mais andar nua. Devia tomar tipo, porque de, agora em diante, eu tinha que ser a sua esposa. Não no papel, apenas para ser a sua concubina.

Aos poucos, tentei me acostumar naquela casa, que, na verdade, era uma caserna[24] para alojar os soldados das tropas lusitanas. Havia mais quatro soldados na residência, que ficavam o tempo todo me olhando para eu não fugir. Sentia-me um animal enjaulado.

Enquanto isso tive que lavar, cozinhar e passar para aquele soldado, que andava, andava, durante o dia, e à noite chegava e queria tudo na mão: a comida no prato, a toalha para o banho, as roupas passadas e até as precatas de couro para calçar após o banho. Eu ficava confusa, sem saber se era a escrava, empregada ou pretensa esposa.

Quando íamos dormir, ele me chamava para me deitar com ele. Com a candeia acesa no criado ao lado da cabeceira da cama, pedia para que eu baixasse as suas calças, me colocava de joelhos para eu chupar o seu instrumento, enquanto ele ficava olhando, olhando. Depois, ele me colocava de quatro, como uma cadela, e me segurava pelos cabelos. Era sempre assim que ele fazia sexo comigo. Não fazia amor, ele me violentava. Não me tratava com respeito. Eu não sentia admiração alguma por aquele soldado.

Era repugnante sentir aquele cheiro forte de perfume francês em minhas narinas.

Já não suportava mais tantos maus-tratos e, numa bela manhã, resolvi fugir daquele soldado. Peguei alguns artefatos da caserna, uma faca, um fuzil, uma tesoura, um espelho, alguns tecidos de seda e linho. Coisas que haviam de me servir na tribo. Fiz uma trouxa com tudo e saí de mansinho. Andei bastante em direção ao quilombo São Domingos. Depois do São Domingos e depois do Morro do Ouro ficava a minha tribo.

Ao passar nas margens da estrada, esgueirando e adentrando na mata, pensei que aqueles homens a cavalo que me seguiam fossem os quatro homens, soldados de José. Só vi de longe o vulto. Olhei para trás e tive quase certeza de que podiam ser os homens do soldado José. Tentei correr. Eles estavam a cavalo e me perseguiam. Escondi atrás de uma moita de marmeladas verdes.

---

[24] Parte de um quartel onde os soldados alojam-se.

Abri a minha trouxa e peguei a arma do soldado, que era um fuzil de retrocarga, e pela parte traseira carreguei a arma com balas e pólvora.

Eu odiava violência, mas não via outro jeito, senão atirar naqueles homens, ao menos para assustá-los. Quando resolvi atirar e olhei melhor para os vultos dos cavalos vi que não eram os soldados que passavam por ali. Era uma bela moça de cabelos pretos presos em um coque, usando um chapéu de palha, e mais três homens negros, um deles era mais mestiçado. Todos montados em cavalos. Fiquei assustada, tentei me esconder, mas eles vieram em minha direção. Fiquei com medo que eles me matassem. A moça foi se achegando perto e queria saber quem era eu. Tive que me explicar bem.

A moça era a dona Cárita que muito insistiu para que eu não andasse naquelas margens. Era perigoso. Quando falei pra ela que ia voltar para a minha tribo, ela disse que não ia adiantar, que a minha tribo já havia sido dispersada da região. Sim, os gentios da minha tribo haviam sido dizimados. Alguns fugiram e outros foram capturados e estavam só Deus sabia, a narrar os paradeiros da brava gente dita selvagem pelos lusitanos. Ela me disse que no lugar da tribo agora existia uma fazenda de criação de gado bovino e que já estavam plantando cana para rapadura.

– Irandira, acontece que as bandeiras do presente século XVIII estão pouco preocupadas com a mudança dos indígenas para o arraial, para os locais de povoamento colonial. Os bandeirantes estão preferindo acabar com os habitantes que vivem em tribo.

– Não acredito... Não pode ser. Quero a minha família.

– Sinto muito, Irandira. Os portugueses querem as mulheres das tribos para amasiar, mas os homens que reagem à escravidão, eles matam sem piedade.

Comecei a chorar muito. Fiquei angustiada com a notícia do meu povo, mas Cárita me consolou dizendo que eu não ia ficar só nesse mundão de Deus, que eu podia ficar com ela na hospedaria até ver o que faria da minha vida. Disse a ela que eu não podia voltar para o arraial por causa do soldado José, mas ela insistiu bastante, dizendo que ele não me faria mal, porque ela não deixaria de forma alguma. Ela afirmava e repetia que o padre inquisidor a protegia. Não haveria problema algum.

Acabei voltando para o Arraial de São Luís e Sant'Ana das Minas do Paracatu. Voltei montada na garupa de Chawo, o escravo de Cárita. Levei de volta todos os meus pertences que estavam dentro da trouxa.

Cárita me levou para a hospedaria. Ela foi muito generosa comigo e arrumou um quarto para eu dormir. A dona da pensão não gostou, foi logo dizendo que eu não teria como pagar. Ofereci o meu trabalho, assim ela me recebeu e me mandava limpar os quartos dos hóspedes todos os dias.

No entanto, certo dia, bem à tardezinha, ouvi a voz do soldado José. Ele foi se adentrando na sala da pensão enquanto eu já estava subindo as escadas.

– Dona Marlene, me desculpe invadir a sua hospedaria, mas estou procurando a índia Irandira. Sei que ela está por aqui.

– Soldado, é melhor o senhor conversar com a Cárita. Ela está nesta pensão sob proteção da rapariga. O senhor sabe como é, a Cárita é beneficiada do padre Antônio e ninguém neste sertão é capaz de bulir com ela. Sabe como são os padres, sempre querem proteger as moças órfãs.

– Veja bem com quem a senhora está falando, dona Marlene. Sou um soldado lusitano.

– Sei bem que o senhor é um soldado, mas cumpre ordens.

– Se a senhora quer saber, o padre Antônio está perdendo todas as suas prerrogativas e status, desde que começou a ser processado pelo bispado de Olinda.

– Sabes que tudo isso é invenção das más línguas desse arraial. O padre tem poder sim. Ele manda e desmanda nas sentenças proclamadas neste sertão. Ele é quem representa o Tribunal Eclesiástico por estas bandas.

Fiquei parada no alto da escadaria ouvindo toda a conversa. Mas como ele já havia me visto, ele disse à dona Marlene que ia subir para me procurar de qualquer jeito. Quando ele disse isso, corri para o quarto de dona Cárita e pedi proteção. Ela, muito assustada, mas com muita coragem, disse que ia descer para falar com o soldado.

Chegou à sala e foi logo dizendo:

– O senhor não vai levar Irandira. Ela não quer sair daqui. Ela não o quer.

– Ouça bem, Cárita, como ousas me afrontar? Sou um soldado lusitano e a senhorita é uma mulher. Conheço bem a sua história e sei que vosmecê é uma rapariga órfã. Sei também que és a futura esposa do capitão Ramiro.

– Futura esposa do capitão Ramiro? Alto lá, soldado. Ainda não sei com quem vou me casar.

– E por acaso mulher pode escolher com quem quer se casar? Ainda mais vosmecê, que é uma órfã. Sei que o capitão Ramiro está muito apaixonado e a quer de qualquer maneira.

– Como ousa falar da minha vida pessoal, soldado José? Esse é um assunto deveras confidencial, não quero discuti-lo com o senhor. E depois, pedi ao capitão Ramiro para investigar o crime praticado contra o meu pai, meu irmão e o escravo, e ele mal me ouviu, deu de ombros. Ele não está por estas bandas para combater os forasteiros e ladrões?

– Não sei de nada, Cárita. É melhor a senhorita se entender com o capitão Ramiro sobre esse assunto. Mas vamos ao que me trouxe até esta hospedaria. Quero a índia Irandira de volta à minha casa. Ela não podia ter saído sem dar satisfação. E ainda me roubou o fuzil de retrocarga que pertence às tropas. O capitão Ramiro já me chamou a atenção por isso.

– Que tal conversarmos primeiro com o padre e com o capitão? Dessa maneira, podemos chegar a um acordo, porque Irandira não quer voltar para sua casa. Sei que o senhor não realizou nenhum matrimônio com Irandira. Sei também que já existe um alvará,[25] desde 1755, que permite e até incentiva casamentos de indígenas com portugueses. Ainda mais quando se trata de uma mulher índia com um homem lusitano, justamente o que pretende a comunidade do arraial. Todavia, o senhor não realizou o matrimônio de acordo com as leis da Santa Madre Igreja só porque ela é uma indígena. Irandira, agora, está sob a minha proteção e o senhor não tem a permissão para subir as escadas para arrancá-la desta hospedaria à força.

Ouvi Cárita me defendendo. Ouvi e gostei. Ela era mesmo muito corajosa. E eu pensando que ela não teria coragem de afrontar o Soldado José. Fiquei no meu canto, calada, não me pronunciei. Depois, ouvi os dois combinando um encontro entre José, o capitão, o padre e eu.

---

[25] FAUSTO, 2006. p. 31.

CAPÍTULO 6

A ESCRAVA ZEFA RECLAMA DA ESCRAVIDÃO

Dona Cárita era mesmo uma moça muito boa, porque ela tentou tirar o meu filho da escravidão. Eulálio ficou alguns dias na pensão de dona Marlene, no final de janeiro de 1765, dormindo num aposento sob a proteção da moça. Quando Cárita foi prosear com Botanera sobre a libertação de Lálio, dizendo que ela queria comprar Lálio, ele pulou pra trás, não quis vender de jeito nenhum. Brigou muito, ficou foi brabo demais da conta com Cárita.

– Vosmecê vem até aqui para me afrontar. Vosmecê é uma mulher, pensa que pode mandar em tudo neste arraial? Aqui as coisas não funcionam assim. Tem as leis. O escravo Eulálio esteve fugitivo e agora ele tem que ser punido com os rigores da lei. Vosmecê tentou ajudar esse cativo, mas sabes muito bem que por estas bandas do sertão nenhuma mulher manda.

– Calma, senhor Botanera, podemos dialogar. Pago ao senhor novecentos e oitenta mil réis pelo escravo.

– Vosmecê acha que compra a lei, que burla a lei. Não, esse cativo pagará caro pela fuga.

– Culpa *carne maxima livre de carne*.

Cárita falou alto e em bão latim, revelando toda a sua culpa pelo resgate e a falta de negociação do meu Lálio. A moça tentou ficar forte, mas vi que lágrimas rolaram das suas fuças. Botanera, além de não aceitar de vender Lálio de jeito nenhum para Cárita, mandou os feitores levar Lálio para o tronco da praça da Igreja de Santo Antônio de Manga. Cárita tentou ir atrás, mas os feitores de Botanera, muito fortes e valentes, interromperam Cárita.

Fiquei com o coração na mão. O meu Lálio, aquele meu menino tão bão, tão judiado, tão sofrido com a escravidão... Antes de se entregar, ele me pediu para eu guardar a pirâmide de ouro que ele tava construindo. Ele me disse que quando ele terminasse de aprontar a tal pirâmide em forma de barra de ouro, ele ia ficar rico e deixaria de ser escravo.

Tive de enterrar a pirâmide debaixo do pé de jaca, no quintal da senzala, porque se Botanera desse com o ouro, ele ia tomar e se apossar dele.

Entonce, no breu da noite, na calada da noite, enterrei a pirâmide que Lálio tava construindo com o ouro de aluvião.

Logo que o dia raiou, o meu Lálio foi, todo acorrentado, como um animal, levado à força para a praça bem em frente à Igreja Santo Antônio de Manga. Chorei muito ao ver o meu Lálio apanhar daquele tanto. Eram muitas chibatadas no lombo do pobre coitado. Fiquei em prantos e nada podia fazer. Levei água na cuia para ele tomar, mas os feitores me deram uma chibatada nos quarto e tive que voltar pra trás.

Fiquei com tanto ódio daquele Botanera desavergonhado, safado. O que ele tinha demais era desavergonha. Os meus quatro meninos mais novos, os mestiços, eram filhos do Botanera. Quando eu tava na senzala à noite e ia começar a descansar, chegava o Botanera com muita arrogância, me pegava com muita força, arribava a minha saia e não queria saber se eu queria, se estava disposta, já ia logo me segurando e montando em mim como se eu fosse uma cadela vadia.

Entonce, os quatro mais novos ele protegia, sempre dizia que quando crescessem ia dar a eles a carta de alforria, mas os outros quatro mais velhos, ele judiava muito, era na bateia e na chibata. Mesmo eles crianças tinham que trabalhar muito como garimpeiros. Como era intenso o meu sofrimento com os meus filhos na escravidão!

Tive um filho, um do meio dos mestiços, que não era filho dele, que ele matou só de ruindade e jogou no chiqueiro pra porco comer.[26] Não tô contando mentira não, é a pura verdade verdadeira. Ele achava que eu tava tendo muito filho. Mas eu achava mesmo que ele tinha ciúme de mim e também porque ele me queria ter como propriedade, como coisa que usa. Quando a senhora sua mulher ficou sabendo do acontecido, brigou muito com ele, dizia que era pecado, que o preto também tinha alma. A mulher dele, sim, era uma mulher de alma boa. Ela também dizia que depois ele ia ser castigado por nosso Senhor Jesus Cristo, e que também não ia ter lucro matando escravo, que escravo tinha muita valia.

Pobre coitada, ela era boa comigo, mas ela não sabia que na calada da noite, ele ia pra senzala e queria desavergonha comigo. Eu não tinha coragem de dá com a língua nos dentes. Deus me defenda, cruz credo, Oxalá!

Agora, a tristeza invadia meu peito. Meu Lálio tava amarrado no tronco da praça como um animal. Chorei muito na noite em que ele dormiu

---
[26] Enredo fictício baseado em relatos orais populares sobre homens colonizadores.

na praça. Senti muito mal durante toda a noite, não consegui pregar o olho. Ah, que raiva eu sentia daquele Botanera, daquele gordo barrigudo e tarado. Mas, ao mesmo tempo, tinha medo de peitar aquele lusitano valente. Ele podia até me matar que tudo ficava impune. Infelizmente, ele tinha o poder.

Quando raiou o dia, corri pra praça, só que eu não imaginava o que estava pra acontecer. Eu achava que Cárita ia conseguir a libertação do meu Lálio. Ela chegou com o padre e até tentou soltar o meu Lálio dos grilhões. Todas as pessoas que estavam na praça ficaram olhando e acharam inacreditável que aquela moça branca tava fazendo um tudo pra conseguir soltar o meu Lálio. Quando Cárita tentou convencer o padre, que já tava quase convencido, Botanera chegou, todo valente.

– Quem acha que vai soltar o escravo?

Mas logo ele correu os oios pelos arredores e viu o padre muito bravo. Ao lado do padre todo de batina estava o capitão Ramiro e os soldados, que estavam na dúvida se apoiavam o padre ou a Cárita.

Fiquei muito triste com meu Lálio com aqueles grilhões nos braços e no pescoço, todo acorrentado. Lálio ficou no meio da discussão da praça. Cárita dizia que estava comprando Lálio, Botanera dizia que não ia vendê de jeito nenhum. Mas o padre, muito valente, dizia que Cárita precisava de mais um escravo, que ela era uma órfã e que ia de precisar para ajudar no garimpo. Isso Botanera não podia negar. Isso não. O padre dizia que ela tava só neste mundão de Deus. Aí, também pude ver que o padre não era tão mau quanto todo mundo dizia no arraial.

O capitão Ramiro ficou meio que na retaguarda, já achava que de um jeito ou de outro ia se casar com Cárita, que Lálio até podia atrapalhar o casório deles. O capitão já de soslaio sentiu a premonição verdadeira. A Cárita estava era gamadinha no meu Lálio.

Essa gente branca impositiva. O preto não tinha vez. Fiquei injuriada, Cárita queria casá era com meu Lálio. Ia até ser bom demais da conta pra ser verdade. Ver meu Lálio casado com moça branca.

No meio de toda aquela euforia no meio da praça, com o capitão Ramiro já deveras desconfiado por demais da conta, ele ficou contra o padre e Cárita, que tentava sortá o Lálio.

– Senhor seu Padre, vá me desculpando, mas sei que o senhor não está deveras dotado de poder para soltar o escravo. Sei que o senhor vem respondendo processos contra várias reclamações que o povo deste arraial fez de Vossa Excelência para o bispado de Olinda. Denúncias de todas as arbitrariedades que vem cometendo nos últimos tempos. E, ademais, Vossa Excelência bem sabe que o Tribunal Eclesiástico vem perdendo as forças por aqui.

– Como ousa se referir dessa maneira à minha pessoa de padre desta comarca, senhor capitão Ramiro? Não estamos em uma batalha pelo poder, mas podemos nos entender de forma como a Madre Igreja permite.

– De forma pacífica, padre, quem é o senhor para me falar dessa maneira? Sabemos que, por esse Arraial, o que há em demasia é violência. Aqui, matam por alguns gramas de ouro. E o que conseguiu o Tribunal Eclesiástico? Agora estou aqui, a pedido da coroa portuguesa, para tentar manter a paz neste sertão e o senhor vem me afrontar?

– Tenho piedade de ti, nobre cavaleiro andante por essas veredas, quando há demais de escravos foragidos. Vosmecê já logra por demais afazeres por este sertão. Destarte, deixe que a Cárita e eu vamos resolver a situação do escravo Eulálio. Ela é uma moça órfã e precisa de mais um escravo para ajudá-la a construir a vida neste arraial.

– Pretendo me casar com a Cárita. Assim procedendo, ela terá a minha proteção. Tenho pressa para realizar o matrimônio. O senhor bem sabe que por esta região faltam moças brancas dignas de formar uma família como manda a Santa Madre Igreja.

Cárita fez uma feição triste, vi que ela não se agradou do que o capitão Ramiro dizia. Vi lágrimas descerem sobre a sua face. O meu Lálio continuava ali, preso nas correntes, enquanto os brancos proseavam. O sol já arribava e o sino da Igreja de Santo Antônio batia pras onze horas. O dia esquentava num calor de muito suor. A praça foi ficando tomada de gente. De gente branca, porque os preto tava no batente já logo na matina.

Naquela época ainda prevalecia as ordens do Tribunal Eclesiástico. Assim procedendo no arraial, entendi que se o padre estivesse mesmo a favor do meu Lálio, tudo ia sair bem pra Lálio e Cárita. Naquela época era muito, mas muito por demasiado difícil uma moça branca casar com homem negro, e ainda mais escravo, mas eu tinha fé nos meus orixás e em Santo Antônio e em São João, que Cárita ainda havia de casar com meu Lálio. Ele é um moço muito bonito. Num é porque é meu filho, não. Olhei pro meu Lálio. Ele continuava acorrentado. Os braços e tórax eram muito fortes. As pernas também fortes. Olhei pra ele, tava suando muito. Todo mundo olhando pra ele. Mas eu não queria perder a esperança. Havia de ter dias melhores.

Isso porque meu Lálio era mais bonito do que aquele capitão branquelo de cabelos loiros, de tão loiros parecia que eram brancos.

Cárita se esforçou muito, mas não conseguiu tirar meu Lálio da escravidão. O valente Botanera acabou que voltou o meu menino pro garimpo. Desta vez pior, agora era pra cavar túneis no Morro do Ouro. Mas eu ainda tinha esperança. O padre não tava de bem com Amâncio Botanera, que não tava contribuindo era nada com a Santa Madre Igreja. Cárita, entendendo a afeição que o padre sentia por ela, resolveu ir lá, todo santo dia, na Igreja, para prosear com o padre para que soltasse o meu menino.

Ele tava no serviço do garimpo. Coitado, todo judiado, chegava na Senzala já de noitinha, todo sujo de lama. Como se não bastasse garimpar no Córrego Rico, o tal valente Botanera pôs o meu Lálio para cavar túneis no Morro do Ouro. Certa noite, quando ele já tinha chegado e tava lá debaixo do pé de jaca, de pés descalços na terra batida do solo todo poeirento, a Sinhazinha apareceu por lá. Ela foi correndo, como um raio, chorando e penalizada de ver meu Lálio daquele jeito, todo judiado e cansado. Ela abraçou ele com muita ternura. Cheguei a ficar toda arrepiada com o que eu via. Ela até beijou ele na boca. Ele tentou desviar. Só que pude ver que ela ainda continuava era gamadinha por meu Lálio.

A coitadinha da Cárita não desistia de tirar meu Lálio do garimpo. Ela queria por tudo libertar e negociar para comprar meu Lálio.

Ah, o amor! Eu era escrava, mas tava feliz da vida por causa de que meu filho negro tava sendo amado por uma moça branca e rica. Acho sim, que ela é deveras rica. O pai dela já tava ficando rico por demais nas terras do arraial de São Luís.

Figura 5 – Ressurreição de Jesus Cristo na América – Pintura a lápis aquarelado sobre papel canson A3

Fonte: a autora

CAPÍTULO 7

O CAPITÃO RAMIRO VOLTA A FALAR EM CASAMENTO

Eu não queria mesmo me casar com o capitão Ramiro. Eu bem sabia que as convenções do século XVIII não permitiam casamentos entre escravos e brancos, mas eu não me conformava nem um pouco com essas convenções. Fiquei muito comovida quando vi Eulálio daquele jeito, todo sujo e enlameado. Ah, eu não podia suportar tamanha agressão ao homem a quem eu tanto amava.

Apesar de o capitão ser loiro e bonito, eu não o queria. Não sentia nada por ele. Não suportava aquele homem inescrupuloso, ele só falava em prender e capturar os escravos. Não via n'alma dele nenhuma generosidade humana. Não podia ser. O capitão interesseiro. Pau mandado da coroa portuguesa.

Insisti para que o capitão Ramiro investigasse para descobrir os verdadeiros assassinos dos meus familiares, mas ele não me dava ouvidos, não atribuía importância alguma aos meus clamores. Ele continuava desacautelado à minha dor.

Já estava nos meus aposentos quando ouvi a voz do soldado José e do capitão Ramiro. Entraram na hospedaria e se encontravam na sala de estar. Tinha que descer devido à conversa que havia ficado marcada entre o soldado José, Irandira, o padre e eu. Devia me comedir um pouco mais, mesmo porque eu precisava da ajuda deles para obter a liberdade de Eulálio.

Todavia, devia ter o cuidado de não demonstrar paixão por Eulálio. Se eu a demonstrasse o capitão Ramiro poderia castigá-lo por demais. Até mandar prendê-lo. Sentei-me diante da penteadeira, refiz o meu penteado, passei um pouco de *blanc e rouge*. Logo em seguida, passei nos aposentos de Irandira e a chamei para conversarmos. Ela ficou toda envergonhada. Ela estava quietinha, no canto. Por fim, consegui convencê-la a ir comigo.

Sentamos todos nas poltronas da sala. Irandira permanecia muda. O soldado José foi logo se aproximando e já queria ficar bem pertinho da índia. Ela, sentindo medo, foi se afastando, escorregando pela poltrona. Logo em seguida, o padre chegou para o diálogo combinado.

– Boa noite! Deus abençoe todos vosmecês!

– Boa noite, padre! Sente-se por aqui.

Dona Marlene foi logo indicando outra poltrona para o padre se sentar.

– Vamos ao que nos interessa, meus jovens. Estou à disposição de vosmecês.

– É demasiado importante a presença do senhor nesta pensão, pois trataremos de assuntos de acordos matrimoniais.

Dona Marlene foi logo se pronunciando, como se fosse nossa mãe.

– Essas duas moças órfãs estão precisando definir os seus destinos. Nada deveras mais justo e certo do que acordarem com o senhor padre a respeito do matrimônio, assim como manda a Santa Madre Igreja.

Irandira encolheu-se ainda mais, com muita timidez e muito medo do soldado José.

– Não temas, Irandira. Vosmecê até já esteve em concubinato com o soldado José e agora deves realizar o matrimônio como bem manda o nosso senhor Jesus Cristo e a Santa Madre Igreja. – O padre se pronunciou com autoridade.

– Padre, pergunte a Irandira se ela realmente quer se casar com o soldado José. Pelo visto ela não o quer. Ela sente medo dele. Entretanto temos que dar a palavra final ao soldado para ver se ele desiste de persegui-la – falei porque eu não suportava injustiças nem pendências.

Enquanto isso, Irandira apenas balançou a cabeça negativamente, gesticulando um seco não.

– Irandira, preciso muito de ti. Prometo, dar-te-ei uma vida de rainha, vosmecê terá direito de possuir escrava e tudo mais. Vá morar comigo, formaremos a nossa família. Teremos muitos filhos e seremos felizes juntos.

– Antes de morarem juntos temos que realizar o matrimônio. Vosmecê deve procurar a secretaria da paróquia e realizar o pagamento em moedas de ouro ou de réis. Apenas após efetuares o pagamento darei início aos proclamas para a realização do casório. Vosmecê está a me entender, soldado José?

– Entendi bem, senhor padre. Penso que Irandira me dará o consentimento, pois ela está morando de favor nesta hospedaria e penso que ela não quer ficar aqui como uma empregada, não é mesmo, Irandira?

Novamente, ela gesticulou a cabeça, mas dessa vez acabou aceitando, não sei se por medo ou pressão.

Logo que resolvemos a questão do matrimônio de Irandira e José, o capitão Ramiro virou-se para mim e para o padre, indagando:

– Como ficaremos nós dois, Cárita? Vosmecê bem sabe que estou caído de amores por ti. Vamos combinar o nosso matrimônio também?

– Por agora não. Ainda sou muito jovem. Eu não sou órfã, como muitos dizem por aqui nos Gerais. E ainda aguardo a chegada da minha mãe, que virá de Portugal. O que mais quero no momento é encontrar os assassinos do meu pai, do meu irmão e do escravo, que foram roubados e assassinados na saída do garimpo. Pedi ao senhor para que investigasse o crime, todavia, o senhor não me deu ouvidos.

– Ora, Cárita, estou deveras comprometido com vários outros afazeres, não estou dispondo de tempo para essa investigação. E depois sabes como são impiedosos os gentios. Eles já mataram vários portugueses por estas bandas. Eles são efetivamente selvagens. Com certeza foram eles.

– Não tenho certeza disso, pois vários deles estão sendo assassinados pelos portugueses por estas bandas.

– Cárita, não percamos tempo com essa conversa. Vamos aproveitar o padre por aqui, assim ele já poderá providenciar o proclame para o nosso matrimônio.

– Já lhe disse que por enquanto não quero me decidir. Estou aguardando a minha mãe. Por favor, não insista, nobre cavalheiro. Depois, estou procurando terras para criar gado e também quero continuar no comércio do ouro. Não pretendo ser desagradável com vosmecê, mas tenho por deveras direito em dizer não.

– Se casares comigo vosmecê não precisarás ter trabalho com criação de gado nem com garimpo. Deixe que cuidarei de tudo.

– Não quero interromper o assunto de vosmecês, no entanto, já interrompendo, quero informá-la, Cárita, que tenho um assunto demasiado particular para tratar contigo. A que horas vosmecê pode comparecer à igreja? – pronunciou o padre, olhando para mim com alegria.

CAPÍTULO 8

EMBARGOS DAS TERRAS DE AMÂNCIO BOTANERA

Quando cheguei à igreja de Santo Antônio de Manga, vi o padre discutindo com um cidadão sobre as taxas da igreja. O homem estava achando muito caro o preço do batizado do filho.

– Não quero discutir com o senhor, meu caro. Procure a secretaria da paróquia. Não trato com os fiéis assuntos de cunho burocrático.

Quando o homem saiu da Igreja reclamando muito, o padre parecia nervoso, mas quando ele me viu seu semblante mudou por completo.

– Como vai, Cárita? Essa gente do arraial vem me deixando de cabelos brancos com tanta rebeldia!

– Acalme-se, padre. O senhor não pode ficar nervoso, pois tem como nobre missão pôr ordem nesse arraial, em nome da Santa Madre Igreja.

– Tenho um assunto deveras importante para tratar com vosmecê, Cárita!

– Então, padre, foi por esse assunto de cunho urgentíssimo e particular que aqui me disponho para a prosa.

– Sabes, vosmecê, que estou embargando umas terras do Amâncio Botanera e posso ver se passo essas terras para vosmecê, Cárita.

– Como assim, padre? Um embargo em terras de Amâncio Botanera? Sério mesmo? – Fiquei muito curiosa, pois eu não gostava mesmo daquele crápula do Amâncio Botanera.

– Sério mesmo, Cárita. Amâncio encontra-se indiciado pelo Tribunal Eclesiástico porque não pagou vários tributos.

Pensei: "Bem feito para Amâncio Botanera. Ele não quis me vender o Eulálio e agora estava indo à bancarrota". Eu tinha muita desconfiança de que Botanera havia assassinado meu pai e meu irmão para ficar com todo o ouro garimpado naquela semana.

– As terras são das melhores, terra de garimpo, lá no Morro do Ouro, assim como pretendes vosmecê. Como o Tribunal Eclesiástico está movendo processo para penhora dos bens de Botanera, a fazenda poderá ser sua, Cárita.

– Padre, ainda queria descobrir quem assassinou o meu pai, o meu irmão e o escravo. Tenho demasiadas suspeitas de Amâncio Botanera, mas como sou cristã, não quero me precipitar.

– Já que tens tantas dúvidas e estás sem paz de espírito para viver, posso mandar investigar para ti, Cárita. Todavia, no momento, o mais importante é a gente penhorar essas terras o mais rápido possível. As terras são realmente muito boas.

Houve um embargo das Terras de Amâncio Botanera porque ele não estava pagando os impostos de todos os seus bens.[27] Ele pensava que podia afrontar a igreja e o Tribunal Eclesiástico, mas o danado do Amâncio Botanera pensou errado.

Por esse motivo consegui comprar Eulálio, pois o padre arruinou o senhor de escravos.[28] Quando ele se viu sem os contos de réis, acabou me entregando o escravo por alguns milhares de réis. Quando Eulálio foi solto, festejei, dancei, agradeci ao meu Nosso Senhor Jesus Cristo, ao meu Deus. Como o padre era muito meu amigo, ele me criticou bastante pelo meu enorme interesse pelo belo escravo preto, mas acabou me ajudando a comprar o Eulálio.

Fui correndo buscá-lo. Abraçamo-nos e nos beijamos muito. Fiquei pensando que a partir de então todo o sofrimento do meu Eulálio teria um fim. Naquela noite, resolvemos comemorar. Reunimo-nos na hospedaria, que então era minha. Acabei adquirindo a hospedaria de dona Marlene. Comprei com uma parte do dinheiro do comércio do ouro que meu pai havia deixado. Agora a hospedaria era a minha segurança em ter renda e uma boa moradia, já que no arraial não havia boas residências de alvenaria.

Naquela noite, resolvi reunir os meus amigos para comemorarmos as minhas realizações. E nessa mesma noite eu ia ficar noiva de Eulálio. Consegui que o grupo de ópera se apresentasse no salão da hospedaria.

Aos poucos, os meus convidados foram chegando: a mãe Zefa e os irmãos de Eulálio, Shomari e Chawo, o Pe. Antônio de Jesus, Irandira e

---

[27] Esse tipo de embargo de terra, realmente, aconteceu no século XVIII. (EQUIPE DO ARQUIVO PÚBLICO MUNICIPAL, 2016).

[28] "As duas instituições básicas que, por sua natureza, estavam destinadas a organizar a colonização do Brasil foram o Estado e a Igreja Católica" (FAUSTO, 2006, p. 29).

José, dona Marlene e o marido, Mariazinha e Sebastião, os vizinhos da hospedaria, alguns hóspedes e outros conhecidos do arraial.

O grupo da ópera chegou. O Eulálio estava ao meu lado quando o grupo de atores preparava a apresentação artística. Então abrimos vinhos de Lisboa para comemorarmos a nossa grande realização.

– Então vai ter fandango por estas bandas, Cárita!

– Sim, amor. Vamos comemorar!

– Vamos farrambambear, amor.

Naquele momento, Eulálio estava deveras empolgado com os festejos.

Zefa ficou meio ressabiada, encolhida, macambúzia e rodeada dos filhos, mas ao mesmo tempo muito alegre com o nosso júbilo. Todos se juntaram, apertando aqui e ali, pois o salão da hospedaria não era tão grande para esse tipo de apresentação artística, principalmente porque a apresentação daquele grupo envolvia dança, teatro e música com acompanhamento de instrumentos de orquestra. Novamente, pude ver a apresentação das mulheres negras dançarinas da ópera.

Adquiri tudo que almejei muito rápido naquele ano de 1765, no entanto, já corriam boatos pelo arraial, porque os ricos da burguesia não me aceitavam, discriminavam-me pelo meu comportamento e pelo motivo de pretender me casar com um escravo. Corriam muitos boatos acerca da minha pessoa, que eu era má, apenas porque tinha amizade com o Pe. Antônio de Jesus. Já outros me consideravam boa. Deveras que eu já havia aumentado os trabalhos na mina e na hospedaria, mas não era como o Botanera, que sempre enviava os escravos para o tronco. Eu procurava tratá-los como empregados, com os seus devidos direitos, carinho e amor.

Como eu estava bem com Eulálio, dizia a ele que ia acabar por alforriar todos os meus escravos. Todavia, quando que tudo parecia se aprumar, tudo desandava. Era um mistério. Quando pensei que pudéssemos nos acertar, as coisas deram para trás. Outro motivo era que o capitão Ramiro não dava tréguas. Ele nos perseguia por toda parte.

Quando Eulálio e eu tentamos nos acertar, percebi que ele só pensava na pirâmide de ouro que sempre tentava proteger. Ele insistia em continuar esculpindo-a. Eu não conseguia entender porque insistia tanto em esculpir aquela pirâmide. Por vezes, via o Eulálio como um lunático e ficava um pouco receosa com isso.

– Eulálio, não consigo entendê-lo acerca dessa pirâmide que vosmecê tanto insiste em esculpir. Venda o ouro sem modelar a pirâmide. Veja bem, não quero problemas em demasia em nossas vidas. Já que agora és o meu futuro marido, tens que cuidar da nossa honra.

– Qual honra, sinhazinha. Honra apenas para nós dois? Os pretos do arraial estão sofrendo muito com a escravidão, a cada dia os túneis do Morro do Ouro estão aumentando e eles estão sendo enviados para cavarem túneis subterrâneos para extraírem o ouro da terra bruta. Eles se sujam e andam maltrapilhos por causa de migalhas. Todo o ouro extraído acaba indo para os cofres dos senhores do arraial. Também muito desse ouro é disperso, não vemos resultados por aqui. Todo o ouro está indo para a coroa portuguesa.

– Querido Eulálio, devemos temer pelas nossas vidas. Não conseguiremos mudar o mundo. Corremos riscos de toda essa sua revolta se voltar contra nós. Sabes muito bem como age o Tribunal Eclesiástico aqui neste arraial. Vamos entrar num acordo. Prometo a vosmecê que vou alforriar todos os meus escravos que se encontram trabalhando nas minas do Morro do Ouro. Vou arrendar aquelas terras e vamos ficar apenas com a hospedaria.

Depois Eulálio disse que quando terminasse de esculpir a pirâmide de ouro haveria de alforriar todos os escravos do arraial. Eu sentia que aquela pirâmide de ouro era enigmática, misteriosa e poderia me trazer demasiados problemas. Assim como Eulálio também era um enigma, aquela pirâmide de ouro inacabada desafiava toda a minha segurança para viver em paz.

Figura 6 – Mulher lusitana de chapéu de palha – Grafite sobre papel canson A3

Fonte: a autora

CAPÍTULO 9

A HOSPEDARIA REORGANIZADA POR CÁRITA

Eu já estava colocando a hospedaria em ordem. Mandei mudar alguns móveis de lugar, comprei outros para modernizar um pouco. Mandei lustrar todos os móveis. O Eulálio estava me ajudando em tudo na hospedaria, além de me ajudar no garimpo e no comércio do ouro. Estávamos trabalhando muito.

Prometi a ele a carta de alforria logo que tudo ficasse em ordem e depois marcaríamos o nosso matrimônio. Não dormíamos juntos, sabem como são as más línguas da região. Antes do casamento nem podíamos pensar em afrontar a Santa Madre Igreja, e se o padre soubesse então, ele não aceitaria de jeito algum.

Corriam muitas fofocas a meu respeito. Diziam que eu conseguia tudo que queria como mulher apenas porque era amiga do padre. Um dia, eu estava com Eulálio, lustrando uns móveis e as pratarias na sala de jantar. Estávamos em plena felicidade, fazíamos planos para nosso matrimônio, quando o capitão Ramiro entrou de repente.

Pude perceber que Eulálio ficou muito revoltado quando o capitão Ramiro o surpreendeu me beijando na hospedaria. O capitão ficou enfurecido e apontou o fuzil de retrocarga em direção ao peito do homem a quem eu amava. Meu coração disparou, fiquei muito nervosa, tentei segurar o capitão, mas ele me deu um empurrão e fui parar no canto da sala da hospedaria. Todavia ele soltou o fuzil.

– Tenho que acertar as contas com esse preto estúpido e convencido. Pensa que pode ficar com vosmecê, Cárita. Ele está muito enganado!

– Vá-te embora, capitão! Estou noiva do Eulálio, não pretendo casar-me com o senhor!

Observei que Eulálio estava inconformado com os maus-tratos do capitão, que o comprimia contra a parede. Ele tentava reagir ao ataque. Os dois travavam uma luta desmedida. O meu coração disparou!

Vi sobre a mesa a pirâmide que Eulálio estava construindo. Então a escondi, pois tive medo que o capitão a visse. Seria outro motivo para arenga.

Escondi a pirâmide bem rápido, embaixo da toalha da mesa. Como a luta estava travada intensamente, o capitão nem viu que eu havia a escondido. Fiquei com tanto medo que corri nos aposentos de cima e peguei uma espada que pertencera ao meu pai. Desci com ela rapidamente e a entreguei a Eulálio para que ele se defendesse.

Ele pegou a espada para atingir o capitão e eu fiquei com muito medo, pois o capitão pegou o fuzil de retrocarga que segurava e apontou, novamente, para Eulálio.

Fiquei pasma. Eulálio estava como uma estátua, segurando a espada. Parecia paralisado de tanto medo, porque o capitão Ramiro insistia em manter o fuzil empunhado em sua direção. Pensei: "Agora será o fim do homem que amo intensamente". Todos os meus sonhos e planos se findariam com a morte de Eulálio. Meu coração disparou a bater em compassos nada calmos. De repente, disse ao capitão:

– Ainda dá tempo de desistir desta loucura, capitão! Abaixe essa arma!

Mas ele não me ouvia.

Então, Eulálio deu uma espadada no fuzil, que caiu embaixo da poltrona da sala. Chegou a cortar o ombro e a face do capitão. Corri rápido como um raio, peguei o fuzil e subi com ele para o piso superior do sobrado.

O capitão saiu sangrando por causa da espadada que levara de Eulálio. Quando olhei da janela para ver se ele realmente havia saído do pátio da hospedaria, percebi que a boca dele também sangrava pelo corte da espada. Ele prometeu vingança, prisão para Eulálio. Saiu furioso. Fiquei deveras preocupada.

Após esse desentendimento, Eulálio foi muito perseguido. Dia após dia, o capitão Ramiro o procurava para prendê-lo. De vez em quando, o capitão cismava que Eulálio estava comigo. Batia na porta da hospedaria e me ameaçava com palavras ofensivas. Ele me pediu o fuzil que eu havia escondido. Acabei devolvendo porque não queria confusão para o meu lado.

Pouco tempo depois, cansado e com medo, Eulálio sumiu do arraial. Procurei, procurei e não o encontrei em parte alguma. Todavia eu ainda aguardava na esperança de reencontrá-lo para que tudo ficasse bem entre nós. Eu não queria mesmo o capitão. Nem pensar!

O OURO DO PALÁCIO:
O AMOR VIVIDO NAS MINAS DE OURO, DO SÉCULO XVIII AOS TEMPOS DA LAVA JATO

Eu tinha que encontrar o Eulálio para marcarmos o nosso casamento de vez. Outro motivo: ainda nem havia assinado a carta de alforria. Ele me pertencia, eu já havia o comprado de Botanera. Mas Eulálio sabia que o capitão jamais pararia de persegui-lo, por isso sumiu do arraial.

Figura 7 – Mulher negra de lenço nos cabelos, no caminho entre o Morro do Ouro e o Quilombo São Domingos – Xilogravura

Fonte: a autora

CAPÍTULO 10

A GRUTA DE VÊNUS NO MORRO DO OURO

Lembrei-me de ir ao Quilombo São Domingos. Talvez, com medo, ele haveria de ter retornado ao quilombo. Fui sozinha, achei melhor não levar Shomari e Chawo. Agora que era dona da hospedaria contava com os dois para me ajudar. Então disse a eles que ficassem gerenciando o estabelecimento que eu ia dar uma volta. Não contei a ninguém aonde eu ia.

Montei no meu cavalo baio e saí trotando rumo a São Domingos. Resolvi passar pelo Morro do Ouro primeiramente, para ver um pouco mais das minhas terras com minas, um pedaço que havia preservado para continuar com o garimpo. Como Eulálio havia sumido, resolvi arrendar essas minhas terras no Morro do Ouro e ficar apenas com a hospedaria. Certamente, eu tinha que gerenciar aquele pedaço de chão e a hospedaria. Tudo isso era a minha sobrevivência em Minas Gerais.

Passei pelos túneis que estavam sendo explorados por outros mineradores. A terra do Morro do Ouro estava sendo revirada, pois quando os escravos abriam os túneis, a terra ficava exposta, sem os ramos de folhas, sem a mata verde. Pensei se realmente eu deveria continuar a explorar o ouro nas minhas terras porque o serviço era penoso em demasia. Fiquei deveras comovida com a penúria dos homens pretos e algumas mulheres pretas que trabalhavam no sol quente da manhã. O calor estava de rachar.

Então me lembrei de que por aquelas bandas havia uma bela gruta chamada Gruta de Vênus. Essa gruta começava no início do Morro do Ouro.[29] Quando cheguei ao local, numa mata densa, amarrei o meu cavalo num pau de aroeira e fui adentrando, aprofundando-me dentro do morro, como se entrasse em um túnel. Fui descendo, entrando buraco adentro. Por volta de uns 200 metros, cheguei a um paredão de pedra bruta. Havia uma pequena estrada escura, andei até o final, e me deu um arrepio de medo.

Encontrava-me ali, sozinha, naquele lugar a esmo, mas fiquei maravilhada com a beleza daquele lugar. Ali havia uma bela gruta, formada por

---

[29] Descrição da Gruta de Vênus. (NEIVA, Maria da Paixão Mendes. Entrevista concedida a Eli M. Lara. Brasília. 01 abr. 2017).

imensos paredões de pedras que formavam o teto, as paredes laterais e o chão liso, um pouco escorregadio pelo lodo acumulado.

Andei até o final da gruta e vi que descia uma água muito limpa, que chegava a ser cristalina, transparente mesmo, formando um grande poço. Fiquei por lá, andei flanando com tamanha beleza. Levantei o meu vestido longo de algodão cru até os joelhos e andei mais um pouco, contornando o imenso poço margeado por uma bela mata virgem. Nas margens havia várias pedras menores, soltas.

Rezei um pouco para que não aparecesse por ali nenhuma alma penada. Também para que não se achegasse nenhum forasteiro ou pirata maldoso.

Andei quase escorregando nas imensas pedras laterais que margeavam o poço. Senti vontade de tirar as minhas roupas e dar um mergulho naquele poço de águas transparentes. Então, quando eu já ia retirando os meus trajes, vi um vulto vindo em minha direção. A princípio vi apenas uma sombra, não dava para ver quem era, pois entrava uma luz muito fraca dentro da gruta. Dei um grito e perguntei:

— Quem está aí?

Meu coração disparou. Acho que fui a Marte e voltei em seguida, de tanto susto. Olhei mais uma vez e vi que o vulto mais parecia uma sombra.

— Calma, sinhazinha, sou eu, o Eulálio. Vi o seu cavalo amarrado no tronco de aroeira e resolvi entrar para ver se era mesmo vosmecê.

— Ah, que susto vosmecê me deu, Eulálio!

— Estou sentindo que vosmecê está mesmo muito assustada, mas se acalme!

— Estou maravilhada com esta bela gruta. Que lugar mais belo! Venha aqui ver o poço de águas cristalinas, Eulálio.

Segurei na mão dele e fui puxando-o para perto do poço. Fui sentindo o seu cheiro e não me contive, procurei beijá-lo naquela bela gruta. Ele correspondeu e esse momento foi mágico. Ele me abraçou com tanto amor, com tanta euforia, parecia que ele estava mesmo com saudades. Nós nos beijamos e beijamos e nos abraçamos, e acabamos deitados naquelas pedras molhadas e escorregadias da Gruta de Vênus.

Ele deitou o seu tórax forte sobre os meus seios quase nus do decote, senti aquele corpo todo viril sobre o meu e fui ficando demasiadamente excitada. As minhas coxas ficavam cada vez mais molhadas. Esqueci-me da hora, esqueci-me de todos os problemas da vida nesse momento.

Aquele corpo forte de Eulálio me comprimia contra a pedra. Num gesto desesperado, ele começou a levantar a longa saia do meu vestido. Levantou-a até as minhas coxas e a minha excitação foi aumentando, aumentando, cada vez mais. Ele deitou-se sobre mim, colocando o seu corpo sobre a minha pélvis. Foi subindo devagarinho sobre o meu corpo, deslizando como a pedra molhada e escorregadia. Senti uma coisa que nunca havia sentido antes, o órgão copulador masculino muito duro roçando as minhas partes mais íntimas.

Naquele momento, continuava sem me lembrar de todos os problemas, nem tampouco me lembrava de que o capitão Ramiro ainda poderia estar obcecado com a minha pessoa.

O que eu estava a procurar era exatamente o Eulálio, o meu amado, o foragido. Naquele tempo, apenas ele era toda a razão da minha existência. Não sabia explicar bem, mas aquele negro havia me transformado, só pensava nele. Respirava por ele. Então a minha excitação foi aumentando cada vez mais, foi me ausentando o chão. Era como se eu estivesse flutuando num mundo mágico e maravilhoso.

Pude sentir o cheiro de folhas verdes das veredas tropicais. O aroma era muito agradável, o cheiro de casca de cabriúva misturava-se ao meu perfume francês. Nesse momento deveras romântico era como se estivesse flutuando em brancas nuvens.

Eu estava ali, virgem e pura, na Gruta de Vênus, agora lugar sagrado para mim. A água limpa e transparente da gruta refrescava-nos do calor do arraial. O que eu sentia era um esplendor radiante do frescor das águas limpas e tranquilas de Vênus.

Era como se eu estivesse dentro de uma carruagem dourada puxada por cisnes cintilantes. Logo me veio lembranças, já me vinha a história que ouvi em Lisboa, contada pela minha mãe, quando eu era criança. Enéias,[30] aquele dito fundador da raça romana, rezava a lenda, era filho de Vênus, a deusa romana do amor.

Naquele momento, estávamos entrelaçados – o escravo Eulálio eufórico e a virgem lusitana louca de desejo. As pedras ficavam cada vez mais escorregadias com os nossos movimentos frenéticos imbuídos de intensos desejos.

– Eulálio, vamos voltar para a hospedaria!

---

[30] MARONIS, Públio Virgílio. *Eneida*. Tradução de Manuel Odorico Mendes. São Paulo: Unicamp, 2005. p. 23. Disponível em: http://www.ebooksbrasil.org/eLibris/eneida.html. Acesso em: 19 abr. 2020.

— Querida Cárita, eu te amo muito, mas sou apenas um escravo. Como um cão do sertão, estou sendo perseguido pelo capitão Ramiro. Ele pretende me matar ou me prender, não posso aparecer por lá.

— Fique comigo, Eulálio, volte comigo. Não tenha medo. Vou defender a ti. Assinarei e te darei a carta de alforria. Vosmecê irá ajudar-me em meus negócios.

— Sinto muito, Cárita. Tudo que faço é para o nosso bem. Vosmecê é uma moça branca. Ficarás discriminada pelos nobres do arraial por viver comigo, um pobre escravo negro.

— É a ti que amo, sabes disso, meu amor. Para mim vosmecê é nobre de alma, de caráter. Isso é tudo que me importa. Não almejo grandes fortunas. Penso que podemos começar a vida juntos neste arraial. A sua mãe veio de Angola, eu vim de Portugal. Ambos somos estrangeiros por estas capitanias.

— Repito, Cárita, não quero fazer-te sofrer. Outra coisa, estou me dedicando a construir a pirâmide de ouro. Com ela posso prosperar e libertarei todos os escravos do arraial. Depois de realizar os meus propósitos, poderemos voltar a nos entender.

— Deixe essa pirâmide para depois. Vosmecê poderá continuar a construí-la na hospedaria.

— Cárita, eu te amo muito. Vosmecê é uma Deusa, uma moça maravilhosa. Mas não posso prejudicá-la, meu amor. Tampouco prejudicar a mim. O capitão Ramiro não nos dará trégua, minha amada.

Eulálio se esquivou e não quis voltar comigo para o arraial. Sofri muito, fiquei decepcionada com o meu amado. Saí da Gruta de Vênus aos prantos. As golas bordadas do meu vestido ficaram molhadas com as minhas lágrimas.

Realmente, ele estava com muito medo do capitão Ramiro, mas eu não entendia. Eu queria, de qualquer forma, que Eulálio voltasse comigo. Se ele ficasse morando na hospedaria, eu iria até o padre Antônio de Jesus para pedir a ele que realizasse o mais rápido possível o nosso casamento. Destarte, bem que poderíamos realizar o nosso matrimônio como manda a Santa Madre Igreja.

Então voltei a entristecer-me, pois Eulálio não quis mesmo retornar à pensão. Comecei a chorar, era como se fossem lágrimas de ouro, do ouro da ambição humana. Senti-me demasiadamente solitária. Enquanto eu voltava para o arraial, a solidão invadia o meu peito. O meu pai e o meu irmão estavam mortos, mas eu não pretendia voltar a Lisboa. Queria ficar, continuar a comercializar o ouro e a gerenciar a hospedaria.

Quem me restava neste mundão de Deus? Lembrei-me dos meus amigos, o Shomari e o Chawo, que sempre me defendiam com unhas e dentes. Eu não os considerava meus escravos, mas meus amigos e confidentes. Ah! Havia também a Zefa. Ela me tratava com muita simpatia. E eu não gostava do capitão. De agora em diante ia odiá-lo a cada dia mais pelas agruras causadas a Eulálio.

Figura 8 – Congresso Nacional - Projeto do arquiteto Oscar Niemeyer – Fotografia

Fonte: a autora

PARTE II

De 2014 a 2020

CAPÍTULO 11

O OURO E A ARTE DO PALÁCIO EM JANEIRO DE 2014

Niemeyer deu às formas geométricas vida em abundância. De Portland ao Eixo Monumental, a concretude do concreto. Oh, Brasília, quantos filhos teus nasceram por aqui? Quantas vidas cresceram nos extremos teus! Na imensidão abissal do calcário brotou linha reta, marcou-se tempo para o futuro enquanto muitos monumentos se ergueram! Oscar deixou seu legado, projetor das formas calcinadas em calcário e argila. Nem muro houve ter em seu feito, não se prendes algo tão ornamental. Meu amor por Brasília compraz-se no eterno amor, já me sinto fruto da terra. Depois desse feito não partiria jamais desta metrópole. Cuidaria em não te perder, minha Brasília. Enquanto nada se faz por te querer, algo espontâneo assim chega até mim, sem força bruta que imponha o teu aceite. E a minha vida continua nesta terra o bem viver.

Segui em direção ao Eixo Monumental, pela avenida que separa a Asa Sul da Asa Norte. Passei pelos suntuosos palácios da Praça dos Três Poderes, à esquerda, o Palácio do Planalto, de paredes de vidro, em que a presidente Dilma Rousseff despacha os documentos da República. Os dragões da independência, a postos, espreitavam as entradas do palácio.

À direita, o Palácio do Itamarati, a escultura *O Meteoro* flutuava no espelho d'água. Bem entre os dois palácios, a edificação do Congresso Nacional. Atrás do Congresso, o STF - Supremo Tribunal Federal.

Após passar pelos palácios, segui rumo ao Lago Sul, passei pela Ponte JK e depois cheguei ao bairro mais nobre de Brasília.

Enfim, cheguei à mansão. Entrei no imenso palácio de Expedito, o palácio[31] particular. Não vi ninguém. Guardei as malas e sentei-me na imensa sala muito clara das enormes paredes de vidro.

Todo o luxo da mansão em que eu residia com a família de Expedito era baseado em arquitetura modernista, própria de Brasília. Já o teto era

---
[31] Palácio fictício.

todo trabalhado no estilo rococó e lembrava muito o Palácio de Versalhes, na França. Os frisos e sancas, cimalha convexa entre a parede e o teto, vários altos-relevos compunham o teto. O estilo, sem dúvida, muito eclético, revelava o ápice da realização material do homem que ali estabelecia a sua vida familiar.

Naquele dia, em que cheguei de Paracatu, encontrava-me em casa descansando. Era sábado, e ali sentada, observando, fiquei perplexa com o que eu acabava de descobrir sobre o meu cunhado.

Vi que Expedito entrou apressado em sua imensa sala de piso granito Crema Márfil e não me viu sentada na poltrona. A luminosidade era intensa pelo piso claro e eu estava atrás de uma parede de vidro pintada de florais com cores pastéis.

Expedito subiu as escadas rapidamente, enquanto olhava para todos os lados para ver se alguém estava vendo-o. Todavia ele distraiu um pouco, quando começou a subir as escadas, e o segui, esgueirando por trás de paredes, me escondendo, espionando, porque eu estava imaginando que ele estava com algum segredo. Ele foi até o segundo andar, subiu mais um andar de escada e chegou até o último andar. No sótão, no terceiro andar, havia uma sala secreta onde apenas ele podia entrar.

Sentou-se numa cadeira estilo Luís XV, madeira de lei, toda decorada com altos-relevos de florais. Expedito abriu sobre a mesa, apressadamente, uma pasta de executivo e retirou de dentro dela várias barras de ouro. Acendeu mais uma lâmpada lateral e ficou ali, observando o brilho intenso do dourado do ouro.

Expedito respirou – as paredes de vidro esquentavam o ambiente – enxugou o suor da testa com um pequeno lenço retirado do bolso e que usou o mesmo lenço para lustrar as grossas barras de ouro. Abriu com a senha o cofre. Nele havia várias outras barras de ouro.

Expedito saiu andando em direção à parede oposta à janela, abriu a parede falsa, como se fosse uma porta de gesso se abrindo. Lá dentro, na parede frontal havia uma pintura em tela do artista brasileiro Di Cavalcanti. Mulheres mestiças muito bem pintadas de cores berrantes compunham a pintura. O quadro de 50 cm x 39 cm valia milhões. Pude ver, quando Expedito retirou a obra de arte da parede. Então, pude observar que por trás daquela obra de arte havia outra parede falsa, que se abria como outra porta e escondia uma enorme barra de ouro, em forma de pirâmide, pesando por volta de 60.8 kg. Quando olhei para aquela pirâmide senti algo mágico. Ela possuía um brilho tão intenso! Fiquei como se estivesse sonhando acordada. Eu estava calçando chinelos de borracha para não fazer barulho. Expedito estava tão empolgado que não me viu o espionando por trás da porta.

Aquela sala no sótão abrigava um imenso tesouro. De onde vinha tanto ouro? Para mim era uma incógnita. Mas aquela enorme pepita me deixou instigada e curiosa. Como ela foi parar nas mãos de Expedito? De onde vinha? Ele devia ter comprado de alguém. Geralmente, as pepitas são derretidas e transformadas em barras de ouro, moedas e joias.

E de onde vinha tanto ouro? Todo aquele tesouro devia corresponder, aproximadamente, ao valor de 80 apartamentos no Plano Piloto. Todo esse valor, somando as barras de ouro, a pirâmide de ouro e a pintura de Di Cavalcanti. Expedito andou pela imensa sala, conferiu todos os cofres, foi até a janela, que era uma grande rosácea de vidro transparente com pinturas de anjos no vitral. Na composição havia predomínio das cores pastel, rosa, salmão e bege. O homem olhou para a linha do horizonte e apreciou a bela paisagem. A linha cortava o céu da terra numa leve névoa fina como brumas cinzentas.

Quando saiu dali trancou bem as portas com chaves tetra e acionou o alarme com o controle remoto, pois se alguém entrasse na sala, ele ouviria o disparo. Ele descia a escada naquele dia de sábado. Mostrava-se extremamente nervoso com a filha Rayane, que não lhe dava sossego. A moça estava a falar em desatino.

Na mansão todos ficavam curiosos para saber o quê Expedito guardava no sótão, queriam saber o porquê de ele amar o sótão.

Como os arquitetos brasilienses tendiam para o modernismo, houve um estilo eclético na forma de composição interna do palácio. A parte externa era modernista e a parte interna tinha influências góticas, como a construção do arcobotante antes da passagem para o sótão.

– Pai, o que senhor guarda no sótão?

– Apenas alguns documentos.

– Eu quero ir até lá ver como é.

– Não, nem pensar!

– Por quê?

– Já disse, não há interesse para você!

– Por que você esconde tudo de mim?

– Eu não devo me abrir tanto com você, pois não anda merecendo confiança. Você me decepcionou bastante quando se envolveu com drogas e abandonou os estudos.

Rayane falava não como uma moça rebelde, mas como uma pessoa que já não respondia de maneira coerente. Ela usava uma calça jeans surrada com uma simples camiseta cavada e os cabelos muito longos e sem nenhum corte. A minha sobrinha não gostava de cortar os cabelos. Também não tinha vaidade alguma, mas mesmo sem muita dedicação ao visual, era linda, uma beleza natural.

Expedito já estava perdendo a paciência com Rayane enquanto ele a agredia verbalmente.

– Você mais parece uma débil mental, uma psicopata.

Quando ouvi aquilo não pude me conter. Tive que pensar bem e respirar fundo para não agredir aquele homem.

– É assim que você trata a sua filha, enquanto deveria se dirigir a ela com carinho? –Tentei argumentar com calma.

– Como você quer educar a sua filha sem amor? – Desabafei.

– Que amor? Essa menina sempre teve tudo e agora está se comportando desse jeito. Não quer mais estudar, além de não ter conseguido terminar a universidade. Abandonou os estudos por causa das drogas.

– Ela precisa de um tratamento psicológico para sair dessa situação. E enquanto você continuar tratando essa menina dessa maneira vai ficar difícil. Ela precisa de carinho, pois a mãe foi embora e não voltou. Ela ficou carente.

– Que carente que nada! E você, Elisa, o que faz para me ajudar? Apenas se aproveita de tudo isso aqui, usufrui do bom e do melhor, e também continua numa boa, sem me ajudar com essa garota. Você já prejudicou a minha vida e a de Rayane. Quando você viu que ela estava sem mãe, você deveria ter assumido, já que come de graça nesta mansão.

– Eu nada pude fazer, pois trabalho muito no Tribunal, não tenho muito tempo. E depois, a obrigação de mãe não é minha. Onde se encontra a sua segunda esposa? Onde a Virgínia esteve durante todo esse tempo, já que ela não trabalha fora? Provavelmente, agora ela deve estar em algum salão de beleza ou jogando cartas com alguns amigos. A sua bela esposa Virgínia não é viciada em jogos de baralho? Ela fica jogando todas as noites com os amigos, não se importa com mais nada, além dos jogos e da própria beleza.

Fui dizendo tudo que estava preso em minha garganta. Sabia que não podia enfrentar aquele homem poderoso, mas fui ficando agitada, comecei a tremer, meu coração disparou e até tentei me controlar.

– Preciso sair um pouco. Respirar para me sentir melhor.

– Então vá, saia daqui desta casa. Você não me serve para nada mesmo.

Não era justo o Expedito dizer que era culpa minha a Rayane ter se envolvido com drogas. Ele sempre acusava as pessoas da família pelos seus problemas pessoais. Nunca ele próprio tinha culpa, a culpa era sempre dos outros.

Aquele homem inescrupuloso nunca tratara a filha com amor e sempre a agredia com palavras agressivas num tom áspero. Sempre se preocupara apenas com os seus bens materiais. Eu morava com ele porque, realmente, não queria abrir mão de todo aquele luxo e naquela casa podia ficar mais perto dos meus sobrinhos, pois não tinha tido filhos, ainda. Todavia, dessa vez, já não estava mais suportando aquela situação. Apesar de tanto conforto, não podia mais conviver com as discussões intermináveis.

Como me sentia muito mal, resolvi dar uma volta para não ter que participar mais daquela guerra familiar. Enquanto dirigia o meu carro hatch rumo ao Parque Dom Bosco, pensava que devia me mudar daquela casa e, enfim, ter a minha própria vida. Já dispunha de algumas economias e podia comprar um apartamento em algum lugar no Distrito Federal.

De repente, vieram umas lembranças em minha mente. Eram lembranças de fatos de 12 anos atrás, de quando a minha irmã Ayla mudara-se para Lisboa.

Lembrei-me de quando cheguei ao aeroporto, o Boeing rasgava o céu como um estrondo de um míssil, deixando as nuvens como algodão doce esfacelado no ar. Meus olhos, como uma comporta de uma hidrelétrica a derramar água em demasia, enchiam-se de lágrimas.

Enquanto eu olhava para a minha doce sobrinha Rayane, a mãe dela, que era minha irmã mais velha, estava partindo para viver no mundo europeu, Portugal. Não conseguia entender o porquê da minha irmã se aventurar pelas terras lusitanas, a nação dos colonizadores. Certamente, ela queria ganhar a vida lá, sonho de independência. Fugia da problemática vida em Brasília e do marido que a havia trocado por uma mulher mais jovem. Expedito, muito dominador, conseguiu tomar a guarda dos filhos pelo poder econômico e político.

Quando olhei para a minha sobrinha Rayane, lá no aeroporto, vi a menina tão desolada que não consegui me conter e chorei ainda mais. Logo depois, enxuguei as minhas lágrimas e levantei a cabeça. O pai de Rayane, o Expedito, nem se importava em segurar a mão da filha, mas insistia em manter a sua guarda. Enquanto isso, Virgínia, a madrasta de Rayane, esquivava-se impaciente, de saltos bem altos e cabelos tingidos de loiro.

– Vamos voltar logo para nossa casa. Ninguém a ouviu naquele momento de angústia.

Meu sobrinho chorava muito. Ainda era um pivete de 10 anos, mais parecia e me lembrava da pintura expressionista, *O Grito*, do pintor norueguês Edvard Munch. Na pintura, a figura central se contorce num grito de desespero, numa dor reprimida.

As guerras europeias e em quase no mundo todo haviam acabado, o ser humano tornara-se mais pacífico, as guerras foram substituídas por tratados internacionais. Atualmente, no século XXI, vivemos uma época gloriosa em que a paz reina sobre nós. Certamente, algo maravilhoso, porém, algumas pessoas ainda sofrem por perdas inconsequentes, como esses meninos, que choram a partida da mãe.

Ah, Rayane! Sofreu tanto com a ausência da mãe, que a deixou apenas com oito anos. Eu tinha vinte e sete anos. Eu estava morando no palácio quando Rayane nasceu, então havia me afeiçoado a ela. Mas o pai da menina me fez de babá, queria que eu substituísse a mãe que havia partido. Dizia que não queria ficar na sua casa sem a minha irmã, mas ele insistia para eu continuar lá no palácio, que eu devia ajudá-lo com a menina.

O tempo foi passando e eu fui permanecendo com a família no palácio. Agora, a minha sobrinha Rayane, já com vinte anos, rica, muito rica, sem dúvida, residia com o pai naquele palácio neomodernista, cravado num relevo plano do Lago Sul, um lugar privilegiado, bem em frente ao imenso lago. Pelo menos ao que tange à estética, o virtuosismo estava presente nas cúpulas, que pareciam fugir dos céus, numa arquitetura reta mais horizontal do concreto armado.

Eu vivia naquela mansão com essa família desde os meus treze anos. Como sou do interior, de Paracatu, mudei-me para a capital para estudar e tive o apoio da minha irmã e do marido dela. Todavia, o casamento deles fracassava cada vez mais, sendo prejudicado pelos desmandos de Expedito, homem excêntrico. A minha irmã Ayla foi embora, mas continuei morando no palácio para estudar para concurso público e ajudar com os meus sobrinhos.

Essa é a história que vou começar a contar sobre a vida entre a riqueza e a pobreza em todos os sentidos. Assim penso: para que acumular tanto na vida? Depois de tudo, o que farei com um grande tesouro? Chega-se a um ponto de não conseguir consumi-lo. Isso é fato. O sonho lunático do Expedito me deixava perplexa e em dúvida. Certamente, ele não era um homem probo. Era tudo aquilo a que eu estava vendo, inacreditável. De onde vinha tanto ouro? Aquela pirâmide fazia de Expedito um homem com complexo do Faraó. Aquela pirâmide... Parecia que eu estava vivendo num mundo irreal. Com tanta gente sofrida nas filas dos hospitais, com tantos alunos que necessitavam de boas escolas, pessoas que estavam na base da pirâmide eram massacradas pela ânsia do poder de quem estava no topo.

Ao realizar a minha caminhada no parque Jardim Botânico de Brasília, parei um pouco para respirar a brisa fresca do entardecer. O sol estava baixando na linha do horizonte e eu esperava ver o pôr do sol dentro de pouco tempo. Sentei-me sobre a protuberância de pedras ainda quentes enquanto pensava em tudo.

Naqueles dias, eu estava vivendo como se me visse numa tela de cinema. Começaram a acontecer fatos inimagináveis em minha vida. Vivia tudo ao mesmo tempo. Além de confusões familiares na casa de Expedito, vivia em crise comigo mesma.

Lembrei-me de quando conheci o Teodoto. Não fazia tanto tempo assim, trabalhando no Tribunal de Justiça do Distrito Federal. Quando o vi pela primeira vez senti que algo ia acontecer entre nós, que haveria uma longa história de amor em nossas vidas. Senti algo transcendental na nossa existência neste planeta. Incrível o que estaria para acontecer entre nós.

Os dias foram passando e comecei a achar o Teodoto um homem bonito e fascinante. Ele é mais jovem do que eu, toca violão e canta muito bem. Gosta de vários tipos de esporte e dança.

Fiquei sabendo, por meio de colegas do Tribunal, que ele precisa ajudar a família, que é pobre. Tudo bem, não me importaria de ter um namorado que não é rico. Ele é um funcionário público que vive apenas do salário que ganha no TJDF. Sempre pensei que o importante para um verdadeiro homem é a sua meritocracia, sim, porque tudo que devemos conquistar na vida deveria ser com mérito, trabalho e competência.

Acho que o importante na vida é o amor e a felicidade.

Ah, como foi boa a minha viagem de férias para minha cidade natal! E que coincidência encontrar Teodoto em Paracatu. A cachoeira do Ascânio não estava tão movimentada, estava tranquila, e quando andava rumo ao belo salto, encontrei com ele, apenas de roupa de banho. Ele estava só, mas dizia que estava com um pessoal. O corpo estava todo exposto, era como se eu estivesse vendo Davi, de Michelangelo.

Não aconteceu nada naquele dia, em Paracatu, nem um beijo. Apenas conversamos, ele disse que me achava bonita. Aproximamo-nos bem um do outro e ele ficou bem pertinho de mim. A água caía do salto da cachoeira, ventava uns pingos em nós. Senti um arrepio, de repente. Tive a sensação de que algo muito forte ia acontecer entre nós.

Quando ele falou comigo e o olhei bem de perto, perguntou-me se eu sabia de algum bom restaurante, já que eu conhecia bem aquela cidade. Dei a dica do Restaurante Fornalha, na Avenida Olegário Maciel. Apenas nos cumprimentamos e conversamos um pouco, mas, certamente, não deixei de admirar o belo sorriso e o seu corpo monumental, que parecia mesmo uma obra de arte renascentista.

Depois daquele dia, em Paracatu, não sei se conseguirei tirar aquele homem da minha cabeça. O tempo não passa, estou louca para voltar ao trabalho para vê-lo novamente. No serviço vi o Teodoto poucas vezes. Lembro-me de que um dia precisei analisar um processo e estive no setor de pessoal, onde ele trabalha. Ele foi atencioso comigo. Não sei se ele confundiu as minhas intenções em saber de mais detalhes sobre um processo de uma funcionária, porque naquele dia ele me olhou de uma maneira especial e já havia pedido o meu celular.

Eu estava solteira. Há muito tempo me dedicava apenas à minha sobrinha Rayane, à minha profissão e aos meus estudos, pois ainda não havia conhecido ninguém que me interessasse até então. Teodoto era atraente e bonito e eu, como uma pessoa de princípios, não podia me envolver com alguém que podia objetivar apenas sexo, pois ele havia afirmado que gostava muito de mulheres.

Porém, durante essa última viagem a Paracatu, a história tomou outro rumo, pois não conseguia esquecê-lo. Comecei a sonhar com aquele homem alto de sorriso branco. Tentei resistir em sair de imediato com ele, lá em Paracatu. Resisti a um convite para jantarmos, todavia, comecei a imaginar como seria com ele, já que eu estava havia três anos sem sexo, apenas trabalhando e estudando para concursos.

O meu último namoro havia sido uma decepção e também não havia conhecido ninguém, naquele entretempo, que despertasse o meu interesse.

Ainda me achava bonita e pensava em me casar e ter meus filhos. Então ainda me encontrava no direito de viver um romance.

Sem me importar com mais nada, comecei a criar expectativas para o primeiro encontro com aquele homem bem mais jovem do que eu, oito anos mais jovem. Achava que não daria certo pela idade e por ele trabalhar no mesmo Tribunal. Não queria me decepcionar. E se ele quisesse apenas sexo mesmo? Eu queria amor, todavia, não estava certa da intenção daquele jovem rapaz tão atraente.

O problema também é que acho que ele estava em Paracatu para ver uma namorada. Fiquei inconformada e comecei a pensar numa maneira de conquistá-lo.

Em primeiro lugar, eu precisava de uma repaginada no visual. Já que há muito tempo não ficava nua perante um homem, pensei em entrar em uma academia, ir ao cabeleireiro, fazer massagens, drenagem para eliminar celulites e renovar o meu guarda-roupa. Comecei a pensar em renovar o meu visual ainda durante as férias, logo depois daquele dia na cachoeira, quando ainda estava em Paracatu.

Enquanto isso, a imagem daquele homem não saía da minha mente; quando ia dormir, sonhava com ele. O primeiro sonho que tive foi que tentava me beijar num banheiro. E depois desse sonho imaginava um beijo de verdade com ele. Durante a viagem de volta, na Rodovia BR 040, de Paracatu a Brasília, eu o via o tempo todo na pista, como se estivesse me seguindo no carro de trás. Aquele homem estava na minha mente, o tempo todo, depois que eu o vi em Paracatu. Não sabia se era um anjo ou um fantasma.

De repente, meu celular tocou. Vi que era o número dele. O meu coração disparou, foi difícil me conter. Ele me convidou para sair. E eu, com muita dificuldade, respondi:

– Hoje não posso.

Respondi não, enquanto queria dizer sim. É que eu estava com medo de não agradá-lo. Ele devia estar acostumado a lidar com mulheres muito bonitas e eu andava tão desleixada que ainda não me sentia preparada para um novo relacionamento. Queria melhorar um pouco mais a minha aparência antes que ele me visse nua. Pelo celular, ele pediu meu Facebook. Concedi.

Quando cheguei a minha casa, ao anoitecer, fui direto para o computador, ao navegar no Facebook, aceitei o pedido de amizade dele. Ao olhar a *timeline* dele, descobri que ele tinha mesmo uma namorada. Quando vi os dois juntos na foto de viagem, em Paracatu, naquela mesma cachoeira em que eu o havia encontrado, fiquei muito perturbada. Não suportei ver o homem que eu tanto desejava com outra. Não podia ser, devia agir e lutar para conseguir realizar o meu sonho de estar com ele, pois, naquele momento, era tudo que eu queria.

A tal namorada dele parecia um pouco comigo. Acho que pelas questões raciais de Paracatu, cidade de antepassados escravos, a miscigenação na cidade era intensa. Havia a mistura das três etnias preponderantes em nosso país: a indígena, a africana e a portuguesa. A moça, porém, era um pouco mais jovem e um pouco mais alta do que eu. Era uma morena de pele marrom, de cabelos longos e cacheados. Uma moça muito bonita.

Na foto ela estava de biquíni, os cabelos bem molhados; estava sentada numa pedra bem debaixo do Salto do Ascânio. Percebi que ela tinha o corpo muito bonito também. Ela fazia o estilo de mulher negra pintada pelo pintor e ilustrador brasileiro Di Cavalcanti. Ela ficaria bem se fizesse parte do conjunto da obra do artista.

Ainda vi no Facebook que Teodoto fazia um estilo playboy. Lembrava-me o livro que eu havia lido tempos atrás, *A insustentável leveza do ser*,[32] de Milan Kundera, autor tcheco. No livro, lembro-me de uma personagem que gostava de ter várias mulheres como amantes. Será que eu estava me tornando uma neurótica em pensar que Teodoto podia ser como essa personagem? Mas eu queria raciocinar bem, não queria ser tola e ingênua, e o perfil dele no Facebook era exatamente isso que mostrava. Apesar de ser simples, ele apresentava o estilo Don Juan. Os passatempos e hobbies, o violão, as danças, típicos de um playboy, um Don Juan; mas, ele era pobre, não era rico. Contudo, assim mesmo ele me interessava. Ele se encontrava instalado nas minhas preferências, no meu coração.

Fui até o espelho, retirei toda a minha roupa e me olhei. Percebi a minha identificação com a pintura *Mulata com Pássaro*, de Di Cavalcanti. A bela pintura mostra uma bela mulher mestiça segurando um pássaro, deixando-o escapar por entre os braços. Por trás do pombo branco, os seios quase à mostra. A mulher representa a beleza tipicamente brasileira. Sem dúvida, eu me identificava com aquela mulher morena de cabelos pretos, de bochechas coradas, de seios arredondados e rígidos, da pintura de Di Cavalcanti, no entanto, via-me inchada, o peso um pouco acima do normal.

---

[32] KUNDERA, Milan. *A insustentável leveza do ser*. São Paulo: Companhia das Letras, 2008.

Realmente, eu necessitava de mais exercícios para me sentir melhor, pois já imaginava o dia em que eu estaria com ele.

Eu pensava em ficar com o homem que eu amava, ao mesmo tempo, ficava preocupada com a minha sobrinha, ficava dividida. Mas depois de tanto pensar nos problemas da jovem pesando nos meus ombros, percebi que toda a responsabilidade com a garota não era minha e, sim, do pai Expedito, aquele que não tinha escrúpulos. Ele pensava apenas em acumular fortuna.

Novamente, a pirâmide de ouro veio a minha mente. Como brilhava aquele dourado do ouro! E onde Expedito a teria encontrado? Tudo aquilo me instigava. Já estava realmente na dúvida a respeito da sua probidade. Eu havia de descobrir esse mistério.

Resolvi deitar um pouco para descansar na minha confortável cama. Peguei o livro *Grande sertão: veredas*,[33] do escritor mineiro Guimarães Rosa, para ler. A linguagem é bem da região onde nasci, e sempre narra uns episódios com a fala do povo sertanejo. Como cenário, Rosa descreve o Vale do Rio Paracatu, paisagens do sertão e as veredas que são extremas riquezas de Minas Gerais.

Considero a literatura de Guimarães Rosa relevante para a representação e catalogação da cultura por meio da linguagem oral. A literatura do meu conterrâneo é um imenso patrimônio imaterial do estado de Minas Gerais. No livro *Grande sertão: veredas* é importante diferenciar os planos históricos e imaginários. O nome das personagens e o enredo são imaginados, os pequenos contos orais fazem parte da tradição oral de Minas. Todavia, o sistema político do coronelismo e do jaguncismo faz parte da história do regionalismo brasileiro.

Após ler um pouco do denso livro, acabei cochilando um pouco. Mas eu sabia que tinha que me levantar, pois a Rayane certamente precisaria da minha presença. Não podia abandonar a menina.

Levantei de sobressalto, tomei um banho morno, vesti rapidamente uma roupa qualquer e fui até a sala. Ouvi Expedito conversando com a cozinheira:

– Preciso que você prepare um bacalhau do porto para o jantar, hoje à noite.

– Mas doutor, hoje é sábado, trabalho só até às 18 horas. No período da noite, tenho que resolver os meus problemas, tenho os meus filhos para cuidar e hoje já tenho um compromisso.

---

[33] ROSA, João Guimarães. *Grande sertão: veredas*. São Paulo: Nova Aguilar, 1994.

— Lembre-se que você trabalha para um homem rico e o ministro João Garbo[34] me ligou para dizer que ele só poderá vir hoje.

— Está bem, senhor. Cancelarei o meu compromisso para essa sua causa nobre.

— Eu sabia que você não ia me decepcionar.

Por volta das 21 horas o ministro chegou. Impressionou-me muito o seu modo de falar, de maneira culta e erudita. Chegou com um assessor e um segurança. Logo depois chegou o segundo convidado de Expedito, o senador Humberto Rodrigues Tavares Lima.

— Amigo ministro João Garbo, é com muita satisfação que o recebo em minha casa.

— E que casa, Expedito! Na verdade, mais parece um palácio modernista.

— E o estilo é o modernista. O arquiteto foi discípulo de Oscar Niemeyer – disse Expedito enquanto batia calorosamente nas costas do ministro João Garbo.

Sentaram-se na sala de estar enquanto conversavam sobre os processos que estavam em andamento no Supremo Tribunal Federal.

— Bem, ministro Garbo, fiquei sabendo que o Robert pode ser condenado à prisão pelo envolvimento no Mensalão.

— Ainda não posso te afirmar nada a respeito, pois ainda necessitamos de provas. O senhor sabe que ainda dispomos do resultado das investigações da Polícia Federal para que possamos definir e julgar os processos.

— O que o senhor pode me informar a respeito disso, senador Humberto? – Expedito indagou.

— Também não posso te informar nada, nem adiantar nenhum fato, pois ainda precisamos de mais depoimentos a respeito do caso na CPI do Senado.

— Os senhores estão certos. Por que a pressa, não é mesmo?

Expedito tentava esconder a ansiedade em saber mais informações a respeito do caso. O medo também o assaltava e, às vezes, deixava revelar o tormento que sentia. O nervosismo também vinha do fato de ele já não contar mais com o foro privilegiado. O ex-deputado Expedito não havia conseguido se reeleger na última eleição.

---

[34] O ministro João Garbo é um personagem fictício. Assim como os demais personagens que compõem o enredo do século XXI.

– Vocês acham que pode haver mais pessoas envolvidas e que poderiam ser chamadas para depor?

– Certamente, amigo. Realmente, há muita gente envolvida. E pode ter certeza que se depender de mim, ninguém ficará impune – respondeu o ministro João Garbo com austeridade, mostrando não querer apadrinhamento ou protecionismo a qualquer empresário ou político.

O ministro tinha uma pele brilhante como jabuticaba madura, era muito competente e tornou-se uma pessoa muito ilustre em Brasília, conhecido por combater a corrupção. Mas ele não era famoso apenas em Brasília não. Era no mundo todo. Ilustre personalidade.

– Está bem, ministro Garbo. Quero estar por dentro das novidades. O ministro deu de ombros, fingiu que não ouviu.

–Vocês aceitam um drinque? – indagou Expedito solicitamente. – Vou abrir um vinho que é da melhor safra dos Sauvignons franceses. Ou preferem o vinho Vega Sicilia?

– Eu não quero vinho. Não estou bebendo. Sou naturalista. Dispenso, mas obrigado. Quero apenas um copo de água.

Enquanto Expedito abria o vinho, Rayane desce a escada apressada, falando alto.

– Quem é ela, Expedito?

Ele titubeou antes de responder, pois não queria que soubessem que tinha uma filha viciada em drogas.

– Não quer dizer quem sou eu, papai? Pois me apresentarei. Sou filha desse nobre ex-político e empresário. Ele me esconde como se eu fosse uma criminosa, mas não adianta me esconder que sempre aparecerei.

– Suba para o seu quarto. Não te chamei aqui.

– Deixe a garota conosco, amigo. Compreendemos perfeitamente a situação.

Rayane levantou os braços e os homens puderam ver o seu colo nu. Estava com uma camiseta cavada e sem sutiã. Sem se importar, abaixou um pouco, deixando à mostra os seios. Nesse momento, eles perceberam como ela era uma bela mulher e lembrava a Vênus de Boticceli, com as longas madeixas soltas, como se curvasse para sair de uma concha, porém, puderam notar o descontrole mental da moça. O consumo de drogas, pouco a pouco, destruía o seu cérebro. Expedito via aquela situação com muita vergonha. Então ele segurou Rayane pelo braço, subiu as escadas puxando a moça e a levou até o quarto, arrastando-a. Desta vez, trancou-a no quarto e colocou as chaves no bolso.

Quando retornou à sala, o senador, intrigado com a situação, não pôde deixar de comentar.

– Eu não sabia. Você tem uma filha viciada em drogas?

– Amigo, aconteceu já há alguns anos, depois que me divorciei, quando a minha esposa saiu de casa. Sem ninguém para acompanhá-la, ela começou a se envolver com drogas. Quando estava ainda no ensino básico, ela conheceu uma turma que a levou para um caminho cruel, que é bem o que vocês estão vendo. Estou lutando para que ela saia do vício e que volte a estudar, mas tudo que procuro fazer para ajudá-la parece em vão. Já a internei cinco vezes, mas não adiantou. Ela melhora durante alguns dias, mas depois volta novamente para o mundo das drogas.

– Caro amigo, não quero ser inconveniente, mas acho que a sua filha necessita de um bom tratamento psiquiátrico. Procure um bom médico que ele te dará um diagnóstico e um tratamento mais preciso.

– Amigo, pelo que li a respeito, a esquizofrenia pode ser desencadeada pelo consumo excessivo de drogas ou até mesmo com certos tipos delas, como o crack. Assim conhecendo o assunto, tenha muito cuidado para que ela não desenvolva a doença. Vossa Excelência não acha, ministro Garbo?

– É verdade. Sinto muito, você deveria acompanhá-la melhor.

– Ela já está sendo acompanhada pela clínica de tratamento para viciados em drogas. Quando ela está muito mal, o psicanalista vem até aqui em casa.

– Mas acredito que ela precisa também de um psiquiatra. Acontece que a droga no Brasil está se tornando um imenso problema e os governantes nada fazem – Acrescentou o Senador Humberto Tavares.

– Vá me perdoar, senador Tavares, mas o senhor faz parte do governo. Então porque o senhor não cria um projeto com o objetivo de combater as drogas no Brasil? – indagou o Ministro Garbo.

– A temática da minha campanha foi e continuará sendo projetos para a construção civil, entende, ministro Garbo? Já possuo a minha bandeira de campanha política. Vamos voltar no caso da filha do Expedito... Fiquei impressionado e estou em demasia preocupado com o estado da menina. Procure um tratamento para ela, para viciados em drogas.

–Tudo bem, amigo senador Humberto. Agradeço pela preocupação e sugestão.

Expedito estava muito preocupado. Percebia-se, em sua fisionomia cansada e ansiosa. Ele pensava que já havia feito de tudo, até o presente momento, para que Rayane saísse do vício, porém, todos os seus esforços haviam sido em vão.

Expedito ficara tão nervoso com o comportamento da filha que esquecera o pedido de favor que queria com o ministro Garbo. Imagino que Expedito queria favorecimentos no caso do processo contra a sua empresa, que poderia chegar ao Supremo.

– Atualmente, há diferentes tipos de drogas no país. Os jovens acham normal o consumo dessas porcarias. Durante o carnaval houve um caso de um jovem, filho de um funcionário da Justiça, passar muito mal ao tomar Whisky com Redbull. O rapaz de 20 anos sofreu uma parada cardíaca e faleceu após ingerir as bebidas – disse o senador Humberto Tavares.

Assim acontecia no Brasil. Os jovens estavam se destruindo no mundo das drogas e o poder público pouco fazia para amenizar o problema. Enquanto isso, a elite do poder discutia corrupção. Mas as drogas já estavam chegando aos palácios e às residências mais requintadas da burguesia.

CAPÍTULO 12

RAYANE COMEÇA A MELHORAR

Naquele domingo, o sol resolveu brilhar intensamente na tarde de verão, mês de janeiro. Rayane parecia estar muito bem. Será que havia acontecido um milagre? Ela conversava com coerência, enquanto sorria ao expressar uma incrível felicidade. O sorriso de uma jovem de vinte anos era bem assim que devia ser, bem na fase da diversão e no auge da beleza. Ela estava colhendo flores no jardim central do palácio, enquanto contava histórias de infância para mim e para o jardineiro, que adubava as raízes das hortênsias do canteiro do jardim central. O jardineiro, por um momento, apenas segurou a enxada e debruçado sobre o cabo da ferramenta, ouvia atentamente a história da moça. O suor molhava a camiseta branca do rapaz. Resolvi interromper e indaguei:

– Homero, hoje é domingo, sua folga. O que você está fazendo por aqui?

– Dr.ª Elisa, queria saber de Rayane. Hoje de manhã fiquei tão preocupado com ela...

Homero me lembrava uma pintura do pintor brasileiro Candido Portinari, *Lavrador de Café*: a pele bronzeada pela genética e pelo sol brilhava como se estivesse lubrificada com óleo de rosa mosqueta. O belo rapaz negro fitava Rayane como quem olhava um de seus cultivos no jardim.

Rayane contou que nunca se esqueceu do seu primeiro cachorrinho, presenteado pela mãe quando ela era criança. Ele era branquinho e peludo, um legítimo maltês. De tanto segurar bichinhos de pelúcia queria ter um de verdade, e esse animalzinho sempre foi um grande companheiro dela enquanto esperava a chegada de suas amiguinhas e, quando elas apareciam, era uma verdadeira confusão para segurar o pequeno maltês no colo.

O rapaz, o tempo todo, ouvia a moça com muita paciência. Afastei-me um pouco mais, e fiquei observando a cena. Rayane estava se entendendo com o jardineiro. Ela andou um pouco em direção ao jardim central do palácio para colher mais uma hortênsia, quando Homero olhou bem para ela e disse baixinho enquanto segurava a medalha de São Francisco de Assis no peito:

– Como essa moça é linda... Ah, se ela me desse bola! Nem me importaria de ela ser viciada em drogas. Quem sabe eu poderia ajudá-la a sair dessa cilada do inimigo. O que importa? Sou muito católico. Sei que Deus sempre quer que tenhamos compaixão pelo próximo e, pensando assim, religiosamente, acho que poderei ajudá-la. Mas que cheiro essa moça tem... É um cheiro, certamente, de quem não gosta muito de tomar banho, mas o que me importa? A sua ternura é tudo para mim. Se precisasse dar banho, daria. Faria tudo por ela. Se me pedisse para plantar um coqueiro, eu plantaria. Colher um canteiro todo de flores só pra ela, eu colheria. Quero vê-la feliz. Se precisasse carregá-la nos braços, carregaria. Se precisasse apanhar uma estrela pra ela, apanharia. Sei que não posso alcançar uma estrela, mas faria de tudo para ter essa garota para mim.

Homero, que rapaz simples e religioso. Para ele, o importante na vida é o caráter. Estudante de Direito na Universidade de Brasília, havia conseguido entrar para a UnB. Em Brasília, alguns estudantes pobres conseguiam vagas pelo sistema de cotas. O moço pobre trabalhava para ajudar a família. Sem dúvida, era muito trabalhador e honesto, digno de ser apreciado como um ilustre ser humano.

E como ele admirava a bela Rayane, que mais parecia a Vênus, com aqueles cachos soltos ao vento. Como eu queria ver essa menina bem. Lembro-me perfeitamente de quando ela era criança, o quanto era doce e brincalhona, às vezes, muito mimada. Quando, um dia, saí com ela na rua, a garota rolou no chão porque queria que eu comprasse uma bonequinha francesa para ela. Naquele dia não tinha o dinheiro. Eu ainda era muito jovem e apesar de ser bacharel em Direito, não tinha emprego, Disse com firmeza que não tinha o dinheiro, mas assim mesmo ela continuou a chorar pra valer. Eliminando esse fato, ela sempre foi uma pessoa normal para a idade.

O tempo passou e ela se tornou uma adolescente graciosa até abandonar os estudos, aos 17 anos. Começou a faltar às aulas do curso sem nenhuma justificativa aparente. Quando o pai descobriu, Rayane já estava envolvida com drogas.

Eu tinha muita esperança de que ela melhorasse e, enfim, voltasse a ter uma vida normal. E percebi que, cada vez mais, ela melhorava nos últimos dias.

De repente, lembrei-me de que teria de voltar ao trabalho na segunda, e era domingo. Tinha que descansar para voltar com muita disposição. Estava com muita preguiça de pensar que teria que lidar novamente com aquela manipulação de processos, tudo de novo... Aquele serviço parece não ter fim. O chefe tem a cabeça antiga e não quer modernizar o serviço, quer deixar a papelada prevalecer. Estamos vivendo na era da tecnologia, a informática está em todos os órgãos públicos e lá no meu Tribunal, na minha seção parece nunca chegar. Mas quando me lembro de que quando voltar verei o Teodoto, já me dá o maior ânimo.

 Ah, como quero ver novamente aquele homem! Fui até o computador, abri o Facebook e vi a foto do perfil dele. Como ele me fascinava. Não queria nem pensar que tinha uma namorada. Olhei bem a foto. Fiquei olhando, olhando, enquanto sentia que a sua imagem me excitava muito.

 Saindo do Lago Sul de carro, passei pela segunda ponte. As águas do lago estavam cintilantes com o brilho intenso do sol. Apreciei a bela paisagem, que me era muito familiar.

 Segunda-feira. Não gosto muito desse dia, mas esse foi diferente. Quando cheguei ao TJDF, onde eu devia cumprir o meu trabalho, ainda no estacionamento, vi o Teodoto chegando, no mesmo momento em que eu estacionava o meu carro. Que coincidência incrível! Não podia ser. Ele trabalhava à tarde, então, o que ele estava fazendo ali pela manhã? Fiquei eufórica ao vê-lo. Olhei bem o meu rosto no espelho do retrovisor do carro, achei que precisava passar um batom bem rápido. Olhei do lado direito e notei que ele vinha andando em minha direção. Eu já estava abrindo a porta do carro para descer quando ele se aproximou.

 Meu coração disparou, batia descompassado. Ele chegou bem perto e me cumprimentou com dois beijinhos no rosto. Pude sentir o aroma de um perfume amadeirado que não me lembro bem do nome. Ah, como senti uma vontade de abraçá-lo... Melhor, beijá-lo, apertar aquele homem nos meus braços por longos instantes, mas ali, num serviço público, não era o ideal.

 – Como foram as suas férias? – ele me perguntou com um longo sorriso, bem branco. Que dentes bonitos... Mas não só os dentes. Que belo olhar... Seus olhos brilhavam tanto na luz daquela manhã que pareciam penetrar na minha mente, no meu corpo e na minha alma.

 – Viajei por poucos dias, para minha cidade natal, Paracatu, mas logo voltei para casa. Ah! Foi muito bom ter te encontrado lá na cachoeira. Você gostou da cidade? – respondi, ansiosamente, enquanto ele me oferecia um chocolate. Quando levei a mão para pegar a barrinha que ele me oferecia, senti que tremia um pouco. Fiquei envergonhada pelo nervosismo, mal podia me equilibrar em pé quando saí do carro.

Então me equilibrei bem sobre os sapatos de salto. Olhei para ele, não podia perder aquele momento, de observar aquele corpo. Fiquei admirando-o como quem aprecia uma obra de arte. Ah, sim, imaginei-o como se ele fosse uma escultura, *Davi*. Espontaneamente, usei o meu imaginário para "ver" o corpo dele nu, tal qual a escultura de Michelangelo. Pasmei diante daquela obra perfeitamente acabada. Uma imagem com um ideal de perfeição, obra de arte viva, de carne e osso, de terno e gravata.

– Percebi que Paracatu é uma cidade histórica. Gostei muito dos casarões da sua cidade. Lá tem umas ruas bastante preservadas. Ele disse de repente.

– Realmente. Isso porque a cidade é tombada como patrimônio histórico.

Não quis alongar muito a conversa, pois ele já ia entrar para o serviço, mas vi que ele me olhava com muito interesse. Olhava como se quisesse me penetrar com os lindos olhos escuros, vibrantes e cheios de vida.

Esse foi um pequeno encontro inusitado, bem rápido, mas que deixou uma lembrança marcante em minha vida.

Então, vivi esse momento lindo demais, sentindo emoções nunca sentidas antes. Acho que é amor. Nunca senti tudo isso antes. Impressionante. Sei que posso trabalhar e manter o foco. Antes de tudo, sei que estou apaixonada por esse homem oito anos mais jovem do que eu. Amor, paixão, intitule como queiram. Sei que o meu dia ficou belo naquele momento.

Mas o mais surpreendente é que tudo que acontecia me levava até Teodoto, ali, no Tribunal. Naquele mesmo dia, um pouco mais tarde, pediram para que eu avaliasse novamente o processo da Margarida, que estava respondendo por abandono de emprego. Precisávamos contratar outra funcionária de emergência para suprir a vaga. Então, a juíza da sessão pediu para que eu fosse ao setor de pessoal conversar com Teodoto, ver o que ele podia fazer, já que é ele quem contrata novos funcionários concursados ou temporários.

Quando cheguei à seção havia muita gente no local, vários casos para ele resolver. Sentei-me em uma cadeira que estava na frente dele e fiquei esperando, aproveitando para olhar bem para aquele homem que me fascinava.

Chegou a minha vez de ser atendida. Conversamos sobre a contratação de outra funcionária para o meu departamento. Ele foi muito atencioso comigo. De repente, como num passe de mágica, todos saíram do departamento. Ficamos a sós.

– A sua namorada também é de Paracatu? – indaguei.

Ele ficou em silêncio. Notei que ele não queria falar do assunto, mas depois confessou que sim, que havia se hospedado com uns amigos em uma fazenda muito bonita, nos arredores da cidade, em um local nunca visto antes. Havia ficado impressionado com as veredas da paisagem, os buritis muito antigos, verdes e cheios de vida.

– Conheci também um clube muito bonito na cidade. O Traíras, que fica numa vereda. Disseram-me que as águas que brotam dos buritis são medicinais. Lá tem uma trilha de água que cai numa piscina imensa. O lugar é lindo.

Teodoto ficou falando sobre a cidade. "Que voz mais linda ele tem", pensei.

– Ah, sim, sempre que estou em Paracatu, vou lá. Gosto muito das águas medicinais dos buritis. Lembrei-me do livro o qual estou lendo, *Grande sertão: veredas*. Volta e meia, o narrador menciona as veredas de Minas com as suas belezas – disse eu.

– Querida, que tal conversarmos fora do trabalho? Vamos marcar um encontro. Me ligue mais tarde.

Fiquei um pouco constrangida. Será que eu estava falando demais? Tudo bem. Sei que eu estava no serviço público, não era local para paquera e, sim, para trabalho sério. Concordei com ele. Disse que ligaria mais tarde.

Homero, o jardineiro estudante de Direito, mais uma vez chegava ao seu bairro, após uma longa viagem de ônibus, depois de uma noite de estudos na Universidade de Brasília. Ao passar pela rua da lateral de sua casa, observou os adolescentes consumindo drogas a valer, num lugar chamado cracolândia, no Recanto das Emas, a cidade satélite periférica de Brasília. Ele tinha muito medo e rezava bastante quando passava por ali. Só mesmo Deus para protegê-lo, porque aquele local era desprovido de segurança pública. Onde estavam os policiais, ninguém sabia. Além do consumo de drogas, havia muita violência no local, assaltos e assassinatos. Triste vida para um rapaz tão honesto, trabalhador e estudioso. Mas tinha muita garra para concluir o curso de Direito, sacrificava-se muito.

    Naquela noite escura, ao passar naquele local mal iluminado, onde se destacava um gueto de rapazes a consumir drogas, ele ouviu sons de passos largos vindos em sua direção. O rapaz continuou andando apressadamente para chegar logo em casa. Com o coração disparado, novamente se pôs a rezar, pedindo a Deus, a Nossa senhora e a São Francisco de Assis, proteção por mais uma noite livre de qualquer atribulação. Segurou bem firme a medalha de São Francisco sobre o peito, olhou para trás e viu que um homem alto e forte se aproximava. Não viu nenhuma arma, mas o rapaz continuou acelerando os passos.

    – Hei, que isso cara! Tá com medo? Sou eu, Antônio. Você é mesmo um frouxo. Homero virou para trás e viu que era o seu vizinho, um rapaz trabalhador. Ele vendia verduras na feira.

    – E aí Antônio tudo bem?

    – Preciso de sua ajuda, cara.

    – Para quê? Mas a essa hora da noite?

    – É urgente. O nosso vizinho, o Tião, sofreu um assalto e foi baleado.

    – Onde foi isso?

    – Foi lá na Quadra 13. Precisamos de levá o cara pro hospital agora.

    – Mas calma. Precisamos primeiro ligar para a polícia.

    – Se demorar muito o cara vai morrer.

    – Então vamos ligar para o Samu. Como vou levá-lo se não disponho de carro?

    – Está bem. Vamos andar rápido, pois o cara tá sangrando muito.

    Foram correndo até o local do assalto e o rapaz estava caído no chão. Homero olhou bem para o corpo estendido no chão, sangrando muito, e percebeu que o tiro havia acertado uma das vértebras da coluna vertebral. Homero gritou em voz ativa:

    – Cuidado! Não podemos carregá-lo! A coluna dele foi atingida. Se segurarmos de qualquer jeito, ele corre o risco de ficar paraplégico ou tetraplégico. Vamos esperar o Samu. Eles têm maca e profissionais capacitados para atendê-lo. Homero tirou o celular do bolso e ligou imediatamente para o serviço de emergência do Distrito Federal. No momento da ligação, o atendimento foi bom, mas a ambulância demorou para chegar.

— A gente já devia ter carregado esse cara. Deitado aqui na rua desse jeito, ele não fica bem. A gente coloca ele nas costa, véi.

— Eu já te falei, Antônio, que a coluna vertebral é uma área muito sensível do corpo. Se não acomodá-lo de maneira correta, ele corre o risco de ficar deficiente físico.

— Ah, isso não, véi. Meu amigo aleijado não!

— Somente pelo motivo de ele ter sido baleado na coluna ele já está correndo risco – respondeu Homero com veemência.

Já estava ficando tarde e a ambulância não chegava. O rapaz estava cansado, porém, os vizinhos do bairro foram chegando e formaram um círculo em torno do rapaz baleado. Todos queriam saber o que havia acontecido e a maioria das pessoas reclamava da situação vivida no bairro. Realmente, de acordo com os comentários, a situação vivenciada pelos moradores estava se tornando caótica, estavam perdendo a paz por causa da violência urbana exacerbada.

Quais seriam os verdadeiros motivos para tamanha violência? O desemprego, o crescimento urbano desordenado, a falta de organização da segurança pública... Cada morador daquele bairro questionava, sem chegar num consenso a respeito do tema. A verdade é que estavam perdendo a paz a cada dia. Eram pessoas humildes e trabalhadoras que perdiam noites de sono por causa dos tiroteios, assaltos e brigas.

Aquela noite, realmente, não foi aprazível para Homero. Quando ele se recolheu em seu leito já eram 2h da manhã.

— Tenho que acordar às cinco horas para estar no Lago Sul às sete horas e estou sem sono – disse ele para si próprio.

Olhou para o teto sem laje e sem forração e viu que uma barata rondava por ali. Então, continuou falando para si mesmo:

— Ah, se eu tivesse pelo menos um cômodo para viver... Como um daqueles do palácio. O teto no estilo rococó, todo trabalhado com relevos no gesso, que luxo tudo aquilo! Mas tudo bem, não tenho inveja, não sou como os bandidos deste bairro que não trabalham e querem o que é dos outros. Tudo que eu puder construir na vida será com o fruto do meu trabalho. Para mim é questão de dignidade me formar em Direito e ter meu emprego. Posso prestar um concurso público ou montar meu escritório de advocacia. Sei que posso esperar. Quanto àquela moça, a filha do patrão, como ela é bela. Mas tenho tanta pena... O pai só briga com ela. Às vezes, fico com raiva daquele homem, mas logo em seguida faço uma oração para que ele mude e passe a compreendê-la melhor. Está certo que ela é viciada em drogas, mas ela não está sozinha. Estamos vivendo numa época em que as drogas estão por toda parte e por melhores que pareçam ser as famílias, estão sendo atingidas. Mas aí eu fico pensando... Logo com a mulher que gosto isso foi acontecer! Rayane, doce Rayane... Como gosto de olhar para ela, olhar nos olhos dela, olhar bem de perto. Ah, como eu queria cuidar daquela moça...

O rapaz pegou o travesseiro, encostou a cabeça, fechou os olhos e continuou pensando em como seria beijá-la, abraçá-la, e pegou no sono pensando na bela Rayane.

CAPÍTULO 13

O OURO DO SÓTÃO DO PALÁCIO

Naquele dia vi um homem entrando logo cedo pelo portão principal do palácio. Percebi que ele havia vindo realizar negócios com Expedito. Ele aparentava ter mais ou menos quarenta anos de idade. Usava grossas correntes de ouro no pescoço e nos punhos. Observei que ele trazia algo, era um embrulho num papel, só podia ser mais uma barra de ouro. Fiquei observando de longe, sem deixar que Expedito me visse.

Eu estava curiosa para saber mais sobre aquela pirâmide de ouro e todas aquelas barras de ouro que estavam guardadas no sótão.

O homem entrou no escritório que ficava no piso térreo, em frente ao jardim central, sempre guiado pelo segurança, o Dorival. Andei pelo jardim central e fiquei na espreita, ao lado da imensa janela de vidro. Eu estava no belo e verde jardim, fora do escritório, quando vi o homem entregar as barras de ouro nas mãos de Expedito que o chamou de Gilberto. Então o homem mestiço chamado Gilberto pegou várias notas de cem reais e saiu apressado.

Logo em seguida, Expedito subiu levando o embrulho com o ouro e foi em direção ao sótão. Logo pensei que aquele homem de corrente de ouro no pescoço e no punho não me era estranho. Achei-o muito parecido com um moço de Paracatu, seria ele o mesmo Gilberto que eu havia conhecido na década de 80? Acho que o conhecia de quando eu era adolescente. Logo que o homem saiu do escritório, como já estava do lado de fora, indaguei a ele.

– Acho que te conheço. Você é o Gilberto de Paracatu?

O moço esquivou-se um pouco, mas logo em seguida respondeu:

– Sim, sou o Gilberto, moro em Paracatu. Você é a Elisa, a filha do Lucas?

– Sim, sou eu.

– Há quanto tempo, Gilberto! Você ainda está trabalhando no comércio do ouro?

– Sim, ainda estou pelejando no comércio do ouro, mas tenho outros negócios além do ouro.

Gilberto conversava como se estivesse com muita pressa, como se fosse um homem muito ocupado. Então logo em seguida, o segurança, o Dorival, abriu o portão automático e o Gilberto foi para a rua.

Após Gilberto partir, Homero chegou, ouviu o alarme disparando bem alto no sótão. Ele foi logo subindo bem rápido pela escadaria para ver o que era, indo em direção ao sótão, no terceiro andar. Quando ele já passava pelo arcobotante, viu que Expedito também estava subindo. Expedito virou para trás e disparou:

— Saia daqui rapaz, que não te chamei.

— Mas é que ouvi o disparo do alarme e pensei que pudesse ser um ladrão.

— Esse serviço não é para você. É para isso que contrato os meus seguranças. Saia daqui e vá cuidar da jardinagem. Essa é a sua função.

— Tudo bem, doutor. Já estou indo.

Expedito olhou para trás para se certificar que Homero já havia descido e continuou andando para o sótão. Passou pelo arcobotante e continuou a subir, encontrou com um dos seguranças, o Dorival.

— O que houve? Alguém tentou entrar aí?

— Não foi nada, doutor. O alarme disparou de repente, mas não tinha ninguém por perto. O único que esteve aqui hoje foi o Gilberto, o moço de Paracatu, que veio trazer o ouro para o senhor, mas ele foi apenas no seu escritório e já saiu.

— Não interessa a você o que ele veio trazer, você está me ouvindo? Já que está tudo bem, pode descer. Eu vou conferir se alguém mexeu nos meus documentos.

Expedito entrou no sótão e conferiu tudo. Disse em voz baixa para si mesmo:

— Ainda bem que está tudo no lugar certo. As minhas barras de ouro e a minha pirâmide. Já juntei mais ou menos 120 milhões apenas em ouro. Quando vender tudo será muita grana para eu viver com conforto para o resto da minha vida. Por enquanto não quero investir em outras coisas. Com o esquema de impostos no Brasil não dá. Vem o leão e abocanha uma boa parte. E depois como é que eu iria explicar a origem de uma vultosa quantia? O melhor é deixar tudo como está. Ninguém terá conhecimento do meu tesouro.

O sol da manhã começava a penetrar pela rosácea de vidro, o colorido da pintura juntamente ao amarelado do sol projetava uma gama de cores na parede oposta. Parecia um painel pintado à mão. Aquela sala não era grande, pois estava no último andar da mansão, no sótão.

Expedito andava de um lado para o outro enquanto planejava o que faria com aquela fortuna no futuro.

– Quero fazer outra viagem para a Inglaterra no final do ano. Ah, que saudades daqueles lugares maravilhosos! Quero voltar a *Stonehange*,[35] que é um dos pontos turísticos mais visitados da Inglaterra. Ali, sim! Inglaterra é um lugar bacana, país de primeiro mundo. Dessa vez quero ficar lá pelo menos durante quatro meses. Em Londres, sim, poderei usufruir de tudo que conquistei. Bons restaurantes, cidade urbanizada, tudo de bom. Depois, se eu passar com algumas barras de ouro na mala... Não, na mala não, posso ser pego no aeroporto. Acho que o melhor mesmo é transformar o ouro em dólares. Vou levar a pirâmide. Vou dar um jeito. Lá irei vendê-la e a trocarei por libras esterlinas. Ficarei milionário. Serei muito feliz com a minha fortuna. O melhor será viajar com o meu jatinho particular, a alfândega da Inglaterra não irá se intrometer com um homem rico como eu.

De repente, Expedito ouviu, novamente, que o som do alarme havia disparado, dessa vez com muita intensidade, já que estava no sótão. Sentiu como se seus tímpanos fossem explodir.

– Mas o que está acontecendo? Que inferno!

O homem estava com o controle remoto do alarme na mão, apertava o controle, mas o som muito agudo continuava a disparar. Dorival começou a bater na porta. Expedito estava muito calmo e pensativo, mas, de repente, estourou.

– Que diabos! Não posso ter paz nesta vida!

O homem começou a tremer, os dentes batiam uns nos outros de raiva, enquanto gritou para o Dorival.

– Dorival, desliga esse alarme! Veja aí o que está acontecendo, o sistema de segurança do alarme está falhando. Que droga!

De repente, o silêncio voltou. Dorival, do lado de fora da sala do tesouro, novamente voltou a falar.

– Fique calmo, doutor. Conseguimos controlar o sistema do alarme.

– Vocês são pagos não só para olhar a casa. Vocês têm que supervisionar o sistema de alarme geral.

---

[35] Santuário de *Stonehange* – composto de *Dolmens*, do período neolítico. PROENÇA, Graça. *História da Arte*. São Paulo: Editora Ática, 2003. p. 16.

– Fique calmo, doutor. Chamaremos a empresa de manutenção imediatamente para sanar o problema.

– Mas não quero ninguém aqui neste sótão. Não é para ninguém entrar aqui, estão entendendo? Eles devem entrar apenas até o arcobotante. Do arcobotante para cá ninguém tem permissão para passar. Entra apenas se for convidado, você me entende, Dorival? Esse lugar aqui me pertence, está entendido? Aqui dentro só entra quem eu permitir entrar, está me entendendo?

– Tudo bem, doutor. Estou entendendo. Ninguém entrará aí.

– Você recebe um ótimo salário pelo tanto que estudou. Você é quase um analfabeto, Dorival. Mal sabe escrever o nome. Se você perder esse emprego, quero ver onde você irá arrumar outro. Está bem então, agora você pode descer. Quero ficar mais um pouco aqui sozinho, entendeu?

– Tudo bem, doutor. Se precisar de alguma coisa me chame.

Expedito voltou a se acalmar. Estava suado, ainda vestia o roupão de banho de puro algodão. Retirou um guardanapo usado no café da manhã do bolso e enxugou a testa molhada de suor. Abriu o roupão para se refrescar um pouco, mostrando a barriga sarada de academia, Expedito era um homem muito vaidoso. Os cabelos tinham sido implantados. Odiava pensar que pudesse ficar careca. Isso não! Careca nem pensar!

Após respirar fundo, resolveu trancar a sala do sótão e descer para o seu escritório, em frente ao jardim central. Olhou pela janela de vidro e viu o jardineiro conversando com Rayane. Ficou observando, cada vez mais, ele se aproximar da moça. O rapaz deixou a enxada de lado e chegou ainda mais perto de Rayane. Expedito observou que o rapaz, de repente, passou a mão nos cabelos da bela moça. Novamente, o homem voltou a ficar muito nervoso e disse a si mesmo.

– Quem esse rapaz pensa que é? Um borra-botas se metendo a besta com a minha bela filha. Ela não está bem no momento, mas também não é para ela se envolver com um rapaz desses. Ele é um rapaz honesto e estudioso, mas é um pobretão. A família dele é de baixo nível, não vale nada e é muito pobre.

O homem saiu do escritório, bem rápido, em direção ao jardim central, ao lado dos canteiros de hortênsias. Os jovens ainda conversavam. Expedito ouviu a voz de Rayane, por alguns instantes ele pensou que ela já estava curada. A jovem contava uma história com serenidade.

– Pois é, Homero, quando eu estudava, gostava de ler muito e me lembro de ter lido Clarice Lispector. Como essa escritora é detalhista. Ela descreve até a maneira da pessoa mastigar. Mas eu gostava também de ler sobre Antropologia. Gostava de ler revistas sobre o assunto.

— Mas querida, você ainda pode ler muito. Vou trazer um livro que tenho em casa. Fala como foram construídas as pirâmides do Egito. Você ficará fascinada com o livro. Ah! Também fala sobre como as pessoas foram escravizadas na época para construir as pirâmides.

Expedito começou a ouvir o diálogo e ficou parado atrás de uma figueira ainda nova. Naquele momento ficou comovido, pois depois que a moça havia se envolvido com drogas nunca a tinha visto tão bem quanto naquela cena. Rayane parecia ter melhorado, como um milagre de Deus. O homem respirou fundo e continuou a ouvir a conversa.

— Então traz pra mim amanhã. Sabe que gosto muito de conversar com você! Véi, como tá rolando lá seu curso de Direito?

— Tenho que fazer uma petição inicial para estudar uma lei de Direito Processual Civil hoje. Tenho que entregar ao professor amanhã.

— Mas como vai fazer se tá aqui trabalhando e vai até as cinco, cara?

— É muito apertado fazer meus trabalhos, mas no almoço vou lá pra aquela salinha de descanso que seu pai me arrumou e faço um pouco das tarefas.

— Vou falar com o véi. Vou pedir pra ele mais um pouco de tempo pra você fazer seus trabalhos. Pode rolar confusão com o cara, mas vou tentar te ajudar.

— Oh, querida, você está sendo muito gentil comigo. Se eu puder te ajudar em alguma coisa me fale.

— Você me ajuda muito falando comigo. É isso aí, dialogando comigo. Você é uma das pessoas que me entende, cara! Você e a minha tia Elisa. Hoje ela vai sair mais cedo. Foi fazer uma prova oral para ser juíza. É isso aí! A mulher quer ser juíza! Já pensou? Olha cara! A tia merece. A mulher é batalhadora, bacana, sabe conversar. Não é como o meu pai. Tudo que digo, vem ele com sete pedras na mão, cara. Só fala coisas pra estragar a autoestima da gente. Pra ele sou uma burra, mas meu irmão pra ele é um Deus. Meu pai diz que ele é estudioso, inteligente, enquanto ele arrasa comigo. Precisa só ver como é, cara!

— Pelo tempo que estou aqui já deu para perceber que ele é bem impaciente mesmo. Parece bem nervoso.

Ao ouvir essa parte da conversa, Expedito ficou furioso. De repente, saiu detrás da figueira e gritou bem forte:

— Seu moleque! O que você está dizendo aí?

— Eu não estava me referindo ao doutor não.

— Mas você é muito hipócrita mesmo, seu moleque!

— Não fale assim com ele, pai. Ele é um cara muito bacana. Só ele me entende.

— Por causa disso não mando esse camarada para o olho da rua. Mas vê se tenha educação, rapaz. Você me deve muito respeito.

Expedito pronunciou as palavras com muita firmeza e autoridade e saiu rapidamente dali.

— Bem que eu ia falar com ele para te dar mais tempo pra estudar, mas quando ele tá nervoso assim não adianta nem mexer com o cara.

— Tudo bem. Quando ele estiver calmo, aí você fala. Irá me ajudar bastante, pois estou chegando em casa muito cansado. E se você visse o lugar onde moro, lá está ficando muito violento.

— Posso ir lá com você para conhecer o local?

— Nem pensar. Seu pai me mata se eu fizer isso. E ali não é lugar para você. Acredita que onde moro tem uma cracol...

Homero pensou bem, não devia mencionar que no local havia tráfico de drogas. Se ela fosse até o local procurar alguma coisa para consumo, aí, sim, o pai da moça não o perdoaria.

— Nada, não há nada, querida. Esqueça. Eu ia dizer besteira.

— Não, pode me contar. Não quero que você me trate como uma idiota. E como uma idiota que meu pai me trata. Mas você não, cara, você não.

A moça começou a ficar nervosa e por um momento se pareceu com o pai.

— Depois eu te conto mais algumas coisas.

Homero lembrou-se do que havia ocorrido na noite anterior, mas não teve coragem de mencionar nada à Rayane.

— Desculpe-me, Rayane, mas agora preciso terminar de limpar os canteiros.

Com muita raiva, Rayane saiu pestanejando. Subiu rapidamente para o seu quarto, pensou em sair um pouco de casa, mas seu pai não podia vê-la sair, pois ia brigar, dizer que não era para ela consumir drogas. A moça pegou a bolsa sem o luxo de se arrumar nem passar um batom, pegou as chaves do carro, desceu as escadas e saiu rapidamente do palácio. Quando Dorival viu já era tarde demais.

Homero, que limpava os canteiros, viu com qual velocidade a moça saiu portão afora. Mas não quis dizer nada, porque era contra o pai fazer dela uma prisioneira.

— Você viu como a moça saiu rápido? O patrão vai me dar a maior bronca. — Dorival foi logo dizendo, muito preocupado.

O tempo foi passando e Rayane não chegava. Expedito havia saído antes e não viu a moça saindo. Já se aproximava das 17h e nada.

Dorival, muito preocupado, dirigiu-se a Homero.

— O que faço? A moça não chega. Já estou pensando na hora que o patrão chegar.

— Vou sair e procurá-la por aí.

— Não irei para a aula enquanto ela não chegar. Se for, acho que não conseguirei me concentrar.

— Pode ir pra sua aula. Isso já aconteceu outras vezes. Ela sempre volta.

Quando Dorival disse isso, o portão foi logo se abrindo. Mas não era ela, era o Expedito voltando do trabalho.

— Hei, cara, o patrão chegou primeiro. Agora como vou explicar?

— Calma, vamos conversar com ele.

Os empregados, amedrontados, esperavam a hora de o homem disparar as broncas. No entanto Expedito estava muito feliz.

— Por que vocês estão me olhando assim? Logo hoje, que estou muito feliz, não vão me dizer que aconteceu alguma coisa ruim — disse Expedito enquanto saía do carro.

— É que Rayane saiu e não voltou.

— Mas saiu como? De carro?

— Sim, doutor — os dois responderam ao mesmo tempo.

— Não é possível! E vocês deixaram?

— Ela foi muito rápida. Não deu tempo de impedi-la.

— Mas você é mesmo muito incompetente, Dorival. Estou jogando dinheiro fora com você.

Dorival, com medo, calou-se, enquanto Expedito andava de um lado para o outro muito nervoso. E quando ele já ia pronunciar mais alguns xingamentos, o portão abriu. Finalmente, era Rayane.

– Onde você foi, querida? Só estava te esperando chegar para ir à aula. Você está bem? – indagou o jardineiro enquanto corria até ela.

Rayane desceu do carro como se estivesse com uma enorme ressaca. Estava sonolenta e pronunciava palavras sem nexos.

– Ligue para o médico dela, Dorival. Provavelmente, ela voltou a consumir drogas.

– Está bem, Dr. Expedito.

Figura 9 – O problema das drogas – Desenho a lápis aquarelado sobre papel artesanal

Fonte: a autora

No domingo, levantei cedo e me deitei numa cadeira ao lado da piscina e sobre o gramado verdinho, bem em frente ao lago. O dia estava belo, com o sol brilhando na água. Sentia-me privilegiada em morar num lugar desses.

Carlos Magno chegou, de repente, ao meu lado, e me deu um beijo no rosto. O meu sobrinho era tão carinhoso comigo! Quando olhei bem para ele, notei que já era um homem. Ele já estava com vinte e dois anos, os braços fortes e musculosos, vestia apenas uma sunga de banho. Seu tórax expunha alguns músculos. Já era um belo rapaz e me lembrava uma pintura do Michelangelo, *O nascimento do homem*, uma bela pintura do afresco da Capela Sistina, no Vaticano. No afresco do mestre renascentista, o homem nu se contorce para tocar na mão de Deus, Michelangelo, sem dúvida, conquistara uma imensa noção de anatomia, que podia ser revelada em seus desenhos anatômicos.

Carlos Magno passou por mim e foi direto pegar o *Jet ski* para praticar o desporto aquático. Fiquei ali, sentada, observando-o no veículo. Ele pilotava muito bem o equipamento, deslocava-se em grande velocidade na superfície da água, subia e descia, ora em pé, ora de joelhos. Como era gostoso ficar ali só olhando o movimento daquele veículo.

Mas, de repente, o palácio começou a encher de gente. Expedito havia marcado um churrasco. Primeiro chegaram os primos dos meus sobrinhos. Ana Flávia, uma moça muito bonita, foi logo se aproximando de mim. Ela me cumprimentou e se deitou numa cadeira ao lado da minha. Era, com certeza, muito bela. Estava acompanhada de mais duas outras primas. Vestiam shorts jeans; eram moças ricas e universitárias.

Quando Rayane chegou veio cumprimentá-las. Elas responderam e se sentaram para também observarem Carlos Magno no *Jet ski*. Por um tempo ficaram como eu, só observando o movimento do veículo. Por um momento, Rayane sentou-se perto delas, tentou dialogar, mas tudo que Rayane dizia as moças contestavam.

– Você deve pensar mais quando fala, Rayane. Essas suas gírias passam a ideia de uma suburbana. Você ainda não aprendeu a falar o português corretamente. Já observou que não usa concordância nos verbos quando fala? – falou severamente Ana Flávia, enquanto mexia no seu Iphone 5.

Rayane ficou chateada e saiu rapidamente dali. Como me doía ver as primas tratá-la daquele jeito! Naquele dia não pude suportar.

– Hei, Ana Flávia, você devia respeitar o jeito de ser da sua prima.

– Ah, tia, você acha que Rayane é normal? Coitado do Tio Expedito, ter uma filha assim, tão desmiolada. Já ouvi essa garota falar absurdos para ele.

– Mas vocês bem sabem do problema. Ela se envolveu com drogas, encontra-se em recuperação.

– Todos nós sabemos que Rayane não é normal. Você não quer enxergar, tia. Ela não é certa da cabeça.

– Mas ela foi vítima das drogas. Vocês deviam era ajudar a menina.

– Eu não tenho paciência com ela.

De repente, Ana Flávia ficou em silêncio e apenas voltou a mexer no seu Iphone. As outras primas continuaram a mexer cada uma em seu celular, vez ou outra desviavam o olhar para o lago. Pensei em como as pessoas estão se tornando individualistas e só enxergam o seu próprio umbigo, seu próprio conhecimento e diversão. Preocupam-se muito com o que está do outro lado do planeta, as notícias, o conhecimento, mas não se importam com o próximo ou com os fatos que estão acontecendo bem perto de si, fatos que deviam despertar solidariedade.

– Ana Flávia, vá com suas primas atrás de Rayane. Ela ficou chateada. Conversem um pouco com ela, não custa nada. A menina precisa de diálogo.

– O quê, tia? Você está me pedindo muito, eu não vou. A Rayane é um caso perdido, não há nada que dê jeito nela. As drogas afetaram o seu córtex frontal e ela já não controla mais as suas emoções.

– Sei disso, mas tenho esperança de que ela ainda venha a levar uma vida normal.

– Acho que você é a única que acredita nela, mais ninguém.

– Não sou só eu. O Homero também acredita e quer ajudá-la.

– Ah, aquele empregado do meu tio... Então você acha que ele poderia fazer alguma coisa para ajudar Rayane. Coitado, ele é apenas um pobre rapaz, sem nenhum futuro.

– Ele tem futuro sim. Ele é estudante de Direito e pensa em fazer concursos para melhorar de vida. E depois, a maneira que ele tem de ajudá-la é tratando a menina com amor. E acho que ele está gostando dela.

– Mas o meu tio não irá aceitar nenhum tipo de relacionamento dos dois. Conheço bem o meu tio. Ele não gosta que os familiares se envolvam com empregados, muito menos a Rayane, que é doente mental.

– Doente mental não. Ela está se recuperando do vício.

Enfim, calei-me. Não adiantava mesmo discutir com Ana Flávia. Voltei a olhar o lago e vi que Carlos Magno continuava a manobrar o *Jet ski*. De repente, ele resolveu sair da água. Estacionou na areia da orla do lago e veio em nossa direção. Antes de falar comigo, Expedito o abordou. Ao lado dele estava o senador Humberto e mais dois homens.

– Vejam o meu filho como está bonito. E já está no sétimo semestre de Medicina.

Os homens cumprimentaram o belo rapaz e Expedito continuou se vangloriando.

– Esse rapaz é tudo de bom em minha vida. É simplesmente maravilhoso, muito inteligente.

Enquanto isso, o Senador Humberto viu Rayane um pouco distante, andando na orla do lago. Ia e voltava várias vezes. Então indagou:

– Como vai a sua filha Rayane?

– Ela está bem.

Expedito tentava esconder a preocupação com a moça, mas a sua fisionomia revelava o incômodo que sentia. Lá no fundo, o meu cunhado sofria muito com o estado da filha. Na verdade, ele nunca pensara em ter uma filha assim. Pensava que a sua vida fosse sempre correr as mil maravilhas. Como ele se preocupou apenas com negócios e dinheiro, nunca pensou em se dedicar pessoalmente à filha. Agora, ele estava sofrendo pela falta de amor e dedicação. Não quero julgá-lo, pois também acho que a Rayane sofreu muito com a ausência da mãe. Família separada.

Enquanto conversavam, levantei-me um pouco da cadeira, pois o sol estava ficando muito forte e me policiava para não tomar sol depois das onze horas, pois os jornais sempre noticiavam que danificava a pele. Comecei a andar em direção a Rayane. Não queria deixá-la tanto tempo sozinha. De repente, vi que Homero havia chegado e andava para encontrá-la. Quando Expedito viu o rapaz entrando e penetrando em seu churrasco de domingo, ele foi logo dizendo.

– O que você faz aqui rapaz? Hoje não é a sua folga?

– A Rayane me ligou e pediu para eu vir ficar com ela.

– Você quer ficar com a minha filha? Mas é muita petulância sua.

– Eu quero apenas ajudar, doutor. Ela não está se sentindo bem.

— Veja lá, rapaz. Não vá se aproveitar da minha filha. Senão, nada ficará bem entre nós dois.

Expedito, enfim, deixou o rapaz se aproximar da moça na festa, pois sabia que ele era o único, além de mim, que ainda tinha paciência com Rayane. Expedito afastou-se e continuou conversando com os seus amigos. Enquanto pude observar Rayane e Homero, realmente, ele conseguia manter diálogo com ela.

— Oi, querida. Trouxe para você o livro que te prometi. Aqui está. Veja aí sobre as catacumbas egípcias. O livro é bem ilustrado e fala sobre os faraós e os seus tesouros enterrados.

Rayane foi logo segurando o livro, manuseou-o rapidamente e logo o devolveu para Homero.

— Não precisa conferir e ler agora. Você terá tempo para lê-lo com calma — argumentou Homero com paciência, enquanto devolvia o livro para Rayane. Ela segurou o livro, amassando-o.

— O que houve, Rayane? Você me parece agitada. Vou falar um pouco sobre o livro. Acalme-se e me ouça. Os faraós do Egito juntavam imensas fortunas em ouro e pedras preciosas.

Enquanto Homero narrava a história dos faraós, vi que Rayane não prestava muita atenção. Seu olhar se dirigia a vários lugares ao mesmo tempo, estava muito assustada. Quando a mansão ficava cheia de gente ela ficava ainda mais agitada.

— É as minhas prima, cara. Elas não me entende, sabe qual é?

— Fique calma, querida. Vamos conversar. Pode falar que estou aqui para ouvi-la.

— Acontece que ninguém me entende, saca? Só mermo você e minha tia. Ninguém tem paciência comigo, cara. E quero ouvir música, sabe qual é, Raul Seixas. Quero ouvir "Metamorfose Ambulante". Vamo lá dentro comigo. Vou ligar o som só pra nós dois.

— Mas seu pai pode não gostar.

— Que se dane o meu pai.

— Vamos ouvir a música do meu celular. Vou ver se encontro ela aqui no YouTube pra você.

— Acha aí vai, e deixa rolar pra nós aí o som.

— Calma, estou até conseguindo navegar. Acabei assinando um pacote de internet para o meu celular. Estou pagando apenas R$ 19.99. Vale a pena, sabe, porque acho necessário fazer algumas consultas para tirar dúvidas sobre algumas leis. Na emergência, esse celularzinho me salva.

— E aí, cara, achou a música? Liga aí.

Homero, finalmente, conseguiu baixar a música e pôs para tocar no seu Samsung, que tinha até um sonzinho bom. Rayane ficou super feliz com a música e começou a cantar, e até conseguiu acompanhar muito bem o ritmo.

Rayane se animou muito, cantava, batia palmas, e conseguiu cantar alguns trechos da música enquanto Homero a ouvia e admirava a sua habilidade para o canto.

— Está vendo, Rayane? Você sabe cantar. Isso é muito bom. Parece-me que você tem talento para a música.

— É verdade. Até tentei algumas aulas, véi, quando era uma pirralha, mas o meu pai depois me tirou. O cara dizia que música era pra vagabundo.

— Mas nunca é tarde, Rayane. Procure fazer o que você gosta. Dessa forma você encontrará prazer em viver.

— Deixa rolar outra música do Raul aí vai.

— Preciso ainda digitar. Qual você quer agora?

— "Medo da Chuva". Vai, deixa rolar essa. Vai, cara!

— É pena que você pensa que eu sou seu escravo...

Rayane continuava a cantar a música, cantando toda a letra sem errar. Era incrível como ela se entendia com aquele rapaz. Nesse momento eu pensei que não importava o fato de ele ser empregado da família. Sem dúvida, ele era um rapaz cheio de amor para dar, era bem carismático. E o que Rayane precisava era de alguém para lhe dar afeto.

Homero ficou fascinado com o canto da moça. Ele ficou ainda mais apaixonado, pude notar que ele a olhava de maneira voluptuosa. Ele se aproximou dela um pouco mais. Por um momento, ela o olhou nos olhos e os dois ficaram bem próximos um do outro.

— Rayane, preciso lhe falar algo importante.

— Então fale, cara.

— É que eu estou sentindo algo... Na verdade, eu quero te ajudar a sair da cilada do inimigo em que você entrou.

— Que cilada, cara?

– Preciso te levar para a Igreja, já que você não consegue sair do vício por meio de tratamentos.

– Meu pai nunca se importou com religião alguma.

– Na minha comunidade frequento a Igreja de São Francisco de Assis. Lá eu participo de grupo de jovens e fazemos reflexões bíblicas.

Homero falava enquanto segurava a medalha de São Francisco no peito. Se você quiser ir comigo, levo você no dia que você quiser. Só não sei se o seu pai vai deixar.

– Vou com você. Dou um jeito. Vamos hoje!

– Calma, querida. Hoje não dá. Você vai sair no meio da festa de seu pai? Faz assim, no próximo domingo eu virei aqui te buscar. Vou pedir a autorização dele.

– Está bem. Você está me prometendo, hein, cara! Não vai furar, tá entendido?

– Você vai melhorar. Enquanto há vida há esperança, pois o sangue ainda corre em suas artérias, querida, ainda pulsa. E se pulsa ainda não houve a morte, e se a morte ainda não veio, a esperança se mantém como uma chama acesa para a vida.

Enquanto falava, o jovem segurava a medalha de São Francisco.

– Sei que você sairá dessa cilada do inimigo, com Cristo, Nossa Senhora e São Francisco de Assis. Você sairá forte e verá que mal algum te afligirá.

Homero continuou a acalmá-la:

– Rayane, não deixe que alguém tire as suas esperanças. Estreite o seu futuro e apague a luz do teu céu. Não deixe a sua insegurança ser maior que a tua vontade de vencer. A riqueza da vida está nos ideais que projetamos para nós. Acredito em você, querida.

Expedito andava de um lado para o outro impaciente. De vez em quando olhava no relógio. Sua esposa estava sentada na mesa com alguns amigos, jogando baralho; segurava algumas cartas organizadas em forma de leque. Levantou um pouco a cabeça e olhou para o marido, que às vezes se aproximava do amigo senador Humberto Tavares.

– Querido, o que houve? Você me parece impaciente.

– O ministro... Até agora não veio.

– Mas ele confirmou a presença?

– Bem, ele me disse que talvez viesse.

– Ah, querido, não conte com o ministro. Ultimamente ele anda muito ocupado. E ele está sendo evidenciado em vários jornais.

– Realmente, devo contar com esse fator.

Virgínia abaixou a cabeça, ajustou as cartas nas mãos e continuou a jogar com os amigos. O senador Humberto Tavares, que estava próximo a Expedito, andou um pouco mais para perto do amigo e cochichou em seu ouvido.

– Amigo, acho que ele não virá. Aquele é o tipo de homem que não faz conchavos. Pode esquecê-lo.

– Quanto ao Robert, sabemos que ele denunciou a compra de votos na Câmara. Os jornais, cada vez mais, estão mostrando que na CPI da Câmara dos Deputados, ele está também comprometido com o Mensalão. Devido a esse fato, não quero que ele apareça aqui em casa de forma alguma. Sabe como são os jornalistas. Se tivermos amizade com alguém que está sendo o delator e, ao mesmo tempo, acusado, logo pensam que também fazemos parte do esquema.

– Amigo, você tem razão, não devemos deixar furo algum. Ocupo cargo de mandato eletivo e você pretende retornar a casa na próxima eleição. O povo deve ter confiança em nós – falou o senador.

– Quanto a mim, você bem me conhece e sabe que tudo que adquiri na vida não foi com dinheiro de política. Foi mesmo com as minhas empresas de construção civil e os meus investimentos em ouro.

– Sei disso, Expedito. Sei também que você já ganhou várias licitações com o poder público, convenhamos. Se dependêssemos apenas daquela merreca de salário de senador estaríamos perdidos. Lembro-me de quando você foi senador. O salário naquela época era pior do que agora. Depois, você foi deputado porque não conseguiu mais se reeleger como senador. Aconteceu porque nada fez pelo povo. Então teve mesmo que se virar como empresário.

– Quanto a você Humberto, não quero perder a sua amizade, mas, por favor, não seja descomedido. Você não é empresário como eu. Quero ver como você vai fazer para justificar aquelas verbas extras.

– Deixa comigo, amigo. Não sou tolo de deixar um vasto patrimônio em meu nome. Para isso conto com a sua empresa.

– Veja lá, camarada. Você frequenta a minha casa, anda comigo pelo partido, e o nosso partido tem muita confiança em nosso trabalho. Não vá me enrolar.

– Logicamente que não, amigo, pode ter certeza. Ainda mais agora que já estou sendo muito respeitado no Senado.

Eles conversavam como se estivessem a sós, mas eu já desconfiava dessa história. Logicamente, deveria continuar calada. Agora, calada até quando não sei. Acho que até descobrir toda a verdade do esquema. Eu bem sabia que em nosso país a corrupção aumenta a cada dia que passa, mas não podia ficar calada diante de tanta mentira e corrupção.

Alguns políticos são hipócritas, mas sempre soube que não devemos rotular todos eles, pois a corrupção, assim como outras problemáticas humanas, está inserida na má índole da humanidade. A corrupção na política é uma dessas problemáticas, mas necessitamos dos políticos para que administrem o nosso país. Sem eles, tudo seria ainda mais caótico. Mas sei, também, que tudo isso tem que mudar um dia, uma sociedade mais justa deve ser construída para um futuro bem próximo.

Homero passou por mim com Rayane. Ele a segurava se despedindo, enquanto ela se agarrava a ele.

– Você já está indo, Homero? Fique mais um pouco com Rayane.

– Preciso ir, pois ainda tenho que elaborar um trabalho para a faculdade.

– E qual é o trabalho?

– É uma lei complementar. Estou estudando sobre a nova lei da ficha limpa. Essa lei foi aprovada no Congresso e sancionada por Lula em 2010. Acredito que não preciso explicá-la pra você. Você é bacharel em Direito e sei que sabe muito, porque está estudando para o concurso de juíza.

– Com essa lei visam proteger a probidade administrativa e a moralidade no exercício do mandato eletivo – disse enquanto olhava para Expedito e imaginava se ele viesse a ter que responder por tudo perante a Justiça..., por causa de todo o ouro escondido no sótão.

– Dr.ª, a senhora pode ver com o Expedito se posso levar Rayane comigo à missa, em minha comunidade, no próximo domingo?

– Ora, não precisa me chamar de Dr.ª. Quanto a Expedito, bem... posso tentar.

– Vai, tia, pede pra ele vai. Tem que ser agora.

— Mas agora, Rayane, não é o momento certo. Ele está conversando com o amigo, o senador Humberto. Se eu abordá-lo agora, ele ficará furioso comigo.

— Sei como é o véi. É sempre desse jeito, não dá moleza mermo.

— Durante a semana, num momento em que ele estiver bem calmo, falo com ele, ok?

Bem sabia que o Expedito havia tentado de tudo para que Rayane se recuperasse, mas em vão. Agora eu acreditava que ele aceitaria outras opções de terapia, ainda que fossem ligadas à religião.

O meu celular, de repente, tocou. Olhei e vi que era o Teodoto. Observei que não devia conversar com ele ali, eu precisava de um lugar mais calmo. Em volta de mim havia inúmeras pessoas conversando.

— Oi, tudo bem? Fazemos assim: ligarei daqui a pouco. Estou aqui em casa, num churrasco.

Meu coração disparou quando ouvi a voz daquele homem. Era impressionante como a voz dele mexia comigo e me enchia de entusiasmo.

Dei um jeito de sair logo dali. Andei rumo à orla do lago, sentei-me na areia bem distante e só. Eu estava imensamente feliz e eufórica. Respirei bem fundo para me acalmar. Finalmente, ele me ligou de volta. Dessa vez, não podia deixar a chance passar. Estava eu, vendo a tarde do Lago Sul muito linda, deslumbrante; logo à minha frente, estava a Orla da Península dos Ministros, lugar procurado para recreação dos políticos de Brasília. Já vi vários deputados e senadores correndo nessa orla.

Peguei o celular e liguei de volta para ele.

— Oi, Teodoto. Estou num almoço aqui em casa e onde eu estava ficou difícil me comunicar com você. Pois bem, pode falar agora. Saí um pouco de casa, andando, agora estou aqui na orla do Lago Sul.

Eu respirava ofegante e estava um pouco nervosa.

— Afinal, quando é que você vai parar de me enrolar? Precisamos marcar o nosso encontro, querida.

— Tudo bem, acho que já estou preparada. O que você sugere?

— Pode ser durante esta semana.

Ele disse durante a semana, mas por mim poderia ser naquele dia mesmo, à noite. Mas concordei com ele.

– Na quinta-feira passada te vi lá no Tribunal de longe. Você não estava usando um vestido verde?

– Sim, estava, mas não vi você.

– Que pena! Poderíamos ter nos falado um pouco, querida.

– Está bem, nos falaremos melhor durante a semana. Beijos.

Desliguei o celular, já mais calma.

Sentia-me muito feliz. Finalmente, ele queria estar comigo. E parecia que ele queria muito mesmo. A festa estava acabando, então passei pelos convidados de Expedito, passei pela imensa sala luminosa, subi as escadas e fui para o meu quarto.

Liguei o computador e comecei a navegar no Facebook. Entrei na página dele e percebi que ele havia retirado as fotos da namorada. Será que haviam terminado? Eu bem sabia que no Face a pessoa posta exatamente para o grupo que quer que veja a foto. Então fiquei na dúvida. Se ele ainda estivesse namorando alguém, eu não iria ao encontro. Só que o meu desejo predominava e eu necessitava estar com ele. Afinal, ele não era casado, então por que eu deveria ter medo? Desliguei o Face, pois queria me deitar em minha cama um pouco, fechar os olhos e descansar.

Retirei toda a minha roupa e me olhei no espelho. Os exercícios que havia feito até então tinham me ajudado bastante. Já estava mais esbelta e me sentia mais bonita. Pois bem... Durante a semana.

Quando me deitei em minha cama, comecei a imaginar como seria o meu primeiro encontro com ele. Mal podia esperar! Realmente, eu estava muito ansiosa, o meu corpo pedia e clamava por aquele homem. A voz dele me excitava. Quando passei as mãos pelo meu corpo, pude imaginar aquele homem deitado comigo, a me acariciar. Comecei a respirar ofegantemente. Eu tinha que fazer alguma coisa para parar de pensar nele e no nosso primeiro encontro.

Olhei para cima e fiquei pensando: "Como é belo esse teto!". O teto, no estilo rococó, as sancas em alto relevo com figuras de anjos. Expedito realmente possuía um gosto eclético e excêntrico, mesclara o estilo rococó e o estilo moderno ou, para ser mais exata, ele mesclara um neomoderno em seu palácio. E fiquei pensando no porquê de não conseguir me mudar do palácio. Era por causa dos meus sobrinhos e também pelo conforto que tinha. Mas enquanto eu estivesse vivendo ali, ia continuar juntando as minhas economias para comprar um apartamento para ter a minha liberdade.

Sou de família pobre e tudo que tenho na vida, boa parte, agradeço ao Expedito, que ajudou a pagar os meus estudos, mas, convenhamos, fui babá das crianças dele por um bom tempo. Com a minha irmã ausente tive que assumir parte da criação, mas enquanto Rayane estava crescendo, eu ainda era uma adolescente, não tinha idade para ser mãe, e também estava estudando com planos de ser alguém na vida.

Pensei, pensei e dormi o restante da tarde. De repente, acordei com uns gritos. Logo de imediato percebi que vinham da varanda externa dos fundos que dava para o lago. Levantei-me rapidamente, andei pelo corredor e desci as escadas correndo. Enquanto eu corria, continuava a ouvir os gritos que se prolongavam. Era a voz de Rayane. Quando me aproximei dela, notei pânico em seu semblante. Os olhos arregalados, os cabelos embaraçados, como se tivesse participado de uma briga.

– O que houve, querida?

– Vi ali no lago uma mulher muito estranha, tia. Ela veio nadando em minha direção.

Olhei para o lago e não vi nada, apenas algumas luzes que refletiam na água ao anoitecer. Mas Rayane continuava gritando. Aos poucos foi parando com os gritos e passou a chorar baixinho.

– Tia, era uma ninfa, uma sereia. Calda de peixe, peito e rosto de mulher. Sim, sim, cabeça de mulher. Ela queria me agarrar.

– Você consumiu drogas novamente, querida? Conte-me a verdade, menina.

– Não, tia, não consumi drogas. Apenas tomei o resto de uísque do copo do meu pai.

– Você não podia ter feito isso, Rayane.

CAPÍTULO 14

O ENCONTRO DE ELISA E TEODOTO

Durante um bom tempo, permaneci eufórica pensando no primeiro encontro com o homem que há alguns meses eu desejava. Naquele dia, trabalhei com mais entusiasmo e os processos dos quais devia manipular no TJDF até se tornaram mais prazerosos, pois estava imensamente feliz.

Naquela tarde, eu estava com uma pasta amarela empoeirada na mão, enquanto observava o meu colega ao lado que já estava digitalizando o seu processo para transformá-lo num arquivo eletrônico. Enquanto eu o observava, pensava que queria fazer o mesmo com todos os meus, porque, finalmente, a diretoria havia aprovado os processos digitais.

De repente, entra pela porta da frente o Teodoto. Levei o maior susto. Eu não estava esperando que ele aparecesse ali, na minha sala de trabalho. Ele andou na minha direção enquanto pude observá-lo de perto: os olhos castanhos, sobrancelhas bem contornadas e um belo sorriso branco.

– Oi! Como vai, Elisa?

– Ele se aproximou bem perto de mim e eu senti o cheiro agradável do seu perfume francês. Respirei bem para não deixar que ele percebesse que eu estava nervosa com a sua presença, ali, tão de repente. Ele me cumprimentou com dois beijinhos no rosto enquanto correspondi com a cabeça.

– Eu preciso falar com a diretora da sessão. A doutora Heloísa está?

– Ah! Sim, sim, ela está na segunda porta à esquerda – respondi, enquanto continuei a manipular o processo que eu estava analisando como advogada. Fingi que não existia nada entre nós dois para que, a princípio, ninguém na sessão ficasse sabendo.

Ele se dirigiu à sala da Dr.ª Heloísa e eu fiquei imaginando o que ele queria com ela. Bem, ela era a diretora e o assunto do qual tratariam deveria ser meramente administrativo. Continuei o meu trabalho, sentei em minha mesa e digitalizei mais um dos meus processos. A conversa foi rápida, pois logo ele veio vindo de volta. Quando novamente passou por mim, ele se aproximou bem perto da minha mesa e me falou bem baixinho: "Não se esqueça de sexta-feira", e saiu sorrateiro, enquanto eu fiquei num frenesi que mal podia me conter.

Continuei a executar o meu trabalho, olhei para a prateleira ao lado e vi um amontoado de pastas empoeiradas, que eram processos que se juntavam para julgamentos. Elas sempre me causavam uma mistura de tédio e desânimo, mas, naquele dia, eu conseguia ver beleza nas pilhas de pastas empoeiradas que, naquela tarde, pareciam douradas. E pensei que o amor realmente transforma, insere ânimo e vida nova. O amor rompe barreiras e energiza a vida.

Naquela tarde fiquei imaginando em como seria o nosso primeiro encontro. Já me sentia mais bonita. Acho que o amor fez de mim uma mulher aprimorada. Realmente, o ânimo me assaltava. Pensei em ir ao cabeleireiro e ao maquiador, em me arrumar de maneira impecável para impressionar aquele homem que me fascinava.

A semana passou rapidamente e logo chegou a sexta-feira. Quando acordei e abri a janela do meu quarto pude sentir a brisa fresca da manhã em minha face. Olhei a linha do horizonte, vi o sol vibrando vivo e quente. Enfim chegara o dia do meu primeiro encontro com aquele homem maravilhoso, de sorriso branco.

E quando a noite chegou comecei a me arrumar. Escolhi a minha melhor roupa – achei um pouco séria, mas me achei bonita, era o que importava –, coloquei meus saltos altos – esses, sim, não podiam faltar. Enquanto me arrumava fui ficando muito ansiosa. Ah... Como seria o nosso primeiro beijo? Tínhamos marcado de nos encontrar em um restaurante da Asa Sul, Plano Piloto.

Cheguei primeiro e escolhi um lugar num canto para que ficássemos mais à vontade. Pedi uma taça de vinho tinto seco e comecei a tomar o meu primeiro drinque da noite. Ao olhar para o lado, vi que ele havia chegado. Ele veio até a mesa, olhou para mim bem de pertinho e disse:

– Finalmente, podemos ficar bem juntinhos.

Ele sentou-se ao meu lado e foi me dando um beijo na boca. Colocava e tirava a língua num frenesi, de uma maneira tão eloquente, que já comecei a ficar excitada, mas tive que me conter. Eu me soltei logo em seguida para que pudéssemos conversar primeiro.

– Mas me diz uma coisa... Você ainda tem a namorada?

Ele demorou para me responder, respirou, chamou o garçom e disse:

— Não é melhor pedirmos uma garrafa de vinho? Penso que dessa forma economizaremos, ao invés de pedir taças de vinho.

— Lógico, pode ser — respondi, ansiosa em saber a resposta sobre a namorada.

Ele voltou a me beijar e ficamos nos beijando por um longo tempo. Quando eu ia abrir a boca para dizer alguma coisa, ele me beijava novamente. Ah, como foram gostosos esses beijos. De repente, fiquei muito excitada, então pedi para que ele parasse, porque o garçom chegou com o vinho num balde de gelo.

— Ah, sim, vou te dar a resposta... Acontece que ainda estou com ela, mas o que importa?

— E você a ama então?

— Não, não amo. Acho que amo não.

Fiquei triste com a resposta, todavia, notei que ele queria me sondar.

— E você? Não tem ninguém? Aposto que você tem. Você é uma mulher bonita.

— Já tive, não tenho mais ninguém. Estou apenas estudando e trabalhando ultimamente.

— E o que você estuda?

— Estudo para concurso de juíza.

— Bom... Espero que você passe. Pelo jeito você é muito inteligente e linda.

— Obrigada. No momento vivemos um problema muito sério no Brasil. As provas orais em concursos costumam favorecer uma pequena elite dominante, pouca gente passa. Até parece que ser juiz nesse país se tornou uma raridade.

— Se você pensar assim poderá passar. O seu cunhado, com quem você mora, é muito influente.

— Ele já foi, não é mais. O nome dele caiu na imprensa e cada vez mais ele está sendo perseguido pelos meios de comunicação. Expedito, atualmente, é um homem muito rico, só que ele não sabe mais o que fazer com tanto dinheiro.

Pensei sobre o porquê de eu estar conversando um assunto assim com Téo. Certamente, ele estava acompanhando pelos jornais o caso do Mensalão.

— De acordo com todo tempo em que estou vivo, sempre ouvi dizer que o Congresso Nacional é um balcão de negócios. Não me surpreendeu a história do Mensalão, que se tornou prática cultural na política, querida Elisa.

— Verdade, Téo. Houve essa prática no passado e, para mim, também não houve surpresa. Tudo isso é consequência do presidencialismo de coalizão.

Notei que ele queria mudar de assunto, mas, antes, ele me cravou mais um beijo demorado.

— Como você é maravilhosa, Elisa! Onde você esteve esse tempo todo?

Apenas sorri, timidamente.

Conversamos, beijamo-nos muito, mas não transamos. Ele não me pediu em namoro e por isso pensei que não deveria me envolver.

A internet estava dominando os meios de comunicação. Havia, além do Facebook, e-mail, Google Drive, Messenger, Instagram e vários outros. Todavia, o WhatsApp estava dominando bem. Um meio de comunicação fácil e muito rápido que estava substituindo o telefone. Muito íntimo.

A fotografia dele aparecia no *ecrã* do celular. Mesmo não namorando aquele homem que não me dava paz, eu insistia em ver a foto dele. Queria ver os momentos em que ele entrava e saía. Eu olhava o aplicativo quando acordava e quando ia dormir. Às vezes, ficava triste por causa da distância, da incerteza, se ele sentia realmente alguma coisa por mim.

Pensei: "Mulher que quer mesmo ser independente não se submete ao machismo do homem. Não posso ser dominada pela arbitrariedade de um Don Juan. Ele se acha muito bonito, pelo jeito que fala quando me vê, ele não gosta mesmo de mim". Mas de vez em quando eu pensava diferente, que ele não deixava a namorada porque ele queria estar comigo e com a Mariana ao mesmo tempo. Também pensei que ele ainda não havia encontrado a mulher da vida dele. A Mariana não era a mulher da vida dele. Acho que não.

Chega de pensar nele, quero me concentrar, preciso passar no concurso de juíza.

Figura 10 – O lançamento do plano real para acabar com a inflação, em 1994 – Pintura acrílica sobre madeira

Fonte: a autora

CAPÍTULO 15

O OURO DE PARACATU E A NEOCOLONIZAÇÃO

Quando cheguei ao palácio fui direto para o meu quarto e liguei a TV. Os noticiários faziam uma retrospectiva do Mensalão. Mostravam o dia em que o precursor desse caso havia sido condenado pelos crimes de corrupção passiva e lavagem de dinheiro.

Após ver a TV, recebi um telefonema. Era a minha mãe. Ela queria que eu fosse a Paracatu para ajudá-la a encontrar um filho da empregada. Ele estava desaparecido já havia alguns dias. Como dizer um não para minha mãe? Ela era boa e sempre gostava de ajudar as pessoas. Tive que largar tudo – estudos, trabalho no TJDF e outro encontro marcado com Teodoto para ir até a minha cidade natal.

Arrumei as malas e parti sozinha rumo a minha cidade. Peguei a BR 040 e fui dirigindo o meu simples carro hatch. Bem na metade do caminho, na cidade de Cristalina, resolvi parar no Posto JK para tomar água e ir ao banheiro. Desci do carro, passei pelos ambulantes que vendiam cristais e entrei na lanchonete. Várias pessoas olhavam para mim. De fato, eu era uma mulher bonita que chamava a atenção.

Enquanto eu pedia um suco fresco de laranja, olhei para a lateral e, quem vejo saindo do carro e entrando na lanchonete? O meu conterrâneo, o ministro João Garbo. Como já o conhecia da casa de Expedito, resolvi me aproximar e cumprimentá-lo. Eu queria muito falar com ele e mostrar toda a admiração que sentia pela personalidade dele. Ele foi muito educado comigo. Estava com um motorista e mais dois seguranças, que o acompanhavam em seu carro preto. De outro carro com placa oficial saiu outra escolta de seguranças.

– Oi, Dr. Desculpe-me incomodá-lo. Quero lhe dizer que tenho muita admiração pelo senhor. Sei que sabe falar fluentemente quatro idiomas. Sei também que o senhor é doutor em Direito Público pela Universidade de Paris. Vem causando polêmica no STF. Estou lendo várias reportagens sobre o seu trabalho.

– Ah sim, doutora Elisa de Mello. Estou me esforçando muito para tentar condenar esses crápulas da política, mas não está sendo fácil, porque enfrentar os privilégios e a política patriarcalista é um fardo, perseguição política a minha pessoa e tudo mais. Estou enfrentando a formação inacabada do Estado. Hoje, a história está saindo para fora. Mas vou dizer à senhora, minha cara, não tenho medo algum desses políticos e empresários. E o seu cunhado? Como vai o Expedito?

– Ele está bem, pelejando na empresa e no partido político. Ele está tentando se reeleger este ano.

– Ele me ligou durante a semana passada, mas não tive tempo de atendê-lo.

– Tudo bem, ministro Garbo. Acredito que não era nada de importante.

Pensei bem que não podia revelar o que eu presenciava no palácio, aquele ouro todo. De onde vinham todas aquelas barras de ouro e a pepita gigante em forma de pirâmide? Por enquanto eu não devia dizer nada. Eu haveria de descobrir aquele mistério do ouro no palácio e depois, se fosse tudo ilegal mesmo, iria elaborar uma delação de tudo, pois não gosto de nada ilegal. Aí pensei em desviar o assunto.

– Bem, sei que o senhor é de Paracatu. Eu também sou de lá. Mudei para Brasília já há alguns anos, mas ainda gosto muito de voltar à minha cidade.

– Então somos conterrâneos, minha prezada. Paracatu é uma cidade histórica e colonial, ainda detém vestígios do colonialismo no local, infelizmente. Todavia, lá há grandes fazendeiros que ainda contribuem para o progresso do nosso país, sabe como é?

– Certamente, doutor.

Ele continuava falando enquanto comia um pão de queijo com café. Parava de mastigar e entoava uma voz muito forte, como se estivesse no STF. Depois, ele saiu da lanchonete com os três homens muito fortes que o acompanhavam, os seus seguranças.

Continuei ali, tomando o meu suco de laranja, enquanto respirava profundamente para relaxar e voltar a pegar a direção do meu carro para chegar até Paracatu, a minha saudosa cidade do ouro.

Voltei a respirar normalmente e já me sentia relaxada para pegar o carro. Andei em direção ao caixa para pagar a minha conta, foi quando vi, entrando na lanchonete, uma moça morena de cabelos compridos, magra e alta. Era ela, a namorada de Teodoto, a mesma que eu havia visto no Facebook. Ela não era muito bonita; não era mais bonita do que eu. No entanto era mais jovem. Fiquei observando a mulher que estava compartilhando os bons momentos com o homem a quem eu amava.

Senti-me indignada. Eu queria aquele homem, mas havia uma pedra em meu caminho. Não sei o que Teodoto via naquela mulher. E apesar de ele estar namorando-a, eu sabia que ele sentia muito interesse por mim. Acho mesmo que ele pretendia ficar com as duas. Isso me deixava brava.

Observei bastante aquela mulher. Teodoto já havia me dito que ela também era de Paracatu. Não sei de qual família ela era. Eu não queria mesmo saber nada sobre ela. Andei, não puxei conversa. Saí dali e peguei o meu carro rumo à cidade do ouro.

Quando eu estava chegando à cidade, avistei a imensa escavação na Serra da Boa Vista, antes da entrada de Paracatu. A mineradora multinacional Kinross Gold Corporation trabalhava com escavadeiras e dinamites para revirar o subsolo em busca do ouro. As árvores, antes verdes e robustas, foram substituídas por longos trechos de escavações. Como várias escadarias assimétricas de pura terra transformavam o cartão postal da entrada da minha cidade natal...

Vi a realidade da procura do ouro a apenas 250 metros de distância da entrada de Paracatu. A poeira da mincração espalhava-se no ar, fina e transparente, silenciosa. Passava por um processo de cianetação. Com a destruição de rochas mais profundas, o arsênio é liberado para o ar. Então, lembrando-me de todas essas informações, fui ficando angustiada. O que seria de toda a minha família que morava nessa cidade?

Fiquei ainda mais triste quando observei dois imensos lagos de rejeito por trás das várias escadarias assimétricas das rochas esculpidas. As barragens Santo Antônio e Eustáquio eram outra ameaça para a cidade. Os moradores da cidade diziam que se elas rompessem, poderiam atingir até a cabeceira do Rio São Francisco[36], pois as nascentes dos morros do ouro são afluentes desse rio. Um dos mais importantes para o Brasil, conforme já serviu de intensa navegação durante o transporte de ouro durante o século XVIII.

Os funcionários da empresa mineradora Kinross Gold Corporation diziam que as barragens eram seguras. Ainda, que os impostos pagos pela mineradora ajudavam a pagar os salários dos funcionários da Prefeitura, professores e outros trabalhadores. Assim, as controvérsias persistiam.

---

[36] De acordo com vários depoimentos dos moradores de Paracatu.

Passei pelo viaduto da Praia da Bela Vista, nas proximidades da entrada da cidade, e era como se eu ainda ouvisse o tinir da areia fina nas bateias que competiam na prainha e zumbiam nos meus tímpanos. Lembrei-me da minha infância em Paracatu, quando vivi nas margens do garimpo, na década de 80.

Quando olhei em direção ao lado direito da janela do meu carro, percebi que, ao longo do Córrego Praia da Bela Vista, que antes era um curso d'água limpa, vi que havia se transformado. O córrego encontrava-se, em 2014, todo sujo de metais pesados e esgoto, ameaçando a saúde do povoado do bairro Bela Vista. Imenso perigo para os ribeirinhos.

Quando cheguei a Paracatu, fui direto para a casa dos meus pais. Eles ainda moravam na lateral da Igreja Matriz de Santo Antônio, em um sobrado de estilo colonial. Lá funcionava a pousada que, na verdade, era da minha avó. A construção muito antiga data do século XVIII. Algumas paredes ainda eram de adobe, como no período colonial. Os meus pais ajudavam a administrar a pousada, mas não eram ricos. Infelizmente, eu ainda não ganhava muito bem para ajudá-los com a restauração do sobrado, que já necessitava de mais uma restauração.

O tempo foi passando e a pousada, restaurada pela última vez na década de 80, necessitava de mais uma restauração, mas não tínhamos recursos para isso. Contudo, meus pais continuavam residindo na pousada do século XVIII, em uma ruela ainda calçada de pedras antigas. A lei era preservar a história da cidade. Mudar a fachada da casa seria um crime contra o patrimônio cultural da humanidade. No fundo, eu concordava plenamente. Devemos preservar a memória da nossa cidade.

Quando entrei na casa, que estava aberta, não encontrei os meus pais, mas a cozinheira da pousada estava na cozinha.

– Bom dia!

Elisandra estava chorando muito e nem me respondia. Fiquei intrigada. O que teria ocorrido? Ela apenas chorava e gemia. Era um gemido demasiado dolorido, revelavam imensas farpas soltas de plena agonia.

– O que houve, Elisandra?

– O meu filho faleceu.

Enquanto dizia, debruçava-se na mesa de madeira da cozinha e enxugava as lágrimas no vestido longuete estampado de florais.

– O meu filho foi encontrado morto nos rejeitos da mineradora.

O rosto de Elisandra estava suado e mostrava as marcas da dureza da vida.

– Como foi isso?

– Ele estava tentando colocar um carpete para extrair ouro nos rejeitos da mineradora. Um rapaz que estava com ele disse à polícia local que, quando entraram em um tubo, a água, que tava muito suja, estava com um gás muito forte. O meu filho não suportou o mau cheiro, desmaiou e morreu em seguida. Ai, meu Deus, me dê forças para suportar...

Elisandra estava desolada. Segurava a cabeça com a mão direita e chorava lágrimas incertas de um ouro luminoso dolorido. Lágrimas desciam molhando as flores do vestido estampado. Eram lágrimas resultado de um ouro incerto e perigoso.

O contraste entre a riqueza e a pobreza humana residia em Paracatu. Muitos jovens sem recursos acabavam se envolvendo com drogas ou na procura da extração ilegal do ouro. A exclusão social empurrava esses seres marginalizados para riscos extremos. Não se ouvia dizer se na cidade havia uma política de inclusão ou um projeto social para essas pessoas carentes. Minha mente estava confusa e refletia sobre tudo e em que situação difícil estava a minha amada cidade natal.

Mais tarde, já após o enterro, fui com os meus pais e Elisandra à missa na Igreja Matriz de Santo Antônio. Fui de braços dados com eles, andando pelas ruas antigas. Por nós passavam pessoas de todos os tipos, ricas e pobres. A extrema diferença social me instigava. Geralmente, percebia essa dualidade pelos trajes: sofisticados ou maltrapilhos.

– Filha, quando você nasceu, a nova terra prometida, Brasília, já havia saído do papel e projetava novos sonhos de recursos de rendas para o noroeste de Minas. No entanto o ouro continuava como uma fonte de renda e as buscas eram intensas nos riachos de Paracatu, mas causava poluição por causa do mercúrio. Agora, com tanta tecnologia para a extração do ouro, acho terrível esse rapaz morrer assim. Que atrocidade! – minha mãe disse, tentando mostrar sua boa memória. Como ela estava muito empolgada em mostrar que conhecia as histórias de Brasília e de Paracatu, continuou:

– Os jovens de Paracatu que foram para Brasília conseguiram bons empregos, porém aqueles que ficaram por aqui, muitos se envolveram com drogas ou pela busca inconsequente do ouro. Juscelino Kubitschek fez muito por nós. Ah, se não fosse Brasília!

– Mãe, a senhora sabe que foi o Tiradentes, o nosso mártir mineiro, quem teve a primeira ideia de mudar a capital do Brasil para o sertão, ou seja, para o interior?

– Uai, minha filha, eu não sabia.

– Pois sim. O alferes Joaquim José da Silva Xavier queria mudar a capital do Rio de Janeiro para São João Del Rei.[37] Se tivesse sido como queria a Inconfidência Mineira, no século XVIII, a nossa capital não seria Brasília.

Mas eu não quis me alongar muito sobre a história mineira, pois aquele era um grande momento de dor para todos da minha família.

Mas ainda indaguei a Elisandra:

– O seu filho nunca havia pensado em se mudar para Brasília, Elisandra?

– O meu filho não conhecia ninguém morando na capital. E ele sempre dizia que não gostava de Brasília. Não gostava de andar de ônibus.

Chegamos para a missa e nos sentamos no banco da Igreja Matriz de Santo Antônio. Enquanto a missa não começava, fiquei observando o dinamismo plástico em que se acentuavam os relevos das talhas de madeira nos altares do século XVIII. Algumas talhas não haviam sido policromadas, mas outras exibiam o dourado do ouro da mineração. Entremeio ao teatral movimento desordenado, a arquitetura saltava aos olhos naquela Igreja construída na metade do século XVIII.

Após a missa, fui com Elisandra até a casa dela, no bairro Alto da Colina. Ela insistia que eu devia entrar com uma ação na Justiça contra a mineradora. Ela queria que eu conversasse com o outro filho dela que havia participado da invasão à empresa. O João me relatou a história de como entravam na área para o garimpo ilegal. Ele me mostrou uma foto de um moço e disse que era quem comprava o ouro dos pequenos garimpeiros.

Olhei a foto e a pessoa não me era estranha. Olhei, analisei e acabei me lembrando de que aquele moço da foto, com as grossas correntes no pescoço, era o mesmo que estivera no palácio de Expedito.

Olhei bem para João, o filho de Elisandra, e notei que eu o conhecia de algum lugar. A sua fisionomia me era bem familiar.

Logo em seguida, de repente, ele começou a falar de fatos ocorridos no final da década de 80, quando eu o havia conhecido. Então passei a me lembrar, vagamente, do João e do Gilberto.

---

[37] VASCONCELOS, Adirson. *A mudança da capital*. Brasília: Centro Gráfico do Senado Federal, 1978. p. 17.

O meu pai, com muita dificuldade para ganhar dinheiro na pousada, que estava precisando de reforma, revezava entre a administração da pousada e o garimpo, antes da construção da Kinross Gold Corporation. A mineração era feita na Praia da Bela Vista, que margeia o bairro Alto da Colina e passa embaixo da BR 040. Lá nas margens do riacho, o garimpo era intenso.

Naquela época, eu ainda era uma criança e vivi nas margens do garimpo. Isso foi um pouco antes de me mudar para estudar em Brasília. Aos treze anos, entre a pousada e o garimpo, andava com uma amiga da minha idade.

Naquele dia ensolarado de sexta-feira, tentei fugir dos serviços que o meu pai me impunha na pousada e fui conhecer o garimpo que ele mantinha na Praia da Bela vista. Além de ver os homens trabalhando, eu ia levar a minha amiga para tomar banho em algum poço limpo.

Antes de chegar à chácara onde o meu pai mantinha o garimpo, procurávamos por um poço longe dos garimpeiros, longe das dragas que cavavam cada vez mais o solo para tirar o ouro. Aonde íamos nos deparávamos com pequenos garimpos, que começavam a sujar a água do córrego. Estava difícil encontrar um poço limpo para nadarmos. Passamos dentro do pequeno viaduto de cimento, onde passava uma água um pouco mais limpa, do córrego Praia da Bela Vista.

Fomos correndo na água limpa até chegar a um poço que não era muito fundo, mas o suficiente para nos refrescarmos do calor. Mesmo com o garimpo mecanizado começando no final da década de 80, havia alguns trechos com água limpa.

Naquele dia, após o banho, fomos ao garimpo do meu pai. Lá chegando, aproximaram-se de nós dois jovens. Um deles era um adolescente mestiço que usava imensas correntes no pescoço e nos dois punhos. Ele aproximou-se de mim lentamente e perguntou.

– Você é filha do seu Lucas, garota?

Ele demonstrava conhecer o meu pai muito bem.

– Trabalho com ele aqui no garimpo.

Fiquei um pouco assustada, mas ele não me dava medo. Na verdade, ele me dava pena, pelos trajes, pela aparência de pobreza.

– E você sempre trabalhou aqui com ele? Não me lembro de você.

– Sempre trabalhei aqui com ele tentando tirar ouro da bateia mesmo, mas, agora, ele insiste em usar a draga.

O rapaz chamava-se Gilberto e devia ter por volta de 17 anos. Ele nos convidou para irmos até o seu barraco, em um local muito próximo dali. Quando chegamos à casinha, bem dentro do terreno do meu pai, Gilberto foi logo nos chamando para entrarmos. Sobre a mesa havia um pequeno maçarico a gás e porções de mercúrio.

– Vou mostrar pra vocês como o cara faz para fazer uma pepita de ouro.

Gilberto chegou segurando uma pequena pepita de ouro. Vi, atrás de uma pequena cortina, uma pirâmide de ouro inacabada e vários embrulhos de ouro em pó em um plástico. Logo em seguida, ele foi colocando o ouro em pó sobre uma superfície de argila chamada cadinho. O rapaz usou mercúrio para ajudar a fazer as bolinhas de ouro numa bacia de água. Depois, retirou as bolinhas de ouro da água e ligou o maçarico, que formava pequenas chamas. Então ele começou a derreter o pó de ouro sobre o cadinho.

– Meus pais me tiraram da escola, saca? Que era pra trabalhá e ganhá dinheiro, mas não tô conseguindo nada ultimamente. Tenho aqui essa pepita que quero vendê, saca só! – E me mostrou a pepita que havia formado pela extração do ouro em pó.

– Encontramos o ouro de aluvião e vamos transformar o pó em pepita.

Fiquei curiosa porque meus olhos não saíam da pirâmide de ouro inacabada que estava atrás de uma cortina transparente.

Muito curiosa, indaguei:

– Aquilo ali, é tudo ouro mesmo? Estava boquiaberta com todo aquele ouro.

– Não é nada. Isso não te interessa.

Gilberto tentou esconder a pirâmide, mas insisti em saber do que se tratava.

– Estamos tentando terminar a pepita em forma de pirâmide pra depois entregá prum magnata de Brasília. É encomenda, saca? Seu pai disse que devemos executar o trabalho. Pode perguntar pra ele que ele vai te dizer. Só que a gente não podemos vazar que tem essa pirâmide por aqui. Quando a gente terminar, estaremos rico, muito rico. Ele prometeu milhões. E seu pai também vai receber uma boa quantia, acho.

Fizemos amizade com os dois rapazes que trabalhavam para o meu pai no garimpo e ficamos conversando sobre o ouro. Naquele dia, estavam comigo a minha amiga Morgana e os recém-conhecidos João e Gilberto.

– O que o Gilberto tá dizendo é a pura verdade, saca? Tamo trabalhando para um magnata. O cara chegou aqui com a pirâmide inacabada e pediu pra gente terminar pra ele. Ele dizia que ia pagar bem pelo término da pirâmide – acrescentou João.

– Só que ocês têm que ficar com bico calado, tão entendendo?

Fui ficando com medo. O João falava como um bandido perigoso. Meu pai havia contratado uns caras estranhos para garimpar o ouro.

Sentamos todos na pequena sala, enquanto o João continuou a ajudar o Gilberto, pegando uns pequenos embrulhos de papel com ouro em pó. Então passava o pó na bacia de água com o mercúrio e derretia o pó com o maçarico no cadinho. Repetiam o mesmo processo rudimentar e poluente. Logo em seguida, o João começou a fazer um cigarro com outro papel. Fiquei em dúvida se era mesmo a tal da maconha. Fui ficando com muito medo, porque o meu pai sempre me alertava que eu não devia mexer com maconha e percebi que o João fumava a tal maconha.

Naquela época, as pessoas que fumavam maconha eram muito mal vistas pela família, por isso eu não queria nem experimentar. Gilberto reprimiu o João:

– Que que isso, cara? Na minha casa não! Imagina se a minha mãe chega por aqui!

– Deixa de ser careta, meu chapa.

Então Gilberto e Morgana saíram na porta do barraco para observarem se vinha alguém. Comecei a sentir medo, pois nunca havia visto alguém fumar maconha. Levantei apressadamente para ir embora, mas o João me agarrou pelo braço e disse:

– Você tem que ficar.

Enquanto Gilberto e Morgana estavam mais afastados, ele começou a me convencer de que a maconha fazia bem. Fui sentindo um imenso pavor daquele rapaz com cheiro de maconha. Ele me segurava com muita força, eu tinha apenas 13 anos.

Essa história aconteceu no ano em que me mudei para Brasília. Não sabia o que era fumar maconha, eu só pensava em estudar e passar de ano. Fui ficando nervosa e ele prendeu os meus braços na parede e tapou a minha boca para eu não gritar. Logo em seguida, ele me soltou porque o Gilberto gritou com ele.

– João, qual é a tua, meu chapa?! Ocê sabe que nós têm que terminar a pirâmide. Estamos aqui pra isso. E ocês, por favor, mantenham o bico fechado. Essa pirâmide é um segredo.

Fiquei pensando naquela pirâmide, Achei muito estranho que alguém pudesse esculpir uma pirâmide de ouro. Naquela época cheguei a perguntar para o meu pai e ele me disse que era uma encomenda mesmo. Fiquei pensando, pensando, mas após algum tempo, depois de alguns anos, esqueci-me totalmente daquela pirâmide. Mas enquanto eu conversava com o João, lembrei-me desse episódio.

Agora, em 2014, eu ficava indignada com a situação da minha cidade natal, com tantas pessoas envolvidas no tráfico de drogas. O que ocorreu foi que os pequenos garimpeiros, sem poder mais garimpar, trocaram o garimpo pela droga, comércio em que ganhavam uns trocados. Dinheiro fácil, mas que causava imensa criminalidade. Já a tentativa de garimpar nos rejeitos da Kinross Gold Corporation era sempre fracassada, terminava em morte ou prisão, pois a empresa contava com muitos seguranças.

Durante a transição dos pequenos garimpos para a grande empresa canadense, cada vez mais a droga foi sendo disseminada em grandes proporções em Paracatu. O projeto que a cidade deveria ter para incluir os pobres descendentes de escravos do século XVIII não ocorreu, então, muitos deles partiram para a criminalidade.

A minha amada cidade poderia ter tido proveito positivo com a empresa RPM - Rio Paracatu Mineração, em benefício da cidade, mas isso aconteceu muito pouco. Os rendimentos milionários da empresa, em Paracatu, poderiam tê-la transformado à luz de primeiro mundo. E depois que houve a fusão da empresa RPM para Kinross Gold Corporation, então, o que mais houve foi a poluição com arsênio, diziam os habitantes da cidade.

Quando a RPM surgiu, na década de 80, a promessa era de que chegasse tecnologia limpa para beneficiar o ouro, sem a presença do mercúrio, mas o que ocorreu foi a troca do mercúrio pela dispersão do arsênio na atmosfera de Paracatu.

O projeto de riquezas para benefício do povo não ocorreu, com exceção de alguns empregos com mão de obra especializada. Outros pobres continuavam na inópia, tal qual os antigos escravos do século XVIII.

Agora, lembrando-me daquela pirâmide de ouro inacabada, de repente, associei-a a pirâmide do meu cunhado, Expedito. Não era muito comum pessoas esculpirem pirâmides de ouro, então fiquei instigada com as lembranças da pirâmide da década de 80.

Após a missa, na casa dos meus pais, a minha mãe estava impaciente, pensando no filho de Elisandra, em como podia, um rapaz tão jovem, morrer nas minas de Paracatu. E ele não era funcionário da empresa, era apenas um rapaz pobre, carente, morador da periferia da cidade.

– Coitado do rapaz... Eu não posso me conformar.

A minha mãe começou a chorar. Cheguei mais perto para consolá-la. Ela abaixou a cabeça para eu não ver suas lágrimas, mas eram tantas lágrimas que escorriam pela sua face.

– Eu devia ter feito alguma coisa por aquele rapaz... Colocado para estudar para vencer na vida, mas nada fiz.

– Querida mamãe, você conhece a Elisandra há pouco tempo. Como você podia ter conhecido o seu filho? A questão é educacional mesmo, mas onde está a administração pública para tratar de ensino, emprego e renda, e da vigilância dentro da empresa? Atualmente, estamos vivendo problemas sociais graves em Paracatu. Sinto muito ver a cidade onde nasci desse jeito. As pessoas morrem e outras tantas cometem assassinatos por causa do tráfico de drogas. E se esses jovens estivessem estudando ou envolvidos em algum projeto, poderiam estar livres dessas armadilhas.

– Ah, minha filha, a vida aqui está mesmo muito difícil para os jovens. Ainda vejo a questão da terra também.

– O agronegócio dá dinheiro, mas fica nas mãos de poucos, por isso sou a favor que o governo dedique-se a projetos de assentamentos de outros homens na terra. Mas projetos bem elaborados com a supervisão do Estado. Acho que há vários produtores rurais que precisam de empréstimos subsidiados para administrar os seus negócios agropecuários, enquanto há aqueles que necessitam começar com o agronegócio, e há espaço para muitos na terra.

– Penso que o poder público deve investir na formação profissional do cidadão. Hoje sou uma advogada porque batalhei para chegar onde cheguei, mas tive a ajuda da minha irmã Ayla. A senhora lembra-se de que éramos muito pobres?

– Sim, filha. Como não tínhamos casa, tivemos que vir morar com a sua vó Flora. Foi bom para ela, porque, de alguma forma, ela ia precisar de alguém para cuidar dela na velhice.

— A senhora também reclamava muito dos preços quando eu era menina, na década de 80.

— Realmente, filha. Os preços das coisas, de repente, ficaram muito altos. Foi na época do presidente José Sarney. Ah, se o Tancredo Neves não tivesse morrido em abril, no ano de 1985, o José Sarney não teria sido o presidente. Eu preferia o Tancredo como presidente. O Tancredo era mineiro.

A minha mãe parecia cansada e sofrida, todavia, continuou a rememorar as lembranças.

— A pousada não tinha hóspede no final da década de 80. Dureza, muita dificuldade. Ninguém tinha dinheiro pra nada. Bem na época em que você era adolescente e eu queria te dar roupa e calçado e não podia. E eu dependendo do seu pai pra tudo. Os negócios não iam bem. O dinheiro do garimpo era irrisório. A inflação estava altíssima no governo do Sarney. O Expedito acabou nos ajudando com seu dinheiro de empresário. Não posso reclamar do Expedito.

Eu me calei por uns momentos. A minha mãe não estava sabendo o que estava acontecendo com Expedito. Preferi continuar falando sobre o ex-presidente José Sarney.

— Mãe, o ex-presidente José Sarney pelo menos abriu vários concursos na época do governo dele. Depois de alguns anos que ele assumiu as coisas começaram a melhorar.

— Verdade, minha filha. Isso aconteceu para quem foi para Brasília. Mas quem ficou por aqui teve uma vida bem mais difícil. Ainda bem que logo você se mudou para lá para morar com a sua irmã e, enfim, você saiu da pobreza em que se encontrava Paracatu.

O meu pai foi chegando para entrar na conversa.

— Estou ouvindo vocês conversando sobre a pobreza de Paracatu. Vou dizer uma coisa pra vocês: em Paracatu tem gente rica, mas é a classe média e alta, porque a classe baixa continua bem pobre.

— Realmente, meu pai.

— Acho que o que houve foi a exclusão dessas pessoas no mercado de trabalho de Paracatu. Os projetos que foram desenvolvidos atenderam mais as classes altas e médias.

— E quais foram esses projetos, pai?

— Você sabe que a economia de Paracatu é voltada para a agricultura.

— Sei sim, pai. E para o ouro também.

— Sim, o ouro também. Mas o ouro não beneficia toda a população. A economia que atende a maior parte do povo daqui ainda é o agronegócio. O avanço do agronegócio em Paracatu vem desde a década de 70, com o projeto PRODECER – Programa de Cooperação Nipo-Brasileira para o Desenvolvimento dos Cerrados.[38]

— E como se deu esse projeto, pai?

— Esse projeto visava trazer aqui para Paracatu o avanço do agronegócio.

— Então a capital Brasília acabou ajudando no progresso de Paracatu?

— Verdade, acabou ajudando muito, filha.

— Todavia, questiono algo, meu pai: o porquê de tanta criminalidade em Paracatu. Acho que é porque aqui ainda é uma cidade com vestígios escravocratas.

— De certa forma sim, minha filha, porque muitos descendentes de escravos, atualmente, estão desempregados.

— Você não foi dormir, Lucas. E você sempre dorme com as galinhas! – disse a minha mãe, que havia saído da sala e ido até a cozinha para tomar água. Ela já estava incomodada com as altas horas da noite.

— Tenho que aproveitar a minha filha de Brasília aqui, né, Zilá! Mas vamos continuar nossa prosa, filha. Na década de 70, aqui na cidade, foi criada a CAMPO – Companhia de Promoção Agrícola[39]. Só que essa empresa foi criada para direcionar o projeto PRODECER[40]

— Me diz uma coisa, pai... Esse projeto PRODECER e os outros projetos de Paracatu atenderam as classes mais carentes?

— Acho que esse foi o maior problema, Elisa. Esses projetos foram direcionados às classes médias e altas de Paracatu.

— Então esse foi o problema. Como ficaram as pessoas mais carentes quanto a um projeto voltado para elas? Vamos continuar nossa conversa, pai. Estou interessada em saber mais detalhes desse assunto. Me diz outra

---

[38] Informações históricas (SILVA, Paulo Sérgio Moreira. *A caretagem como prática cultural*: fé, negritude e folia em Paracatu. Uberlândia: Universidade Federal de Uberlândia, 2005. Disponível em: http://www.livrosgratis.com.br. Acesso em: 13 jun. 2017. p. 54).

[39] *Idem*

[40] *Idem*

coisa... Esse projeto PRODECER[41] e os outros projetos de Paracatu geraram empregos para as classes mais carentes?

— Filha, até que os projetos empregaram muita gente, mas também tirou muita gente do campo. A exclusão em Paracatu ocorre porque os pequenos garimpeiros não puderam mais garimpar e aqueles que tinham pequenas propriedades rurais acabaram por vendê-las para aqueles que tinham mais condições econômicas.

— Pai, acho que a tecnologia no campo também prejudicou o emprego.

— Sem dúvida, contribuiu imensamente, Elisa.

— Então, atualmente, podemos observar que a criminalidade em Paracatu tem influência da falta de projetos para as pessoas mais carentes da cidade – disse. Eu estava muito preocupada com a situação da minha cidade. Vi que a minha vó Flora vinha andando trôpega, firmando o corpo com a bengala e disse:

— Acho que esse povo daqui é muito é preguiçoso, num sabe, minha netinha!

— Não, vó. Acho que não.

Eu não queria contrariar a minha avó, que já estava com os seus cem anos. Portanto preferi ouvi-la.

— Minha netinha, já estou com meus 100 anos, num sabe? Já morei na roça, já carreguei mantimento em lombo de cavalo. Minha netinha, eu sempre tive que labutá foi é muito nesta minha existência pra adquiri o que conquistei. Ajudei muito seu avô na lavoura. Hoje em dia, esse povo de Paracatu num quer trabalhar é de jeito ninhum.

— Vó, mas a senhora não herdou essa pousada?

— Que herdô que nada, minha netinha. Tive que foi de pagá por ela aos herdeiros, para os meus irmãos. Se eu num tivesse nenhum tostão, essa pousada do século XVIII teria ido era parar na mão de estranho, num sabe? Então vendi as terra que eu tinha pra comprá essa pousada.

— Entendi... A senhora está preservando o imóvel que foi dos seus antepassados.

— Lógico, minha netinha. E vou dizer uma coisa procê... Num é pra vendê aqui de jeito nenhum. Tem que fazer mais uma restauração no sobrado, ocês estão me ouvindo? Se num fizé nada, isso aqui pode cair.

---

[41] *Idem.*

– Compreendo, vó. Vamos levantar o dinheiro para mais uma reforma.

– Mãe, a senhora está muito cansada, vá dormir – disse a minha mãe.

– Que manota é essa, Zilá? Ocê me mandando durmir uma hora dessa. Num penso só em durmir não. Quero prosiar mais, num sabe? Quero aproveitar Elisa por aqui.

– Dona Flora, quero contar outro fato aqui para Elisa, se a senhora deixar!

– Eu num deixar! Onde é que já se viu eu num deixar! Fala homem!

– Elisa, você é advogada e provavelmente deve saber que cada vez mais o próprio Estado não favorece mais ao pequeno produtor. Se quiser empréstimo, como os juros estão altos, a dívida fica enorme. Aqui em Paracatu houve redução no número de propriedades de até 100 hectares, mas houve considerável acréscimo das propriedades rurais acima de 100 hectares.

Figura 11 – O arado usado na agricultura de Minas Gerais, antes do trator – Desenho a grafite sobre papel

Fonte: a autora

– Ah, sim, pai. Acredito que tenha ocorrido por causa da lei do minifúndio rural.

– Analise, Elisa. Se a lavoura hoje é mecanizada, como ficam os pequenos proprietários?

– Ficam numa situação difícil, meu pai, por isso que falo que os governantes devem ter projetos voltados para as pessoas de baixa renda. Se não houver, cada vez mais as pessoas sofrerão com assaltos, roubos e outras contravenções.

– Ah, minha netinha, esse povo num qué é trabalhar é de jeito nenhum. Prefere ficar aí vagabundando, roubando e fumando droga. Paracatu tá uma verdadeira calamidade.

– Vó, acho que o poder público pode reverter tudo isso num futuro próximo, tendo em vista que Paracatu é uma cidade com muitos recursos. A terra aqui é fértil e ainda tem o ouro. Os administradores de Paracatu devem saber onde aplicar o dinheiro, sobretudo, visando projetos para as classes mais carentes. Mas também acho que os mais ricos devem colaborar, proporcionando emprego ou renda ao pequeno. Tem que haver projetos que incentivem o emprego ou a pequena empresa, entende, vó?

Nessa altura da noite eu já estava muito cansada. Fui em direção ao meu quarto e a minha cama estava impecável com lençóis muito brancos. A minha mãe, como sempre, muito caprichosa com os lençóis. Deitei-me após tomar um bom banho.

Pensei sobre a pirâmide da década de 80 e a pirâmide de Expedito. Meu pai haveria de me explicar sobre ela. As lembranças sobre aqueles adolescentes que trabalharam para o meu pai não saíam da minha cabeça.

Peguei o meu celular e senti saudades de Téo. Onde será que ele andava? Eu sabia que a namorada dele estava em Paracatu. Ah, que raiva que eu sentia. Eu tinha que esquecer Teodoto. Ele queria ficar comigo, mas queria continuar com a namorada também. Eu não ia aceitar. Não, isso não. Mesmo assim, cliquei o *touch screen* no WhatsApp, pelo menos para ver a foto dele. Ah, como ele é lindo... Acho que o amava mesmo assim. Deparei-me com uma mensagem dele. Essas mensagens copiadas da internet, nada de original. Mesmo assim, li e reli a mensagem várias vezes, enquanto pensava que ele realmente estava interessado em mim.

Toquei o meu dedo teimoso em configurações, abri novamente a foto dele e a ampliei para ver melhor aquela imagem. Que sorriso lindo! Pude ver aquele jeito maravilhoso que só ele tinha. Dormi abraçada com a foto dele no *touch screen* do meu celular.

Nessa noite tive vários sonhos estranhos com a minha cidade. Acordei de sobressalto. Tudo aquilo era um sonho. Fiquei pensativa, eu estava estudando uns documentos para um processo do Judiciário. Eu estava trabalhando como defensora pública do TJDF. No entanto não conseguia encontrar documentações do período que eu queria. Os documentos sobre os escravos do Brasil teriam sido destruídos do século XIX para o século XX. Infelizmente, os antigos escravos de Paracatu não haviam deixado registros sobre as suas vidas.

Eu estava defendendo um homem de Paracatu que havia praticado um crime e queria defendê-lo dissertando sobre o sofrimento dos escravos nas minas de ouro. Eu queria falar sobre as influências dessas passagens históricas nos dias atuais, acerca do sofrimento e da exclusão do negro após a libertação, mas tudo em vão. Eu teria que inventar, porque documentação concreta não havia.

De acordo com a argumentação de que todo criminoso tem sua própria história, eu tentava defendê-lo. Um criminoso pode ter tido uma vida muito difícil, sem estudo, sem uma renda digna, sem lazer. Uma pessoa com vida material e espiritual muito pobre acaba entrando para o crime.

Levantei logo, ainda bem cedo, e o café da manhã já estava sobre a mesa. O pão de queijo assado na hora, suco de tangerina, bolo de milho, pamonha assada, hum... Pamonha assada! Adoro. Sentei-me à mesa para tomar o meu apetitoso café e foram se aproximando da mesa a minha mãe, a minha vó Flora e o meu pai. Quando estávamos tomando o café da manhã, Elisandra abriu a porta da sala de jantar e entrou de repente.

– Mas hoje você está de folga, Elisandra. Você tem o direito à Licença Nojo, querida.

– Vim aqui para conversar com a senhora, Dr.ª Elisa. Preciso de ver se recebo logo a indenização da empresa. Mas quero tratar apenas com a senhora, porque além de ter perdido o meu filho, as pessoas estão chamando ele de ladrão. Estão dizendo que o meu filho era um marginal daqui de Paracatu. Não me conformo com isso. O meu filho não era um ladrão. Ele estava apenas tentando ganhar a vida.

– Calma, Elisandra. Vamos conversar sobre tudo isso. Podemos mover uma ação contra a empresa mineradora pela falta de segurança no local. Mas acho tudo isso muito perigoso porque vai acabar envolvendo o seu filho

João também. Roberto está morto, mas o João poderá ser preso. O melhor será você esquecer esse fato. Pense nos bons momentos que você viveu com o seu filho Roberto. De agora em diante, o melhor será o João procurar um emprego e abandonar esse mundo do garimpo ilegal.

Senti muita pena de Elisandra, mas como advogada tenho os meus princípios éticos. Era melhor deixar tudo quieto, pois a empresa acabaria por chamá-los de ladrões.

A minha vó estava quietinha num canto da varanda tomando sol. Estava pensativa e resolvi me aproximar.

– O que houve, vó Flora? A senhora está tão triste.

– Tô triste não, minha netinha. Tô aqui assuntando minhas lembranças antigas. Lembrando de quando eu era menina. Naquela época eu ouvia tantas história da minha bisavó. Ela era muito alegre e viveu muito. Ela viveu até os 70 e tantos anos. Eu tô aqui com meus 100 anos, mas naquela época era difícil alguém aturá 100 anos. Agora eu tô aqui e Deus não me leva. Eu queria tanto ir embora logo desta vida!

– Oh, vozinha, fica assim não. Me conta mais histórias da sua época. Como eram as coisas quando a senhora era criança?

– Naquela época as coisa era muito difícil, minha netinha, peleja tanta, uma... A gente tinha que pilar o arroz. Hoje tá tudo fácil dimais. A gente encontra tudo pronto nos supermercados. Naquele tempo de roça, a gente tinha que andar muito pra encontrar as coisa. Tinha que andar era no lombo de cavalo pra ir comprá fumo, açúcar, macarrão, café e outros mantimentos pra abastecer a tuia.

– Vó, a senhora disse que já tomou banho na Gruta de Vênus, lá no Morro do Ouro. Li em alguns sites na internet que ela não existe mais.

– Minha netinha, a gruta principiava no começo do Morro do Ouro e ia se adentrando da terra mais ou menos uns 200 metros. Quando a gente se achegava por lá, via logo um paredão todo de pedra, que formava um beco, num sabe. Era um paredão de pedra todo deveras no chão, nos lados e no teto.

A minha vó falou e parou um pouco para respirar. Depois, continuou a falar sobre a Gruta de Vênus.

– A gruta ia até donde hoje é a mineradora que num é do Brasil. Lá donde a gruta acabava ia caindo água deveras limpa, muito limpa, e formava um poço de todo tamanho. Em contornando o poço tinha uma mata e muita, muita pedra. O lugar era um poço escuro de água limpinha. A empresa de mineração que tá por aqui tirando o ouro no Morro do Ouro, que não lembro o nome, demoliu tudo. Entonce, minha netinha, a água toda limpinha já num é mais limpinha. Danô-se foi tudo.

– Então a Gruta de Vênus não existe mais?[42]

– Num existe mais, minha netinha. Que tristeza danada! Até ainda tá nas minhas lembrança da época que eu levava a sua mãe mocinha pra tomar banho lá. E hoje a bela gruta já num existe mais, num sabe, assunta só. Ninguém nem pode entrar pra ver.

– Vó, a senhora disse que a sua bisavó contava histórias do garimpo do século XVIII, daqui de Paracatu. Fiquei sabendo que o garimpo daquela época era limpinho e que, nas margens do córrego, extraíam o pó de ouro com imã. Não tinha mercúrio e nem o arsênio disperso no ar. Como era o garimpo daquela época?

– Minha netinha, a minha bisavó contava muitas prosa daquela época. Agora tô aqui, sô sua vó, já tenho 100 anos e num tô mais boa pra contar história.

Às vezes, a minha Vó Flora, de repente, calava-se e ninguém conseguia mais conversar com ela. Ficava muda.

– Vó, e as histórias de Eulálio e Cárita? A senhora disse que eles se amavam muito. O Eulálio era um escravo garimpeiro.

De repente, ela começou a se lembrar de alguns outros fatos e começou a contar histórias sobre Eulálio e Cárita.

– Minha netinha, você tinha que saber de uma história muito das cumprida. É uma história dos seus antepassados, do século XVIII, num sabe. Tenho que te contá antes de eu batê as bota, num sabe? Eulálio, o meu tetravô tinha uma pirande de ouro...

– A senhora quer dizer pirâmide, vó?

– É vero, minha netinha. Num tô muito boa da pronúncia é nada.

– A senhora está ótima, vó. Continue, quero saber mais sobre a pirâmide de ouro do século XVIII.

Essa história que a minha vó me contou era muito interessante. Nunca soube dessa história mirabolante da pirâmide do século XVIII. Então o meu hexavô também tinha uma pirâmide de ouro.

---

[42] Há questionamentos se a Gruta de Vênus ainda existe no Morro do Ouro (ALBERNAZ, Lavoisier. *Morro do ouro - Ambição e agonia*. Brasília: Universidade de Brasília; CPCE/UnB, 1992).

No dia seguinte, mais tarde da noite, a minha irmã, professora e moradora de Paracatu, chegou de repente. Fiquei feliz com a presença de Gabriela. Todos da família a chamamos sempre de Gabi. Ela me convidou para irmos ao restaurante mais movimentado da cidade:

– Oi, Elisa. Pensei que você já havia voltado para Brasília. Já que você ainda está por aqui, vamos à pizzaria?

– Oba! Realmente, estou necessitando de algo assim para relaxar. Vamos já!

Chegamos à pizzaria Fornalha, no final da Avenida Joaquim Murtinho, sentamos e começamos a olhar o cardápio. Levantei a cabeça e olhei para os lados. A pizzaria estava bem movimentada naquela noite. Por incrível que pareça, quem vejo bem próximos de mim? Em uma das mesas, bem ao lado direito, o ministro João Garbo e, do lado oposto, a Mariana, acompanhada de uma moça muito parecida com ela.

Fiquei sentada ali no meu canto, afinal, eu não tinha nada para tratar com eles. Observei que a, todo momento, aparecia alguém para cumprimentar o ministro. Educadamente, ele se levantava e pegava na mão da pessoa que o cumprimentava. Até que, em determinado momento, o gerente do restaurante pegou o microfone para dizer com vaidade que o famoso ministro Garbo estava na pizzaria. Assim, o movimento de gente nas proximidades da minha mesa foi aumentando cada vez mais. Era um esbarra, esbarra, um arrastar de cadeiras para ver o ministro, que sorria para todos com muita educação.

Mariana aproximou-se mais ainda para o meu lado, assim, pude vê-la bem de perto. Ela era mesmo a namorada do homem que eu amava. Fui ficando nervosa com a presença dela. Todavia aproveitei para observá-la melhor. Pude perceber que logo chegou uma mulher que tudo indicava que a acompanhava. A mulher era muito sofisticada, usava vários acessórios caríssimos, como joias e roupas de marca, além de uma bolsa Chanel. Tentei ouvir o diálogo e logo percebi que Mariana era empregada doméstica.

Demorei para acreditar que a namorada de Teodoto era uma empregada doméstica. Sim, doméstica. O bacharel em Direito do TJDF namorava uma moça simples, de Paracatu. Acho que nada daquilo ia diminuir a figura de Mariana, a doméstica. Acabei sentindo ternura pela moça. Então refleti que sentia um imenso amor por Teodoto e que o que tivesse que acontecer entre nós, aconteceria. Não queria ficar pensando no futuro. Sabia apenas que o Teodoto não conseguia entender esse tipo de amor que eu teimava em sentir por ele.

No dia seguinte, antes de voltar para Brasília, procurei o meu pai para indagar demais pormenores sobre a pirâmide que ele estava terminando de esculpir no garimpo, na década de 80. Mas o meu pai negou que houvesse tido qualquer história assim. Ele disse que não se lembrava da tal pirâmide. Na verdade, parecia que ele estava com medo de falar sobre o assunto.

Eu tinha que descobrir mais sobre a pirâmide, portanto, procurei a minha vó Flora que, com a voz trêmula, continuou contando a história dos nossos antepassados. Porém, dessa vez, ela me falou de uns manuscritos do século XVIII. Pensei: "Ninguém na família nunca comentou sobre esses manuscritos". Então a minha vó foi andando, trôpega, com a bengala na mão direita e a mão na cintura esquerda, em direção ao quarto dela. A anciã abriu um baú de madeira bem antigo e começou a remexê-lo. Pegou de dentro dele uns papéis já bem amarelados e me entregou.

– Vó, a senhora nunca mostrou esses manuscritos para ninguém?

– Acho que não devia mostrar por causa da história da pirande, porque essa danada trouxe muita maldição pra nossa família. Então escondi essas escrituras, minha netinha.

– Mas quais maldições?

– Minha netinha, a minha bisavó contava que a minha tetravó, a Cárita, queria de todo custo casar com Eulálio. Queria casá por causa do amô e afeto que os dois tinha um com outro, num sabe? Mas o tal capitão Ramiro acabô com muita raiva de Eulálio e acabô provocando uma desgraceira danada, por causa que Eulálio queria robá sua pretendente Cárita.

– Essa coisa de maldição é mito, vó. A vida é composta de acontecimentos, sobretudo, de fatos bons ou ruins. Mas me conte sobre a pirâmide. Quero saber mais sobre ela.

– Minha netinha, a minha bisavó sempre dizia, numa prosa muito das boa, tudo o que a minha tetravó havia deixado pra contar aos descendentes. Mas, minha netinha, leia os manuscritos que assim você entenderá melhor essa história da pirâmide.

Segurei os manuscritos amarelados pelo tempo, as letras já estavam muito ilegíveis, então me esforcei para compreender as antigas escrituras do século XVIII.

CAPÍTULO 16

QUILOMBO SÃO DOMINGOS, EM 23 DE JUNHO DE 1765.

Resolvi voltar ao Quilombo São Domingos com os meus dois amigos, o Shomari e o Chawo. Shomari foi logo me alumiando as lembranças:

– Sinhá Cárita, vosmecê não pode ir de carruagem. Bem sabes da estrada que não há. Vamos logo arriar montaria nos cavalos, nada de deixar a carruagem na estrada. Sabes como estão os ladrões por estas bandas de sertão.

– Concordo com vosmecê, Shomari. Deixaremos a carruagem por aqui pela hospedaria e vamos a longos galopes ao Quilombo São Domingos. Necessito, urgentemente, encontrar-me com Eulálio. Hoje a saudade em demasia disparou em meu peito. Necessito ver como anda o meu amado.

Colocamos celas nos três cavalos e fomos a galope rápido até o Quilombo São Domingos. A estrada eu já a conhecia tal qual a palma da minha mão.

O vento assoprava para o sul das veredas tropicais enquanto fomos adentrando no povoado. Atravessamos o Córrego São Domingos e pude avistar, ainda de longe, a esfígie de São João que balançava como um rei nas cores festivas da bandeira de um imponente mastro. Estava o santo ladeado de bandeirinhas e rosas de todos os pigmentos.

Shomari, Chawo e eu, montados em nossos cavalos, éramos os três cavaleiros andantes nas terras dos libertos cativos.

Vi várias pessoas fantasiadas com roupas coloridas. Vários homens dançavam representando damas e cavalheiros.[43] A indumentária era composta de blusão cheio de longas tiras coloridas para os homens. As mulheres trajavam-se de longos vestidos de chita e usavam meias até a altura dos joelhos. Todos usavam máscaras de couro pintadas com pigmentos de terras coloridas e urucum, de forma que não dava para reconhecer ninguém.

Supus que haveria uma grande festa, pois o mastro de São João estava posto no centro do grande terreiro, uma espécie de praça pública, no entanto, sem calçamentos de pedra, o chão era todo de terra batida.

---
[43] Prática cultural (SILVA, 2005).

Os sons do pandeiro, tambor e violão zuniam fortes com longas batidas entremeadas de cantos em torno do mastro do santo São João. Vários ex-escravos alforriados e alguns fugitivos dançavam formando uma grande roda. Havia doze pares na folia da caretada. Enquanto o som dos tambores animava a multidão de mais ou menos cem pessoas que assistia, andei, andei, no meio do povo, que me olhava com espanto. Porém, eu não conseguia ver o Eulálio em canto algum. Eulálio até podia ser um daqueles dançarinos, mas como reconhecê-lo no meio da caretada se todos os dançarinos usavam máscaras?

Algumas máscaras eram masculinas e outras femininas, mas dava para eu perceber que todos eram homens, consoante os corpos físicos atléticos e musculosos.

Eu sabia que Eulálio estava a morar no quilombo. Durante a noite, ele tentava esculpir a pirâmide com uma parte do garimpo do ouro de aluvião garimpado durante o dia. Não conseguia terminar a pirâmide, não conseguia libertar os escravos de Paracatu e a cada dia mais os túneis do Morro do Ouro aumentavam.

Fiquei andando em meio ao povo negro do quilombo, sempre olhando em cada canto para ver se eu via o Eulálio. Pude perceber que a festa comunitária realizada ali, naquele momento, era de cunho familiar. Os homens quilombola formavam uma grande família, como uma grande tribo.

Andei e andei naquele meio e não conseguia ver Eulálio em canto algum. Percebi que, de repente, os tambores cessaram de bater e os dançarinos de indumentárias de fitas foram se dispersando. Observei que pouco tempo depois, todos se dirigiam à casa de um dos chefes do quilombo. Todos por ali o chamavam de capitão. Diziam que o almoço seria oferecido na casa desse tal capitão, o líder da caretada. Comentavam que várias pessoas haviam doado alimentos para a festa de São João. Segui andando com eles para ver se Eulálio estaria por lá.

Shomari e Chawo continuavam andando do meu lado para me proteger. Eles eram meus amigos e confidentes.

Quando várias pessoas passavam na porta estreita para entrar na casa do capitão da festa, apareceu um careta todo fantasiado com fitas coloridas. O homem de máscara ficou dando pulos na minha frente. Olhei bem no rosto mascarado de homem. Observei bem os acessórios que ele usava, a peruca de tiras coloridas, a máscara de couro pintada com carvão e urucum.

De repente, o homem retirou a máscara e a peruca, então pude ver o Eulálio sorrindo. Ele sorria muito, como se estivesse muito feliz naquele momento. Dei um sinal para Shomari e Chawo, que logo se retiraram de perto. Então nos abraçamos e nos beijamos ali, no meio de todo o povo do quilombo. O beijo foi longo e demorado, cheio de amor e desejo. Continuei abraçando-o muito forte, estava com muitas saudades.

– Eulálio, volte comigo para a hospedaria. Esqueça o capitão Ramiro, ele não está mais preocupado conosco.

– Como posso saber exatamente o que aquele capitão Ramiro branquelo está pensando, Cárita? Vosmecê sabe que é difícil para mim. Sei que pertenço a vosmecê. Compraste-me do Amâncio Botanera, então faça comigo o que quiseres.

– Sabes muito bem que não exijo a ti por esse lado cruel que é a escravidão, Eulálio. Contigo quero apenas amor, não a exploração ou outros meios para levar-te comigo. Já pensando por esse lado, trouxe aqui assinada a tua carta de alforria, que deveras tem o direito e como tal eu havia prometido. No passado recente eu havia procrastinado este documento de cunho urgentíssimo, todavia, aqui está em tuas mãos.

Retirei da bolsa de linho a carta assinada e a entreguei a Eulálio. Pude ver em seu semblante a pura alegria pela liberdade tão almejada.

– De agora em diante és um homem livre. Então deves ficar também livre para escolher o teu destino. Não exigirei de ti a obrigação de voltar comigo para a hospedaria.

Eulálio não me respondeu. Deu-me um beijo na boca ainda mais demorado. Senti que o amor que ele sentia era verdadeiro por causa do abraço prolongado e cheio de afeto que ele me deu após o beijo.

– Agora vamos almoçar, Cárita. Venha comigo. Não temas. Conheces o quilombo e sabes que as pessoas que por aqui habitam são pessoas simples e boas.

– Sei sim, Eulálio. Não tenho receio, gosto muito deles.

– Vosmecê é rica, Cárita. Sei que não estás acostumada com cabere, tutu de feijão andu e tampouco com a feijoada dos pretos.

– As pessoas do arraial comentam muito sobre essa tal feijoada. Quase todos os brancos já provaram e gostaram. Até o padre Antônio de Jesus afirmou que provou a feijoada.

– Sei que vosmecê gostará também.

Após o almoço, os tambores voltaram a bater. Vários homens com as indumentárias coloridas voltaram a dançar e a pular, agora sem formar a roda. De forma descontraída, dançavam e cantavam. As pessoas iam se juntando em frente à casa do capitão da folia.

Em meio à dança, de repente, vi uns soldados do arraial, que invadiram o quilombo, todos montados em cavalos. Vi o capitão Ramiro seguindo à frente dos soldados. Galopavam como se fossem entrar para uma batalha de guerra. Os cavalos marchavam a galopes rápidos e enfileirados.

Logo veio no meu pensamento que o capitão Ramiro estava a procurar Eulálio, pois ele podia ter ficado na retaguarda para perseguir-me. O meu coração disparou. Senti muito medo de que o capitão estivesse ali, naquele momento, para prender o Eulálio.

Falei com Eulálio que deveríamos sair pelos fundos do quintal da casa do capitão da festa antes que o capitão Ramiro nos visse. Entramos dentro da casa do almoço, andamos para o quintal, onde, certamente, seria difícil ele nos encontrar.

Não vi mais Shomari e Chawo. Então, naquele momento, pensei que deveria tentar salvar o meu amado. Corri com ele de mãos dadas quintal adentro. Nós nos escondemos atrás de um pé de manga de tronco bem largo. Ficamos sentados, esperando para que o melhor acontecesse. O capitão Ramiro logo iria embora, pois seria difícil encontrar-nos no fundo daquele quintal cheio de várias árvores e plantas.

– Não se preocupe, Eulálio. Logo ele irá embora.

– Vamos esperar que esse branquelo vá logo embora.

Ele disse e voltou a me beijar. O beijo, novamente, foi deveras longo. Todavia senti que Eulálio estava nervoso, percebi que ele estava com muito medo do capitão Ramiro com aqueles soldados.

– Cárita, tenho que voltar para a dança. Se eu desistir de dançar a caretada, São João pode me castigar. Se eu voltar usando a máscara não serei reconhecido.

– Mas vosmecê vai me deixar aqui sozinha neste quintal, Eulálio?

– Não tenho outra alternativa, Cárita. Volto pra dança usando a indumentária de fitas e a máscara. Assim o capitão Ramiro não irá me reconhecer.

– Tudo bem, Eulálio. Compreendo que deves voltar para dançar.

– Cárita, deves compreender que a dança em homenagem a São João é sagrada. Tenho que voltar de qualquer jeito. Devo honrar a minha presença na batucada. O santo São João não gosta que a pessoa desiste, entende, amor?

Conformei-me que Eulálio devia ir. Eu poderia prejudicá-lo, pois se o capitão Ramiro nos visse, acredito que ele ia mesmo prendê-lo. Ele me beijou novamente na boca, foi um beijo caliente e demorado.

Coloquei o meu chapéu sobre os meus cabelos longos e soltos ao vento e voltei para continuar a assistir a caretada.

Enquanto os tambores rufavam e os foliões caíam na batucada, observei que o capitão Ramiro veio rondando para o meu lado. Vários soldados seguiam-no. Fiquei parada como uma estátua. Senti medo pelo Eulálio e também por mim. Eu não queria o capitão Ramiro, eu não sentia afeição por ele.

– Vosmecê veio atrás do escravo, Cárita? Agora descobri onde ele se esconde.

– Não sei de Eulálio, capitão Ramiro.

– Então vosmecê acha que me engana? Eulálio está vivendo aqui como um foragido, um fora da lei. Sabes que ele me feriu com a espada e tenho que, por honra à vingança, prendê-lo para que reconheça que sou autoridade no Arraial de São Luiz e Sant'Ana das Minas do Paracatu.

Dei de ombros. Saí andando, procurando Shomari e Chawo. O capitão Ramiro desceu do cavalo e resolveu me acompanhar. Insistia em saber do Eulálio.

– Já lhe disse e vou repetir de maneira enfática: não sei de Eulálio, capitão Ramiro.

– Como não sabes? Estás a fingir. Sei muito bem que ele está a viver neste quilombo como foragido da justiça. Sei também que agora o escravo Eulálio é teu. Todavia sabes que ele deve prestar contas pelas ações dele quando resolveu me afrontar com a espada.

– Agora ficas sabendo que o escravo Eulálio é meu e farei com ele o que me dispuser.

– Cárita, como ousas falar assim comigo e me afrontar? Tu és uma mulher e, como tal, não deves medir forças comigo, minha cara.

– Prezado capitão, deixe-nos em paz. Esta festa é santa, dia de homenagem a São João. O santo é cristão. Não estás vendo que estás conspurcando a Santa Madre Igreja?

– Quanta heresia, Cárita! Homenagem a santo coisa nenhuma. Este é um terreiro de candomblé!

– Ora, capitão Ramiro, tu estás achincalhando as práticas cristãs dos quilombola. Os jesuítas já estiveram por aqui e aprovaram as práticas culturais dos ribeirinhos que por aqui habitam.

– Como aprovaram? Vários desses homens são fugitivos e os jesuítas não aprovam fuga de escravos.

– Vosmecê engana-se. Vários deles são alforriados, não são fugitivos.

– Sei muito bem que vários escravos fugitivos se adentram nesta comunidade e por aqui estão a viver como foras da lei.

CAPÍTULO 17

OS DOIS ANOS DA LAVA JATO NÃO ACABARAM

Não consegui terminar de ler os manuscritos, que estavam muito amarelados e danificados pelo tempo. No dia seguinte, arrumei as minhas malas e voltei para Brasília de madrugada. Trabalhei até às 17h no TJDF.

Ao final do expediente, na saída do Tribunal, encontrei o Teodoto, que entrava no carro bem no momento em que eu entrava no meu. Quando o vi fiquei um pouco nervosa. Eu estava cansada e suada de tanto mexer com os processos. Ele me disse:

– Vamos comigo ao barzinho do Godofredo, na Asa Norte? Vamos tomar um drinque de final de tarde.

Olhei para ele. Vi aqueles olhos lindos, aquele sorriso branco. Como eu podia resistir àquele homem? Lembrei-me da Mariana, a empregada doméstica de Paracatu, a namorada de Teodoto. Eu devia dizer não por causa dela. No entanto, como eu podia dizer não? Assim, mesmo cansada, suada e preocupada, resolvi dizer sim.

– Então vamos apenas para conversarmos um pouco. Vou no meu carro porque de lá tenho que voltar para o palácio.

Chegamos ao barzinho. Ele conseguiu uma mesa num cantinho bem gostoso para nós. Sentamos com as pernas esticadas nos assentos de estilo *chaise long*. Logo em seguida, ele começou a me beijar, tentei evitar. Tomamos uns drinques. Umas cervejas artesanais feitas aqui em Brasília.

Quando perguntei se ele ainda estava com a namorada, ele mal me deixava terminar de falar, ia logo me cravando outro beijo na boca, e sempre me cobrando do nosso encontro. Ele queria dizer encontro para transar. Logicamente, eu não queria me passar como uma idiota. Ele queria transar comigo, mas ele tinha uma namorada, assim, eu não queria. Isso não.

Ficamos por ali mais um bom tempo enquanto conversamos sobre tudo. Ele era um homem muito interessante, inteligente, agradável e muito cheiroso. Ele não era um homem rico, apenas um assalariado. Ele vivia apenas com o salário do TJDF e tinha que ajudar a sua família de seis irmãos. A questão de ele ser pobre não era problema para mim. Poderíamos começar a vida juntos.

Ele me convidou para irmos a casa dele. Mas e a namorada de Paracatu? Claro que não fui até a casa dele. Não transamos. Peguei o meu carro e parti dali rumo ao Lago Sul.

Os dias foram passando entre trabalho e residência. Teodoto não se decidia entre a Mariana e eu, no entanto, ficava me enviando mensagens e me ligando o tempo todo, enquanto insistia que tinha que me ver.

No dia 13 de março de 2014 já não podia suportar tanta saudade de Teodoto e acabei ligando para ele e o chamei de Téo. Era uma quinta-feira. Liguei com muita ansiedade, sem me importar com a namorada dele. Afinal, ele era solteiro, não era casado com ela, não tinha filhos com ela e, até então, não havíamos transado.

Liguei e ele aceitou sair comigo ainda no final da tarde desse mesmo dia, 13 de março. Combinamos de nos encontrar no final da Asa Sul. De lá iríamos para a casa dele, em Taguatinga. Assim ocorreu o nosso verdadeiro e romântico encontro de amor.

Naquela tarde de sol e chuva do mês de março, ele dirigia o carro. Quando ele parava em algum semáforo, sempre me beijava na boca. Quando passávamos pelo viaduto para pegar a estrada rumo a Taguatinga, observamos um arco-íris muito colorido e vibrante no leste. Aquele elemento da natureza pintava no céu um quadro inusitado. Tarde linda, jamais eu havia visto uma tarde tão bela, parecia ter sido pintada pelas mãos de Deus. Fiquei impressionada e senti que o nosso amor realmente era verdadeiro, pois naquele exato momento, Deus e todo o universo conspiravam a nosso favor.

Chegamos a casa dele, uma casa pequena e muito simples. A garagem muito apertada, onde o carro de Téo entrava com muita dificuldade. Mal podíamos nos aguentar. Ainda dentro do carro daquela pequena garagem, começamos longos beijos. Ele colocava e tirava a língua da minha boca com muita ânsia. Senti que ele estava louco por mim. Fui ficando muito excitada com ele, que me apalpava toda, como se fosse para conhecer cada cantinho do meu corpo.

Desci do carro e fui entrando na pequena casa. Vi que ele ficou para trás e pegou um violão no porta-malas. Eu sabia que ele tocava muito bem. Tentei me acalmar, porque eu estava muito excitada. Tinha que ter paciência. Eu nunca havia sentido tanto desejo como nesse dia.

Quando chegamos ao quarto, ele sentiu que eu estava eufórica, então deixou o violão de lado e me agarrou novamente enquanto colocava e tirava a língua da minha boca com muita rapidez. Ele foi logo me deitando na cama, tirou toda a minha roupa. Fiquei nua, aguardando aquele homem alto de sorriso branco.

Eu estava louca de desejo, mas primeiro ele quis tocar o violão. Acho que ele queria me impressionar com aquela canção. Então ele cantou aquela música de Renato Russo, "Hoje a noite não tem luar". Tudo bem, eu esperaria o tempo que fosse. Ele cantava e me olhava, cantava e me olhava, eu toda nua. Fiquei flertando com aqueles olhos castanhos, cor de terra escura. Senti que aquele homem cheiroso também parecia estar louco de desejos por mim.

Quando ele terminou de cantar a bela canção do músico e poeta de Brasília, aplaudi e pedi bis, mas ele me segurou e me agarrou com muita vontade. Fizemos amor como eu nunca havia experimentado antes. Ele insistia, o tempo todo, em me dar prazer.

Quando terminamos de fazer amor e ligamos a TV, vi a notícia do julgamento do Mensalão que estava acontecendo em Brasília. Esse processo começou a ser julgado em agosto de 2012 e terminou bem no dia desse meu encontro com Teodoto, no dia 13 de março de 2014, "após um ano e meio e 69 sessões".[44]

Deixando um pouco a política de lado, mesmo porque eu havia descoberto o amor, digo que naquele ano de 2014, vivi um belo romance com Téo. Descobri que o amava intensamente como eu nunca havia amado um homem antes. Descobri em março de 2014. Aquele mês e aquele ano foram marcantes para mim. Demorei a encontrar um homem a quem amasse de verdade. Todavia eu achava que era ele mesmo. Aquele homem sem altos cargos, homem simples, aquele que não era rico, era um funcionário público que apenas cumpria a sua função com honra, ele era quem eu realmente amava.

No entanto, na semana seguinte, exatamente no dia 17 de março de 2014, numa segunda-feira, descobri que a namorada de Téo, de Paracatu, a Mariana, ainda estava na vida dele. Descobri olhando a *timeline* dele no Facebook. Então eu estava dividindo o homem a quem amava com a minha conterrânea. Não podia ser assim. Assim não.

---

[44] OLIVEIRA, Mariana. Julgamento do Mensalão. *G1*. Publicado em 13 mar. 2014. Disponível em: http://g1.globo.com/politica/mensalao/noticia/2014/03/apos-um-ano-e-meio-e-69-sessoes-stf-conclui-julgamento-do-mensalao.html. Acesso em: 24 nov. 2016.

Então procurei me afastar de Téo. Outro motivo para o afastamento era que eu haveria de passar no concurso de juíza. O meu maior objetivo ainda era esse, apesar do todo amor que eu sentia. Enfim, passar no concurso para juíza era o meu maior objetivo naquele momento conturbado da história do nosso país. Homem ficaria para depois.

Todavia, naquele dia 17 de março de 2014[45], sentada na minha escrivaninha, no meu quarto do palácio, abri o meu PC nas *News*, e como notícia inédita, vejo estampado num blog que Alberto Youssef havia sido preso. Naquele dia começava a intensa operação Lava Jato. Então, o dia 13 de março de 2014, até o início da Lava Jato, no dia 17 de março de 2014, reverberaram na história porque balançaram toda a estrutura política nacional, gerando crises na confiança do povo.

Com a Lava Jato em vigor, a presidente Dilma Rousseff começou a ser acusada de aceitar a corrupção no país. Sentiu enorme pressão por ser de esquerda com tendência ao socialismo. Os projetos sociais de Lula estavam, cada vez mais, sendo criticados. A confusão política se instaurou e gerou crises no governo.

Soneto de um amor inexplicável I

Nada marcamos, nada combinamos
Quando você surgiu como um vulcão
do calor de águas termais, desde aquele dia,
como um fantasma, você me persegue

O arco íris naquele entardecer de sol e chuva
Não planejamos, mas um tudo surgiu
O dia se tornou uma tela de múltiplas cores
E tudo isso deixou mais bela aquela tarde

Depois, naquele anoitecer de outono
O sol já sumindo do horizonte, a quentura, o calor
Momentos mágicos conspiravam

Não precisávamos marcar um encontro
O próprio universo marcava em cada lugar
E você surgia como o vento no trânsito embrutecido.[46]

Os dias passavam lentamente em Brasília, sem a presença de Téo, e estava eu levando a vida apenas estudando e trabalhando. A minha existên-

---

[45] NETTO, Vladimir. *Lava Jato*: o juiz Sérgio Moro e os bastidores da operação que abalou o Brasil. Rio de Janeiro: Primeira Pessoa, 2016. p. 15.
[46] Autoria da personagem Elisa de Mello (MELLO, 2014).

cia tornava-se penosa para mim. Então, no dia 14 de abril de 2014, numa bela tarde, resolvi pegar o meu carro e dar uma volta em Taguatinga, nas proximidades da residência de Téo. Enquanto eu esperava a minha vez para entrar no Pistão em direção à quadra da casa dele, quem eu vejo? Ele próprio, que me ultrapassou rapidamente e entrou na quadra de sua casa.

De repente, ele para o carro bem na minha frente e fica me aguardando. Havia eu dado imensa sorte de encontrá-lo assim, de maneira mais inesperada. Estacionei o meu carro, desci e fui falar com ele.

– O que você está fazendo por aqui, Elisa? Você mora bem longe daqui.

Ele indagou enquanto sorria aquele sorriso branco que apenas ele tinha.

Olhei para ele, senti que eu estava amando-o intensamente. Olhei o anoitecer, naquela noite haveria um eclipse lunar.

– Eu queria mesmo te ver – Falei a verdade.

Ele olhou para mim, parecia feliz com a minha presença.

– Estou sozinho em minha casa. Vamos pra lá?

Não perguntei nada sobre a namorada dele. O meu desejo era beijá-lo na boca, abraçá-lo, sentir o seu cheiro. Naquele momento, eu queria apenas isso. Olhei para ele com olhar brilhante, senti que ele também me desejava. Então nos abraçamos e nos beijamos na rua movimentada de pessoas e carros.

Após passar parte da noite com Téo voltei para o palácio, ainda de madrugada, no meu carro. A lua no céu já estava pintada de vermelho – diziam lua de sangue. O eclipse lunar parecia mágico. Coloria a noite e me dizia que eu estava apaixonada por Téo.

No dia seguinte, em 15 de abril de 2014, após o expediente no TJDF, voltei a estudar para o concurso de juíza. O meu compromisso comigo mesma era passar no certame. Sim!

Os dois anos da operação Lava Jato, de 2014 a 2016, foram anos muito difíceis para a economia e a política do país. As pessoas passaram a sentir medo como nunca. Medo de não ter dinheiro para o futuro, medo da instabilidade que se instalava no Brasil. Apesar de tudo, houve os que aplaudiam a operação, acreditando que a corrupção deveria ser punida com rigor. Já que o meu plano de vida era passar no concurso de juíza, tinha que ler todos os assuntos do nosso país para eu entender mais ainda sobre o Direito Constitucional e o Penal.

Eu já estava cansada de pensar em Téo, que não se decidia se ficava comigo ou com a Mariana. Ele pretendia ficar com nós duas, pelo jeito. Já chegávamos em maio de 2016 e eu não tinha certeza se estávamos ainda namorando ou se ele estava, naquele momento, em algum lugar, com a moça de Paracatu. Eu ficava indignada com o nosso relacionamento. Ele dizia que não estava mais com ela, mas, de repente, ele sumia.

Todavia, as coisas já haviam mudado muito para mim, e para melhor, pois em 2016 consegui passar no concurso de juíza. Nem cheguei a contar para Téo que eu então já era uma juíza. Já me encontrava instalada no gabinete da Justiça Federal de primeira instância, gozando de várias bajulações, contando com vários assessores, que faziam de tudo para me ajudar e me agradar de todas as maneiras.

Quando eu chegava ao gabinete, logo pela manhã, era recebida com um café da manhã caprichado, maravilhoso. Naquele ano de 2016, em meu gabinete, pude conhecer melhor o Marco Aurélio, advogado muito competente e carismático que, além de tudo, fazia o impossível para me agradar. A ideia do café da manhã, cada dia melhor, era dele. Marco Aurélio era um homem garboso, falante, muito educado e também muito bonito. Fazia o perfil de galã de novelas.

Um dia, assim que cheguei, Marco Aurélio e os meus outros assessores foram, com muita pressa, informando-me os acontecimentos do dia. Muitos fatos políticos aconteciam no Brasil e eu procurava entender a atual política por meio do diálogo com os meus funcionários.

— Dr.ª Elisa de Mello, o ministro Garbo concedeu uma entrevista ao jornal. Avaliou a situação brasileira e comentou que o patriarcalismo ainda é preponderante no Brasil. A história, hoje, está sendo revelada. Antes, a História do Brasil era silenciada por muitos poderosos.

— Sério? Não vi essa matéria sobre o meu conterrâneo. Sobre o que mais ele se pronunciou?

Marco Aurélio não deixava os outros falarem. Ele queria chamar a minha atenção.

— Dr.ª Elisa, ele acrescentou que há crises no governo atual, mas os três poderes são muito importantes para o sistema democrático, que precisam melhorar muito para o entendimento de todos. Ainda, afirmou que há questões raciais no Brasil, vítimas de corporações, de sites da internet e de pessoas influentes. Disse também que não se preocupa, porque é experiente, com carreira de longos anos, e comentou que não pretende se enveredar pela política.

– Nossa, ele disse coisas muito importantes sobre a política brasileira.

– Então o ministro João Garbo é da sua cidade, Dr.ª Elisa?

– Sim, ele é da minha terra, de Paracatu.

– Já estive em Paracatu, Dr.ª Elisa. A cidade foi construída no século XVIII, né? Amei aquela parte antiga, a Rua Goiás e a Rua das Flores com os casarões antigos. Ah! Conheci o bairro Santana também. Lá tem uma feira aos finais de semana.

– Verdade, Marco Aurélio.

– Eu também li a biografia do ministro. Conheço a trajetória dele.

Marco Aurélio era incrível, quanta inteligência! Sempre demonstrava interesse por assuntos variados.

– Gente, agora vamos parar de conversar e dar uma olhada nos processos que temos para julgar. Vocês bem sabem que a vida de uma juíza não é fácil. Temos pilhas e mais pilhas de processos para julgamentos. Portanto torna-se necessário ter foco.

Depois de um tempo, Marco Aurélio chega com os braços cheios de pastas.

– Temos tudo isso para hoje, Dr.ª.

Olhei para Marco Aurélio. Como ele era competente e disciplinado. Ele sempre levava a sua comida para nem precisar sair da sala para lanchar. Tudo isso para se concentrar nos processos em andamentos. Ele fazia o perfil do funcionário público que faz de tudo pelo serviço público.

– Pois bem, passei no concurso, portanto, vamos trabalhar, Marco Aurélio. Vou honrar o meu nome e a minha profissão.

Os dias foram passando, peguei alguns processos de casos de corrupção. Comentei no Tribunal que eu estava com medo porque os ditos empresários eram pessoas poderosas. Logo em seguida, a Justiça enviou uma escolta de seguranças para me levar por todos os lugares onde eu tivesse que ir, em Brasília. Confesso que senti o peso da profissão de juíza. Ainda assim, as pessoas nos julgavam, muitas não sabiam dos perigos e ameaças pelos quais passávamos.

Os dias de glória, que pensei que fossem ser apenas mel, foram se rompendo. Fui conhecendo a realidade. O que seria a ameaça dos poderosos, da força do capital.

Enfim, consegui comprar o meu próprio apartamento. Logo em seguida me mudei feliz da vida. Eu tinha que sair do palácio. Não fazia mais sentido morar na mansão de Expedito, aquele corrupto. Mas a pirâmide de ouro não saía da minha mente. Não sei para que o Expedito queria tanto ouro.

Já havia me mudado para o meu próprio apartamento na Asa Sul quando comecei a ler um livro sobre acontecimentos atuais que poderia me ajudar a compreender melhor um processo que eu estava estudando. Em 2016, a política brasileira tomou novos rumos. E, agora, relembro o porquê de estarmos vivendo uma situação política instável no país. Naqueles dias de março, as pessoas só falavam no *impeachment* de Dilma Rousseff. Algumas pessoas diziam que era *impeachment*, outros diziam que era golpe de Estado. Alguns diziam que a presidente era boa, outros diziam que não. O povo ficou dividido.

Sobre a retrospectiva acerca do que houve, no dia 15 de março de 2015, dois meses após assumir o segundo mandato como presidenta da República, Dilma Rousseff sofre a ameaça de *impeachment* – ou ameaça de Golpe de Estado. Dilma Rousseff passa por múltiplas traições no Governo, já que não havia provas de que ela havia recebido propinas.[47]

Em 13 de março de 2016, Dilma sofre, novamente, ameaça de *impeachment* – ou o segundo golpe histórico. A inflação sobe. Houve protestos em várias partes do Brasil. O juiz Sérgio Moro está no topo da mídia. Ele havia julgado o caso Banestado[48] e depois auxiliou a ministra Rosa Weber com a ação penal 470 do Mensalão, em Brasília. Após o Mensalão, o juiz iniciou a operação Lava Jato, em Curitiba, devolvendo bilhões de reais aos cofres públicos. A sua biografia sai em vários jornais.

Terminei de ler o livro, olhei para o lado e vi Rayane chegando para me visitar em meu novo apartamento. De repente, a moça parecia mudada, tinha uma boa aparência, seus olhos brilhavam muito. Ela estava feliz. Aproximou-se de mim e disse:

– Tia, as pessoas, em todos os lugares por onde andei, só falam sobre o *impeachment*. Acho que estamos vivendo momentos políticos muito difíceis.

– Realmente, Rayane. Quanta insegurança o nosso povo vive!

Rayane tirou o celular da bolsa e leu um texto em voz alta. Enquanto ela lia, pude perceber que ela estava muito bem, interessava-se por política e já estava elaborando a linguagem com coerência.

---

[47] Parágrafo de acordo com opiniões de várias pessoas da esquerda brasileira.
[48] Informações para as narrativas acerca do contexto histórico (NETTO, 2016, p. 46).

– O importante para cada cidadão, neste momento de *impeachment*, é manter a serenidade, ainda que o clima para o Brasil seja confuso. A verdade deve ser apurada e todos os culpados devem ser punidos, mas não acredito que todos sejam culpados, sobretudo, a nossa presidente Dilma que demonstra inocência. O ex-presidente Lula também não deve ser condenado, sobretudo, pelo povo. Ele deve ser julgado com as devidas provas, consoante à luz da Justiça.

– Que bom, Rayane!

– Escrevi com a ajuda de Homero. Como sempre, ele continua sendo muito atencioso comigo. Ia postar esse texto no Facebook, tia, mas não tive coragem.

– Pode postar sim. Estamos vivendo em tempos de democracia. O texto está muito bom. Depois observe a reação dos internautas. Mas não vá ficar chateada com as críticas.

Fiquei tão feliz com a minha sobrinha. Enfim ela estava bem e disposta a voltar a estudar. Quando me levantei da cadeira, vi Homero entrando. Agora ele já era um advogado e havia conseguido passar no concurso para defensor público do Distrito Federal.

– Oi, meu amor.

Rayane estava realmente serena e feliz. O amor transforma as pessoas.

– Tia, Homero veio me buscar. Agora ele tem um carro.

Após Rayane sair, sentei-me novamente para mexer na internet. Eu estava já com muita saudade de Téo. Ele havia sumido, não tinha tido nenhuma notícia dele nos últimos dias e estava percebendo que ele não era mesmo um homem de confiança. Mas o instigante é que, ainda assim, eu o amava muito. Li muitos postes na internet dizendo que o amor é incondicional. Eu estava acabando por acreditar mesmo porque não conseguia esquecê-lo.

Na primeira página do meu navegador me deparei com as principais notícias do dia. Naveguei pela internet em vários sites, noticiários e nas redes sociais. Nas *trending topics* aparecia o vice-presidente Michel Temer acreditando que assumiria a presidência da República. Já o mostravam como se fosse o novo presidente do Brasil e até comentavam a sua biografia.

Depois, voltei a pensar no meu Téo. Era mais velha do que ele apenas oito anos. Era tão pouca diferença, mas as pessoas achavam que era muita. Ainda há uma intensa discriminação contra a figura feminina no século

XXI. Acho que a mulher também deve assumir a voz de comando neste país e passar a questionar a imposição masculina, sobretudo, cobrando o seu direito à felicidade. Justo por isso, não desistia do meu Téo. Falei para mim mesma:

– Ah, esse amor! Oh, meu Deus, como o amo... Mas ele está sumido. Há dias que não o vejo. Ele não me procurou mais. Não sei o que se passa. Acho que está sumido por causa dos boatos sobre Expedito. Ele tem medo de se aproximar de mim por causa do meu cunhado.

Em meu apartamento, falando sozinha, penso que não devo ser como uma mulher qualquer, pois já sou uma juíza. Tenho a minha dignidade e as minhas responsabilidades. Contudo sou humana como qualquer outra mulher brasileira. Tenho o direito não só ao meu emprego, mas tenho também o direito ao sexo e ao amor. Preciso dele. Ah, como preciso dele...

Resolvi entrar no Facebook e vejam só o que vi: a declaração de amor da Mariana na *timeline* dele. Aceitou a marcação de Mariana e de outra mulher que, se não me engano, é funcionária do TJDF. Então ele ainda mantinha um relacionamento com a Mariana. Achei demais essa situação e resolvi ligar para ele do meu celular e dizer o que eu sentia.

– Téo, como você gosta de se exibir com a Mariana. Deu pra perceber que você ainda está com ela, então, foi por isso que você sumiu.

Fiquei com muita raiva porque ele não se decidia. Só pensava em desabafar naquele momento de dor. Continuei a dizer tudo o que pensava:

– Graças a Deus não preciso de uma pessoa como você na minha vida. Sou uma mulher independente.

Finalmente, falei tudo. E estava com muita raiva de mim mesma por amar um homem tão descompromissado, seco, tão exibicionista. Ele pretendia mesmo levar uma vida dupla.

– Então nunca mais me procure – ele respondeu na maior frieza.

Fiquei pensando em tudo aquilo. Pensei, pensei, mas era insuportável imaginar não vê-lo mais. Depois de dois dias olhei o Facebook e vi que ele havia desfeito a nossa amizade. Mandei uma mensagem para ele no WhatsApp: "Você desfez a nossa amizade no Facebook. Tudo bem, não vou morrer por causa disso".

Mais tarde, fui olhar o WhatsApp e vi que ele havia me bloqueado. A foto dele não aparecia mais. Fiquei muito chateada, era como se ele houvesse morrido virtualmente. Acho que bloquear alguém no WhatsApp é muita falta de educação. Depois desse episódio tentei esquecê-lo de vez, já que, entre nós, estava tudo acabado. Os dias foram passando sem Téo. Mas eu havia conhecido o Marco Aurélio, o meu assessor, que era um homem maravilhoso, educado, culto e que me bajulava o tempo todo.

Estava eu vivendo dias de glória como juíza e não gostaria que nada de ruim estragasse isso. As pessoas me bajulavam por causa do meu cargo.

Marco Aurélio me deixava impressionada pela sua beleza, carisma e competência. A organização com cada detalhe dos processos na fila para julgamento me fazia admirá-lo cada vez mais.

Porém, após o expediente na Justiça Federal, quando eu entrava no meu apartamento, começava a pensar em Téo. Apesar de Marco Aurélio ser um homem bom em todos os aspectos, Téo não saía da minha cabeça.

Inconformada, apesar de tudo, depois de alguns dias passei um SMS para ele e resolvi indagar sobre como ficaríamos. Mesmo humilhada, resolvi procurá-lo. Enviei a ele: "Olá, Téo. Quero que você me responda se é isso mesmo que você quer, nunca mais, pois se você disser que nunca mais, vamos terminar tudo e nunca mais me procure também".

Falei isso, mas ainda tinha esperança de ele me dizer algo para que, enfim, pudéssemos resolver a nossa situação de vez. Ele me respondeu: "Não é a primeira vez que você me rebaixa com palavras, mas essa foi a última. Podemos terminar tudo entre nós. Você não vai morrer por causa disso".

Fazendo-se de vítima, ele falou como se eu estivesse oprimindo-o, enquanto não me dava nenhuma justificativa pelo que havia ocorrido anteriormente, que ele estava com a Mariana, a moça de Paracatu. Eu estava sofrendo muito porque ainda o amava, apesar de tudo.

"Você sabe que foi porque fiquei com raiva. Realmente, a situação está difícil para nós. Você não se decide. Acha que vou aceitar a poligamia ou o poliamor? Mas isso não deixa de lado o amor que sinto. Ainda não vou deletar todas as suas lembranças. Tenho esperança de um dia me casar com você. Sabe disso. Ou pode ser que eu dê um tempo para você pensar bem, se realmente é isso mesmo que você quer. Se for mesmo isso, foi maravilhoso o que houve entre nós. Nunca irei esquecer-me dos bons momentos que vivemos juntos".

Escrevi tudo isso e enviei o texto por SMS. Senti-me mais aliviada, pois ainda tinha esperança de ficar com ele. Apesar de dizer tudo isso, ele não me respondeu mais nada. Fiquei pensando que ele até poderia gostar de mim, pois, um tempo atrás, ele não estava aceitando marcações de ninguém no Facebook, apenas as minhas. Mas, de repente, parece que ele mudou. Ele estava impaciente. Pensei que pudesse ser por causa das fofocas sobre o meu cunhado, Expedito. As notícias já começavam a sair nos jornais. Tudo isso não saía da minha cabeça.

Eu tentava apagá-lo da minha memória porque estava tudo acabado entre nós, mas o meu dedo teimoso procurava o celular, ficava olhando o WhatsApp sem a foto dele, como se a fotografia no *touch screen* fosse aparecer a qualquer momento. Sei que deveria me dar o valor e esquecê-lo, pois eu já era uma juíza.

Depois de alguns dias voltei a pensar na minha cidade. Eu tinha que voltar a Paracatu para descobrir pormenores a respeito da pirâmide de Expedito. Paracatu tornara-se uma cidade problemática. As autoridades nada faziam para melhorar a situação. Apesar de ser uma cidade escravocrata, na qual persistiam a desestrutura social e a poluição com o arsênio, a cidade é maravilhosa e histórica.

De repente, lembrei-me que antes de ir a Paracatu, eu devia ir ao palácio para ver Rayane. Quando lá cheguei, vi que Expedito estava furioso, dizia que uma boa parte do ouro havia desaparecido.

– Eu mal posso acreditar, Elisa! Parte do ouro que eu estava guardando no sótão desapareceu. O ouro! Não posso acreditar.

Ele mais parecia um lunático ao se referir ao ouro.

– Qual ouro, Expedito? Explique-se melhor. – Fingi que não sabia do ouro.

– Várias barras de ouro, parte dos meus investimentos. Alguém entrou aqui.

Então me lembrei da pirâmide de ouro, que deveria estar andando anônima por aí.

Expedito estava tão transtornado que evitei entrar em muitos detalhes com ele. Como eu devia voltar a Paracatu, iria aproveitar para procurar Gilberto, o moço que usava as correntes de ouro no pescoço e no punho. Gilberto tinha que me contar mais detalhes acerca da pirâmide e das barras de ouro de Expedito. Mas, antes, eu tinha que encontrar a Rayane, saber como ela estava.

Saí andando pela mansão para procurar Rayane. Ao andar por aquele palácio, passei o maior susto. Vi que ele estava todo revirado. As vidraças estavam quebradas. Fui até o quarto de Rayane para ver como ela estava. O quarto estava vazio. Onde ela estaria?

Andando pelas imensas salas, vi que a enorme televisão de 70 polegadas transmitia notícias quentes dos últimos casos de corrupção no país. Nesse mesmo ano de 2016, tudo ficou muito confuso no Brasil.

A TV mostrava vários casos da operação Lava Jato, o que gerava controvérsias a respeito do juiz Sérgio Moro. Os jornalistas o mostravam como um herói nacional, aquele que buscava imprimir o moralismo para o bem da nação. Naquele dia, vi que vários políticos e empresários do país estavam sendo condenados. Porém, por terem feito delações premiadas, conseguiam cumprir as penas em liberdade, usando a tornozeleira eletrônica.

Como juíza, eu via tudo aquilo e ficava perplexa. A ânsia pelo poder e o lucro fácil faziam daqueles homens os vilões da pátria. Eu sempre refletia que por mais criminoso que fosse um ser humano, ele deveria ser tratado com dignidade, apesar de tudo, tendo em vista que o homem pode se conscientizar dos erros cometidos.

O que levaria aqueles homens a cometerem a corrupção? Talvez a ilusão do dinheiro, do pertencimento. Um engendramento perigoso arquitetado para tirar a paz de espírito e os direitos fundamentais de um povo vitimado pela história sofrida devido à escravidão passada. Logo, a exclusão social.

A vítima de todo o capitalismo selvagem acabava sendo um membro da própria família. Então eu pensava em Rayane, a maior vítima de Expedito e sua ganância pelo dinheiro fácil.

Procurei Rayane pelo palácio, mas não a encontrei.

– Aonde será que essa menina está?

Muito aflita, resolvi voltar para o meu apartamento na Asa Sul. Mas voltei muito preocupada com Rayane.

Resolvi ligar para Homero. Certamente, Rayane havia procurado por ele. A minha quase certeza foi concretizada. Rayane estava com Homero. Ela havia ido ao Recanto das Emas para encontrar com o rapaz, que depois a levou de volta ao palácio.

CAPÍTULO 18

OS MANUSCRITOS DO SÉCULO XVIII

Naquele dia, voltei a Paracatu porque tinha que descobrir pormenores acerca da pirâmide. Eu tinha que ver novamente aqueles manuscritos do século XVIII. Quando cheguei a Paracatu, fui direto falar com a minha vó Flora.

– Vó, preciso terminar de ler os papéis antigos.

A minha Vó trôpega, segurando a bengala, mas muito solícita, andou em direção ao quarto dela e abriu, mais uma vez, o baú antigo para me dar os manuscritos do século XVIII.

O capitão Ramiro muito insistiu, espreitou, encurralou, esperou a dança acabar e, enfim, naquele dia festivo de São João, Eulálio foi preso no Quilombo São Domingos por tentativa de homicídio por causa de uma simples briga com o capitão.

Eulálio estava preso. Fiquei inconformada com a prisão do meu amado. Após várias tentativas de conversa com o Padre Antônio de Jesus, que comandava o Tribunal Eclesiástico no arraial e não admitia a soltura de Eulálio, recorri à Ouvidoria da Comarca do Rio das Velhas, com sede na Vila de Sabará. Após várias tentativas, consegui a soltura de Eulálio, ainda no ano de 1765.

Consegui casar com Eulálio, porque o capitão Ramiro, com o seu demasiado esforço para disciplinar o arraial, recebeu honrarias e o posto de capitão-mor, em Sabará, e, enfim, assumir a governança da comarca de Minas Gerais. Como ele havia tido ascensão política e queria agradar à classe dominante, aceitou casar-se com a moça mais rica do Arraial.

Eu ainda não havia descoberto os maus feitores das mortes do meu pai, do meu irmão e do escravo. Os mandantes e executores estavam impunes pelo poder daqueles que dominavam o comércio de ouro no arraial. Todavia não pretendia guiar-me pela vingança. A minha maior desconfiança era mesmo do capitão Ramiro. Após conhecê-lo bem, percebi que ele não era um homem de alma nobre. A personalidade da pessoa dita ilustre tendia ao mau-caratismo. Como a vingança não era do meu feitio, o amor por

Eulálio acabou me dominando e foi mais forte do que o ódio e a vingança.

Após livrar-me do capitão Ramiro e de todas as dificuldades enfrentadas, Eulálio e eu nos casamos, ainda no finalzinho do ano de 1765. Tivemos três filhos, um negro e dois mestiços. Assim, estabeleci toda a minha vida na Vila Paracatu do Príncipe.

Os anos foram passando até chegarmos a janeiro de 1789. No ano da Inconfidência Mineira ocorreram rebeliões no estado de Minas Gerais, sobretudo, a Conjuração Mineira.[49]

Eulálio e eu continuávamos a tocar a hospedaria. Naquele mesmo ano recebia vários tropeiros e muitos fazendeiros do Goiás, que passavam por aquelas bandas. O garimpo de ouro já estava escasseando e, cada vez mais, as pessoas largavam o garimpo para administrar fazendas de rapadura e de gado.

Enfim, era uma vida muito trabalhosa para quem lidava com o garimpo e o comércio do ouro. A exploração do colonizador chegava ao extremo com a exigência do pagamento dos quintos para a coroa portuguesa.

Passaram-se 24 anos desde que nos casamos. Estabelecemos as nossas vidas entre o pequeno pedaço de chão no Morro do Ouro, com o garimpo, e a hospedaria, que, a cada dia, recebia mais hóspedes. Acabei explorando as minas das minhas terras, no Morro do Ouro, porque Eulálio dizia que precisava do ouro para terminar a pirâmide.

O nosso casamento foi muito feliz até então, ainda que cheio de perseguições devido ao preconceito de pessoas ditas nobres, do arraial.

Eulálio continuava a esculpir a pirâmide de ouro, sempre à noite, à luz da candeia de porcelana. Depois de 24 anos, ele não havia conseguido terminá-la para libertar os escravos do arraial. Então eu disse a ele:

– Deixe de lado essa pirâmide, amor. Vamos continuar as nossas vidas apenas com a pousada, vamos deixar de lado o garimpo.

– Não posso abandonar a pirâmide. Terminá-la é uma honra para mim. Com ela libertarei os escravos do Arraial de São Luís e Sant'Ana das Minas do Paracatu.

– Vamos vendê-la do jeito que está, assim vosmecê libertará os escravos da maneira que der certo. Não suporto mais ver vosmecê queimar os teus dedos para esculpir essa pirâmide. Olhe para as tuas mãos. Elas estão todas cheias de cicatrizes deixadas pela queima do ouro de aluvião.

Mas meu marido Eulálio não me ouvia e insistia em terminar a pirâmide.

---

[49] VASCONCELOS, 1978, p. 16.

Essa pirâmide parecia maldita mesmo, porque sempre que ele voltava a esculpi-la, havia um sumiço.

Então, nos tempos da Inconfidência Mineira, em 1789, ocorrem rebeliões em Minas Gerais. Os garimpeiros e os comerciantes de ouro estavam inconformados[50] com a exploração por parte da coroa portuguesa. Assim, começaram os levantes, sobretudo, a Conjuração Mineira, em Vila Rica.

Eulálio partiu com mais alguns revoltosos de Paracatu do Príncipe para participar do levante. Ele estava indignado por causa da exploração que estávamos sofrendo no comércio do ouro. Quando veio a Lei da Derrama,[51] os garimpeiros de Paracatu ficaram revoltadíssimos. Ainda que não houvessem garimpado, tinham a obrigação de entregar vários quilos de ouro à Coroa Portuguesa.

Eu disse a Eulálio que ele não devia ir, pois estávamos prosperando com a pousada. Já com o comércio do ouro, eu não acreditava mais que pudéssemos nos manter. Para retirar o ouro no Morro do Ouro estava demasiado difícil. Falei a Eulálio:

– Não vá, amor. Deixa de lado esse levante. Sabes como age a Coroa Portuguesa. Ela jamais perdoará aqueles que tentarem o movimento para destituir os poderes do Rei.

– Preciso ir, Cárita. Preciso do ouro para terminar a pirâmide. Não podemos entregar todas as nossas riquezas para a Coroa Portuguesa. Precisamos também libertar os escravos daqui do arraial.

Não consegui convencê-lo a ficar no arraial. Eulálio, o meu amado, acabou partindo com os revoltosos. Os anos foram passando com ele ainda desaparecido. A saudade em demasia batia em meu peito o tempo todo. Sofri bastante com a ausência de Eulálio, que nunca chegava.

O tempo foi passando e a extração de ouro das minas foi lapidando com esplendor o arraial que, mais tarde, seria a antiga Vila Paracatu do Príncipe.

Então, no ano de 1799, completou dez anos que Eulálio estava desaparecido, desde a Inconfidência Mineira. Eu não sabia se ele estava vivendo em desterro ou se havia morrido. Naqueles dias, a tristeza invadia em meu peito. Assim, resolvi escrever os manuscritos para contar todas as minhas agruras sofridas nesta existência. Comecei a escrever uma espécie de diário para atenuar o meu sofrimento.

---

[50] CHIAVENATO, 2017, p. 157.

[51] *Idem.*

Hoje, vivo aqui na Vila Paracatu do Príncipe, final do século XVIII. Encontro-me, neste instante, sentada na escrivaninha de pau-brasil, no conforto dos meus aposentos. Estou na hospedaria, a costurar os fios condutores destes manuscritos, brigando com a minha memória para recordar-me dos tempos idos, no antigo Arraial de São Luiz e Sant'Ana das Minas do Paracatu.

No ano de 1799, já no finalzinho do século XVIII, os meus filhos estavam preparando o meu aniversário como viúva. Não me sentia solitária, por causa da minha família, principalmente por causa dos meus filhos e do padre, que sempre estavam por perto. Mas a ausência de Eulálio me doía sempre.

No meu aniversário de 54 anos, estava eu angustiada, pois estava envelhecendo e Eulálio continuava desaparecido. Acho que ele levou a pirâmide também, porque eu nunca mais a vi. Procurei-a por toda a parte e não a encontrei. À noitinha, sempre me dava tristeza no peito, porque não conseguia esquecer o homem que eu ainda amava intensamente.

Noite após noite, eu chorava a ausência de Eulálio. Como me doía a falta do meu amado. Ele haveria de estar bem naquele momento, pensava. Ele não me enviara nenhuma carta, acho que porque pouco sabia escrever. Naquela época, o escravo não sabia ler nem escrever; eu ensinei a Eulálio a escrever o pouco que ele sabia, então não havia motivo para ele não ter escrito nenhuma carta. O meu sofrimento foi demasiado com a ausência de Eulálio durante todos aqueles anos que se sucederam.

Todavia, em uma noite do ano de 1799, quando estávamos todos da família na sala de jantar da hospedaria, tive uma surpresa: Eulálio chegou segurando a pirâmide nas mãos. Fiquei assustada, mal conseguia me conter com a emoção que sentia. Suava frio. O homem a quem eu amava estava diante de mim. E eu pensando que ele estivesse morto. A peça de ouro que ele segurava brilhava intensamente e parecia dotada de magia.

O homem que eu amava, agora já com seus 52 anos, continuava jovem, com uma cor brilhante nos olhos de jabuticabas bem maduras. Ele me olhou como se estivesse voltando de outro planeta. Disse que havia participado da Inconfidência mineira e que tinha ficado preso e incomunicável por um bom tempo. Que covardia fizeram ao meu amado... Diziam a ele que era melhor ficar preso por uns tempos do que voltar para a África. Queriam enviá-lo ao desterro na África, no entanto, desistiram, porque o julgaram como um escravo comum, pouco importante para o movimento da Inconfidência Mineira.

– E a pirâmide, Eulálio? Como você conseguiu reencontrá-la?

— Na verdade, antes de partir para o levante, eu a peguei e a enterrei perto do pé jaca, aqui mesmo, no quintal da pousada. Até pensei em levá-la como se fosse contos de réis. Pensei que se eu precisasse fugir, podia vendê-la para a fuga, entretanto, desisti e a deixei enterrada, aqui mesmo, na hospedaria, pois a pirâmide já não me pertencia, mas, sim, aos escravos de Paracatu. Vosmecês estavam todos aqui na sala de jantar e não ouviram que eu estava desenterrando a pirâmide.

— Mas vosmecê podia muito bem ter enviado uma carta contando do seu paradeiro e da pirâmide.

— Não tive tempo, Cárita. Vosmecê sabe disso. Mas vou contar a ti tudo que me aconteceu durante as minhas andanças. Ouça bem, Cárita, os principais integrantes da Conjuração Mineira foram todos condenados.

— As notícias chegaram até Paracatu do Príncipe, Eulálio. Fiquei sabendo da morte de Tiradentes, o Joaquim José da Silva Xavier, que foi alferes, minerador e tropeiro.

— Sim, Cárita, mas houve outros também, como os poetas Claudio Manuel da Costa[52] e Tomás Antônio Gonzaga; o advogado e coronel Inácio de Alvarenga Peixoto; o coronel Francisco de Paula Freire de Andrade; os padres Carlos de Toledo e José da Silva de Oliveira Rolim. Ah! E outro coronel também, que ia me esquecendo, Francisco Antônio de Oliveira Lopes.

— Fiquei sabendo que alguns deles foram exilados na África.

— Sim, Cárita, eles foram exilados na África. Menos Tiradentes, que foi condenado e esquartejado em praça pública. Já eu, Cárita, fiquei preso. Pensaram que eu fosse apenas um homem do povo, um escravo revolto, então me prenderam. Fiquei incomunicável.

Logo em seguida, nós nos abraçamos e nos beijamos muito. Muitos beijos demorados, carícias mil, pois o meu amor por Eulálio era demasiado e eterno.

Durante a festa do Divino, em julho de 1799, finalzinho do século XVIII, eu estava muito feliz. Eulálio havia retornado. A Vila Paracatu do Príncipe estava abarrotada de cavaleiros e tropeiros vindos de Goiás transportando gado. Haviam chegado também vários fazendeiros das redondezas e de outras regiões mais distantes. Várias pessoas se locomoviam dos mais diferentes arraiais para prestigiar a famosa festa do Divino de Paracatu do Príncipe.

A nossa hospedaria estava cheia de hóspedes. Tivemos que contratar mais duas mulheres, escravas libertas, para trabalharem como cozinheiras.

---

[52] Inconfidentes mineiros (VASCONCELOS, 1978, p. 16).

Não queríamos mais escravas. Não me apetecia subjugar seres humanos ao trabalho apenas em troca de comida. Com a minha família, estávamos gozando de muita prosperidade.

A Praça da Igreja do Rosário dos pretos estava igual a um formigueiro de tanta gente, a quermesse para a festa do Divino prometia. Sim, a festa, dessa vez, era na Igreja do Rosário dos Pretos. Tudo isso por causa da exigência dos jesuítas, que diziam que deveriam levar o cristianismo aos quatro cantos da terra, e civilizar os indígenas e os pretos.

Saí da pousada e fui de braços dados com Eulálio para ver a festa. Fomos rumo à Igreja do Rosário, andando pela Rua Goiás. O vai e vem de gente mostrava a alegria do povo para aquela festa. As pessoas queriam participar da quermesse do Rosário. Pretos, brancos e mestiços andavam de um lado para o outro.

Primeiro, fomos assistir à missa. Sentamo-nos em um dos primeiros bancos da Igreja. Fiquei observando que o altar-mor era composto de talhas douradas. Logo abaixo, o dossel ressaltava a arquitetura setecentista. As figuras de anjos estavam ornados com conchas e drapeados barrocos. Os anjos pareciam voar aos céus.

– Eulálio, veja que belo. Até parece que o padre mandou pintar de ouro os anjos! Eles estão com o dourado muito brilhante.

– Nossa, Cárita. Acho que me distraí um pouco com a pirâmide. Tenho que voltar para a hospedaria, preciso guardá-la melhor. Nunca vi a hospedaria tão movimentada quanto hoje.

– Ah, Eulálio, vosmecê não esquece mesmo essa tal pirâmide!

– Os escravos de Paracatu ainda não estão todos libertos, Cárita. Precisamos continuar a luta pela libertação dos escravos. Constroem a igreja dos pretos para a vaidade dos colonizadores, que querem domá-los, mas ainda deixam os negros na escravidão. Que a injustiça seja dita.

Então, já no finalzinho do século XVIII, como Eulálio se distraiu um pouco recebendo os hóspedes, após a festa do Divino, quando ele voltou e olhou no armário de madeira, a pirâmide já não estava lá. Ela havia desaparecido. Todos os nossos sonhos de prosperidade e libertação dos escravos de Paracatu do Príncipe foram perdidos com o desaparecimento da pirâmide. Dessa forma, devíamos continuar lutando para nos estabelecer apenas com a hospedaria, já que o garimpo nas minas do Morro do Ouro estava escasseando.

Eulálio não se conformava com o desaparecimento da pirâmide, ele reclamava e chorava.

– Cárita, me perdoa, por favor, me perdoa. Sei o quanto vosmecê vem lutando para se tornar uma dama da sociedade de Paracatu do Príncipe. Sei o quanto vosmecê almeja ter prestígios e honrarias com a pousada. Agora está tudo perdido. A pirâmide já não está mais comigo. E agora? Como vou fazer para libertar os escravos de Paracatu do Príncipe? O dinheiro da pirâmide era para todos nós. Os escravos continuam maltrapilhos, com os corpos cheios de terra do garimpo. Preciso da pirâmide de ouro! Ela é minha por direito.

Fiquei com muita pena de Eulálio. A fisionomia dele já era de quase desespero. Então tentei pensar em uma solução, em como fazer para encontrar a pirâmide. Pensei, pensei...

– Honrado amor da minha existência, sei o quanto vosmecê e todos os escravos lutaram para construir a pirâmide. Sinto muito, muitíssimo pelo ocorrido. Vosmecê deu o teu sangue e de muitos cativos para construí-la. Vamos procurá-la em todos os lugares desta hospedaria.

Procuramos, procuramos e nada. Não encontramos a pirâmide de ouro. Provavelmente, ela fora realmente roubada. Roubada da nossa família e de todos os escravos que ajudaram a construí-la.

Quando entrei em um quarto de hóspedes para ver se estava arrumado, porque havia de entrar o próximo ao meio-dia, vi que ainda havia um caixeiro viajante no quarto. Observei que ele escondia alguma coisa. Fiquei muito desconfiada e gritei. Chamei o Eulálio, que chegou como um raio, segurando a espada que pertencera ao meu pai.

Não consegui terminar de ler os manuscritos, pois estavam muito danificados pelo tempo. Alguns papéis estavam rasgados e ilegíveis. Quando desisti de continuar a juntar os pedaços de papel, pois já estava cansada, indaguei a minha vó:

– Ninguém da família se interessou por estes manuscritos antigos?

– Sabe como num é, minha netinha, as pessoas não se importam com as coisas dos veio. Até que eu disse a sua mãe que eu tinha umas historinhas de família num papel, mas num sabe que ela nunca deu deveras importância!

— Entonce vosmecê assunta aqui, minha netinha. A minha tetravó Cárita nasceu em 1745, em Portugal, e veio pro Brasil com o pai e o irmão dela no ano de 1763. Aqueles três homens foram mortos, pegos de traição por piratas forasteio. A minha tetravó era uma muié muito forte. Era comerciante de ouro.

— Vó Flora, que lindo... A senhora sabe contar direitinho a história dos nossos antepassados.

— Vosmecê tem a prosa boa também minha netinha. É vero mesmo, minha netinha, dei à luz de sua mãe com 33 anos. Eu era uma moça muito bonita. Naquela época eu já tinha meus outros filhos. Mas isso não vem ao caso, minha netinha. Esses manuscritos dizem toda a história dos nossos antepassados.

— E a pirâmide que o meu hexavô Eulálio estava construindo? O que aconteceu com ela, vó?

— Essa é uma longa prosa, muito das cumprida alongada, minha netinha. A tal da pirande parecia misteriosa. Ela aparecia e depois sumia de novo. Era uma pirande que era pra ser de 60 quilos, mas o meu tetravô achou por difícil e demorada demais. Era de fato vero que ele queria alforriar todos os escravos de Paracatu com a tal pirande. Só que num caso ele que enterrô e desenterrô a danada da pirande muitas vezes.

— Pirâmide, vó.

— Ah, minha netinha, num tô ca cabeça boa é nada.

— A senhora está ótima para a sua idade, vó. Muito bem de memória para os seus 102 anos.

Ah, sim... Então tudo se encaixava. Lembrei-me da pirâmide de Expedito e da pirâmide do meu hexavô Eulálio. Aquela era a história dos meus antepassados e da pirâmide perdida. O meu hexavô Eulálio começou a construir a pirâmide, entretanto, como ela foi parar nas mãos de Expedito? Seria a mesma pirâmide?

— Este pingente de ouro de dezoito quilates vou dar a você, Elisa. Simboliza a luta da minha tetravó Cárita e do meu tetravô Eulálio, que labutaram, pelejaram muito para construir todo nosso patrimônio por meio do garimpo e da pousada. A pepita em forma de pirande que Eulálio estava construindo ainda é um mistério para todos nós. Ninguém ficô sabendo do paradero da pirande do meu tetravô. Com o decorrer dos anos, a nossa família destruiu tudo, não sei. A pensão ficou pobre. Ninguém tinha dinheiro pra fazer a reforma da pensão.

Ouvi toda essa história do século XVIII, acontecida no Arraial de São Luís e Sant'Ana das Minas do Paracatu. Fiquei perplexa.

– Mas não pense você que todos os nossos antepassados nasceram em Portugal não, num sabe, minha netinha. Aquela história que lhe contei da escrava Zefa é a pura verdade.

A minha Vó e os manuscritos contavam que Cárita casou-se com Eulálio. E Eulálio era filho de Zefa, que era preta e foi uma escrava.

A índia Irandira teve uma filha que se casou com o filho de Cárita, o filho branco, filho do padre.[53] Sim, um dos filhos brancos de Cárita era filho do padre Antônio. Cárita teve esse filho com o padre quando o meu hexavô Eulálio esteve desaparecido. Então o padre também era meu antepassado, porque a neta dele, a Marisa, casou-se com a neta do meu hexavô Eulálio. O padre não era o meu hexavô. O meu hexavô era o negro Eulálio. Daí a nossa história. Quando a minha vó contava histórias das aventuras da minha hexavó Cárita, eu ficava perplexa com a incrível memória da minha querida anciã. Pensei na vida dos meus antepassados em Paracatu, como a vida devia ter sido difícil naquela época dos meus hexavós.

A minha vó Flora falava com a voz fraquinha. Só agora me vinha à mente todo o fio da meada daquela história da pirâmide. Qual seria o mistério? Juntei os fatos. Na casa do meu cunhado havia uma pirâmide igual aquela descrita nos manuscritos amarelados. Só que bem maior. O que teria acontecido com aquela pirâmide do século XVIII? E a pirâmide da década de 80? A pirâmide que estava nas mãos dos garimpeiros adolescentes? Eu tinha que descobrir de onde o Expedito havia conseguido tanto ouro.

Sei que ele havia vindo várias vezes aqui em Paracatu quando esteve casado com a minha irmã, a Ayla. Ele até ajudou com o dinheiro dele na reforma da pousada. Ah, sim, o Expedito, de vez em quando, era uma pessoa boa. Quando os meus pais estavam com muita dificuldade, ele os ajudou. Como pode? A pessoa é aparentemente boa e depois se transforma em má. Lembro-me que ele esteve aqui um pouco antes de se separar da minha irmã.

– Vó, o meu hexavô Eulálio conseguiu encontrar a pirâmide?

– Minha netinha, a pirande era misteriosa, ela aparecia e desaparecia. Na verdade, acho que ela nunca existiu, era uma lenda, num sabe? Acho que era sim.

---

[53] Consoante relatos populares, os padres colonizadores deixaram descendentes brancos e pardos em Paracatu (TEIXEIRA, Zélia Dantas. Entrevista concedida a Eli M. Lara. Paracatu, 12 set. 2016).

A minha avó, novamente, calou-se. Ficou muda, eu não conseguia tirar mais nenhum relato dela.

– Vó, me diz uma coisa, então conte, agora, a história do padre. A senhora disse que o seu trisavô era filho de um padre.

– Sim, sim, minha netinha. Verdade verdadeira. A minha tetravó Cárita tinha tido um filho totalmente branco. Filho do padre. Não era filho do meu tetravô Eulálio, num sabe? Então o filho do padre casô com a filha da índia Irandira. Meu tetravô era negro e meu bisavô era branco e descendente do padre. Cárita ficou com o padre Antônio de Jesus quando o Eulálio partiu para o levante e ficou desaparecido, durante 10 anos, num sabe, minha netinha.

– Então eu também sou descendente do padre Antônio de Jesus, vó?

– Acaba que você tem parentesco com o padre também, minha netinha, de certo que sim. Mas fiquei sabendo que o padre fez mais um filho também em uma escrava que fazia asseio na igreja, num sabe, assunta só. Sabe como é minha netinha, os padre também têm suas necessidades de fornicação. Era aquele tal padre da época do inquisidor da paróquia de Santo Antônio.

Estava difícil entender a minha avó. A voz dela estava tão fraquinha, falava tão lentamente, no entanto, agora eu queria saber de toda aquela história dos manuscritos antigos.

Procurei ler o final dos manuscritos amarelados pelo tempo, entretanto, não conseguia. A letra estava muito ilegível e o papel amassado. Eu ainda não conseguia descobrir o paradeiro da pirâmide. Então como eu saberia ao certo se a pirâmide de Expedito era aquela mesma pirâmide do século XVIII?

Eu precisava conversar com Gilberto. Ele devia saber de tudo sobre o ouro que vinha de Paracatu. Ele devia saber como é que Expedito estava juntando tanto ouro.

Pensando bem, agora tudo se encaixava. O empresário, ex-político e corrupto, dono do palácio, encontrou a pirâmide enterrada no terreno da pousada da minha avó durante o tempo em que ajudou na reforma. Achou a peça de ouro muito valiosa e a entregou a Gilberto para que ele a terminasse. Prometeu pagar bem. Presumi. Ele deve ter comprado o ouro dos garimpeiros para terminar a pirâmide. Isso aconteceu no final da década de 80. Ele a queria com aproximadamente 60 quilos. Presumo que a história da pirâmide seja essa, mas preciso ter certeza.

Mas apesar de tudo isso se encaixar, eu não tinha provas de tudo. Era tudo mera suposição minha. Se o fato ficasse realmente comprovado, o ex-deputado e empresário do ramo da construção civil teria ido longe demais com a sua sede de poder.

Agora, como comprovar que aquela pirâmide de ouro não pertencia a Expedito, nem a Kinross Gold Corporation e muito menos ao Estado brasileiro? Aquela pirâmide, por direito, devia ser dos meus antepassados e uma boa parte eu herdaria, de acordo com o direito de sucessão.

Ao procurar por Gilberto fiquei sabendo que ele havia prosperado muito. Ele já não era mais aquele pobre rapaz da periferia. Fiquei sabendo que ele ainda estava trabalhando com o ouro. Mas tive receio de procurá-lo, tendo em vista que eu não podia me comprometer, pois eu sabia que havia algo errado naquela história toda. Sim, como juíza eu não podia me expor indo conversar com um homem que talvez fosse um mafioso. Então arrumei novamente as minhas malas e voltei para Brasília.

Figura 12 – Mulher brasileira – Desenho com tinta nanquim sobre papel sulfite A2

Fonte: a autora

CAPÍTULO 19

A SAUDADE DE TÉO EM MEIO AO IMPEACHMENT DE DILMA ROUSSEFF

O meu assessor, o Marco Aurélio, era maravilhoso comigo. Eu via nele um grande profissional, porque ele era extremamente competente e carismático. Eu devia esquecer o Téo e tentar levar uma vida tranquila no meu gabinete, com o meu assessor.

E, depois, o Téo havia sumido. Só que eu não conseguia esquecer os momentos que havíamos vivido juntos. E a cada dia a minha existência ficava mais curta, porque me encontrava mergulhada em extensos processos para julgamentos. Dia após dia, tinha que julgar e condenar mais pessoas, mais criminosos, mais bandidos. Se eu pudesse ter livrado alguns deles da vida que levavam antes que a desgraça acontecesse! Ah, se eu tivesse tido a chance... Mas eu não era uma deusa. Não. Eu não sou uma deusa!

Téo persistia nas minhas lembranças. Eu continuava pensando em me casar e ter filhos. A mulher independente tem direito não apenas ao trabalho, mas também ao amor, à família constituída. Téo ainda devia se encontrar com a Mariana, bem eu sabia. O certo mesmo seria esquecê-lo.

Não há espécie de amor que engula o poliamor, a poligamia, como queiram designar os termos para a falta de comprometimento para com a pessoa amada. O mundo oferece vários tipos de atrações. O ser humano é tentado o tempo todo. Ainda mais nos tempos atuais, tempos ditos de liberdade e democracia. Mas sei que devemos ter apreço por essa democracia, pela liberdade.

Como juíza, *data vênia*, convenhamos, penso que toda a liberdade deve ser pautada pelo limite. Infelizmente, nem tudo a pessoa pode praticar ou fazer, pois o sujeito é um ser racional e dotado de espiritualidade. Quero viver com alguém que me traga conforto espiritual para eu poder mexer com os meus processos e julgamentos. Quero ter paz para trabalhar.

Tudo que eu pensava era racional, mas, de repente, algo irracional, intensamente emocional, vinha a minha mente, como um grito de desespero, de solidão. Voltei a pensar em Téo. Ele não saía da minha cabeça, por mais que eu tentasse esquecê-lo, não conseguia. Algo me dizia que aquele amor não podia morrer. Aquele amor que eu sentia parecia manter a minha espiritualidade viva.

    Lembrei-me de quando estávamos bem, do dia em que ele me disse que haveríamos de ficar juntos até a próxima encarnação. De vez em quando eu sentia que ele me amava de verdade.

    Esperei, esperei que ele me procurasse e nada. Nada acontecia. Ele havia ficado com raiva de mim. Como ele não aparecia, nem enviava mensagens, resolvi escrever para ele o que eu sentia. Apesar de ele ter me bloqueado no WhatsApp e desfeito a nossa amizade no Facebook, eu ainda tinha outros meios de me comunicar com ele. Podia ser por e-mail, SMS, Skype ou celular. Resolvi enviar um SMS:

> Preciso de você!
> Agora, depois de tudo, sei o quanto preciso de você.
> Preciso da sua mão amiga, do seu lindo olhar.
> Preciso de você...
> Preciso do seu interesse pela vida, da sua descontração.
> Da sua voz que canta.
> Preciso de um pouco do seu jeito de viver.
> Preciso porque sinto saudades de tudo.[54]

    Escrevi e enviei a mensagem, lembrando-me dos bons momentos. Ele sempre tentava me agradar com a música. Ele tocava e cantava para mim enquanto olhava em meus olhos. Nesses momentos, ele me envolvia de tal forma que eu não me lembrava de nenhum processo. Realmente, conseguia fazer uma viagem mental e me esquecer de tudo. Depois, ele deixava o violão de lado e me beijava com muito afeto. E, então, fazíamos amor tão gostoso... Era como se eu estivesse num paraíso. Era isso que eu não conseguia esquecer. Ah, e como ele é lindo... Os seus olhos, os seus lábios cantando para mim. Tudo muito difícil de esquecer.

    No dia seguinte, o meu dedo teimoso foi correndo para o *touch screen* do celular, no WhatsApp. Quando procurei a foto de Téo, vi que ela aparecia novamente. Ele havia me desbloqueado. Fiquei muito feliz em vê-lo, novamente, na tela do meu celular. Olhei e olhei a foto dele e as nossas mensagens anteriores, mas não lhe mandei mensagem alguma. Pensei nos versos que eu havia enviado. Como fizera efeito o meu simples poema. No

---

[54] Autoria da personagem fictícia Elisa de Mello.

entanto, pensei melhor e resolvi aperfeiçoar aqueles versos e transformá-los em um soneto. Dois quartetos e dois tercetos.

– Olá, Téo. Bom dia! Acabei compondo um soneto. Mudei e acrescentei algumas palavras pra rimar, por meio de uma escrita diferente:

> Preciso de você!
>
> Agora, depois de tudo,
> sei o quanto preciso de você, sem intriga!
> Preciso da sua mão amiga.
> Do seu lindo olhar sem pranto.
>
> Preciso tanto...
> Do seu interesse pela vida.
> De toda sua descontração sentida.
> Da sua doce voz que canta.
>
> Preciso de um pouco do seu jeito de viver.
> Porque sinto saudades de tudo.
> Como preciso de você!
>
> Preciso de lhe ver!
> Nem que seja pra mitigar minha emoção,
> Falar besteira ou apenas pra lhe ver comer.[55]

Ele me respondeu imediatamente.

– Bonito o seu soneto.

Depois de algum tempo, achei meio ingênuo tudo aquilo, o meu soneto para fazer as pazes com o homem que eu amava. Eu estava preocupada com a minha dignidade, contudo, depois de toda a minha racionalidade, resolvi escrever sobre os meus puros sentimentos de amor. A literatura tem dessas coisas. Deve falar do amor à vida, dos sentimentos. Manifestar linguagens realmente sentidas, humanas.

Agora que eu percebia que ele já havia me perdoado, precisava de uma decisão. Tudo bem se ele não se decidisse. Eu continuaria a viver. Eu o amava tanto que para mim bastava saber que ele estava vivo e não me odiava. Se ele não me amava de verdade, pelo menos não me odiava.

Queria muito ver o Téo e contar a ele que eu já era uma juíza, entretanto, naquele momento, não estava podendo e nem pretendia ser tão fácil e me humilhar mais uma vez.

---

[55] Autoria da personagem fictícia Elisa de Mello.

Desisti de voltar a Paracatu naquele dia, porque eu não estava mais conseguindo viver naquela distância imensa de Téo. Então, em meio a vários conflitos, resolvi que eu tinha que encontrar aquele homem que eu não conseguia esquecer de forma alguma.

Enfim, Téo já estava voltando a me passar mensagens no WhatsApp e dizia que queria me ver. Quando já estava me preparando para o encontro com Téo, recebi um telefonema de cunho urgentíssimo. O assessor de Expedito me ligou para que eu enviasse um advogado para ele.

Expedito estava detido na Polícia Federal, prestes a ser condenado a vários anos de prisão. Seu nome já estava saindo em vários jornais, blogs e redes sociais na internet. Um verdadeiro escândalo.

Eu não queria comparecer à sede da Polícia Federal. Como juíza eu não podia me expor. Então enviei um advogado para ajudá-lo e não fui lá. A minha preocupação naquele momento era com a Rayane, que acabava sendo a maior vítima do pai. Resolvi ir ao palácio para ver se Rayane estava bem.

As coisas ficaram ainda mais perturbadoras e caóticas. Quando fui lá vi o palácio todo revirado, ainda mais em ruínas. As vidraças estavam todas quebradas, haviam retirado vários móveis dos cômodos. Subi as escadas para ver se encontrava a Rayane. Andei e andei e não consegui encontrá-la. Onde será que Rayane estava naquele momento tão conflituoso?

Então eu me lembrei do andar em que Expedito guardava o ouro.

O que havia acontecido com o ouro que Expedito guardava? Passei pelo arcobotante e entrei no sótão. Estava todo revirado, não havia mais ouro algum. O palácio estava em ruínas. Eu me perguntava de que tinha adiantado o Expedito acumular tanto ouro para a sua própria desgraça? O seu nome havia caído na lama. E eu achava, sim, que ele devia ser julgado com rigor. Ele acumulara uma imensa fortuna roubando das pessoas. Ele não roubava do poder público, mas de pessoas inocentes, que necessitavam de escolas e verbas para terem uma boa educação.

Dilma estava sofrendo o *impeachment*, mas a presidente não era a culpada. As estruturas da organização do Estado estavam arruinadas por várias pessoas que representavam o Estado. Pessoas oportunistas, como empresários, políticos e outras, que se aproveitaram da bondade da presidenta Dilma Rousseff, com a sua filosofia democrática.

Quando desci as escadas ainda procurando por Rayane, vi-a sentada num canto da sala de jantar, toda descabelada, desesperada. E eu pensando que ela havia melhorado do vício das drogas... Ou seriam as drogas que a deixaram naquele estado de pânico? Seu olhar estava distante, não falava nada.

Quando me aproximei dela e a olhei bem de perto, vi uma vítima da sociedade contemporânea, vi a figura da pintura *O grito*, de Edvard Munch. Uma profunda angústia existencial consumia a menina. Tentei mexer com ela, apalpei, passei as mãos em seus cabelos e nada. Ela não se mexia, continuava como uma escultura viva. De repente, vi uma lágrima rolar em sua face. Era uma lágrima de ouro. Do ouro acumulado por Expedito. Do ouro garimpado para as desgraças. O ouro, que deveria ter sido mais bem aplicado para o bem do ser humano, estava disperso e só causava dor e desespero.

O comportamento de Rayane era muito estranho. Ela melhorava, depois piorava. Melhorava, depois tinha outras e outras recaídas. E agora? Quem ia tomar conta de Rayane? Sua mãe estava morando em Lisboa. Seu pai estava preso. Eu não dispunha de tempo. Estava envolvida com pilhas e mais pilhas de processos para julgar. E, também, acho que eu não dispunha de disposição emocional para carregar o fardo de uma pessoa viciada. Eu não tinha tempo. Expedito causou grandes desastres e transtornos na vida de muita gente. Agora, ele é quem deveria assumir todos aqueles pesadelos.

Mas a minha consciência dizia que eu precisava fazer alguma coisa para Rayane. Talvez interná-la. Será que resolveria? Ela já havia sido internada nas melhores clínicas do país pelo pai. Melhorava por uns tempos, mas depois piorava substancialmente.

Naquele momento de dor, lembrei-me da minha cidade natal. O ouro de Paracatu, assim como todo o ouro brasileiro estava disperso, a pirâmide estava desaparecida, porque o ouro tornara-se volátil, enquanto o Estado estava se consumindo na corrupção e na falta de valores morais. Onde estava todo o ouro brasileiro? Certamente, nas empresas que sonegam impostos e nas casas de pessoas como Expedito, nos palácios particulares. Sim, o ouro do palácio.

As mãos sofridas dos escravos de Paracatu nem conseguiram usufruir da pirâmide de ouro que prometia libertá-los. As mãos do meu antepassado hexavô Eulálio haviam sido queimadas para libertar os escravos de Paracatu. Todavia, o ouro se concentrava nas mãos dos capitalistas.

Olhei mais uma vez para Rayane e a vi piscar. E mais lágrimas rolaram, mais lágrimas do ouro perdido. Sim, todo o ouro parecia feito de lágrimas. Lágrimas de inocentes. E por tão contraditório, para não dizer fatídico, aquela moça inocente havia sido vítima do próprio pai, com toda a sua ambição em obter riqueza. Riqueza de pouca valia.

O que o Estado já fizera para combater o tráfico de drogas parecia não ter efeitos. A droga corria solta pelas ruas, nas bocas dos tolos, dos inocentes, de pessoas carentes, sem recursos financeiros, educacionais e espirituais. E toda essa falta de comprometimento do poder público fez mais uma vítima, a filha do maior ricaço do Planalto Central. Isso era contraditório. O homem juntara toda uma fortuna e agora não conseguia ser feliz e curar a própria filha.

O ouro acumulado para si próprio fizera de Expedito um homem de mau-caratismo. Agora, ele estava sendo humilhado e insultado com ofensas nos jornais e na internet. Ele estava sendo desmoralizado publicamente. A dita bela Virgínia havia sumido do mapa, era uma foragida. Acho que ela tinha ficado com uma boa parte das barras de ouro. Quando ouviu falar do escândalo fugiu, não ficou para acompanhar o marido nesse momento de dor. Tive que enviar um advogado para o meu cunhado, porque, infelizmente, ele era o pai da minha sobrinha Rayane. Também pelo pressuposto de que todo ser humano, cometendo o crime que seja, tem direito à defesa.

Infelizmente, não pude fazer mais nada por Expedito. A expedição de mandado de prisão em desfavor do meu cunhado saiu no dia 7 de julho de 2016. O juiz Sérgio Moro,[56] mais uma vez, mostrou a sua força e poder para prender e encarcerar aqueles que desviavam dinheiro público.

Todo aquele ouro do sótão foi arrestado pela Polícia Federal – menos a pirâmide, porque no momento em que entrei no sótão, ela ainda estava atrás da parede falsa. Mas a pintura das mestiças de Di Cavalcanti não vi mais.

Rayane não estava bem, ali, no meio da confusão do palácio. Ela estava transtornada. Liguei para Homero para que ele fosse me ajudar a cuidar da minha amada sobrinha. Lembrei-me também da mãe de Rayane. Agora, ela devia voltar para o Brasil para cuidar da filha. Nesses momentos, é a mãe quem deve cuidar. Eu tinha vários processos para julgar no meu gabinete da Justiça Federal.

No dia do *impeachment* de Dilma Rousseff, em 31 de agosto de 2016, após julgar alguns processos no Judiciário, voltei ao palácio. Homero já havia chegado e já estava cuidando de Rayane. Como aquele rapaz era maravilhoso, um verdadeiro ser humano do bem. Eu mal podia acreditar

---

[56] Sérgio Moro é um personagem histórico, aqui representado a partir de um enredo fictício.

que ainda existia uma pessoa tão boa, tão amorosa, em meio ao mundo perverso em que estávamos vivendo.

Fui até o quarto ver Rayane e ela já estava mais calma. Enfim, ela falava com serenidade. Expliquei o que havia ocorrido com o seu pai, que ele estava preso na Polícia Federal. Após conversar com Homero e Rayane fiquei mais calma, pois vi que ela estava bem.

Ainda imaginava que a pirâmide de ouro devia estar no palácio de Expedito. Assim, como eu ainda me encontrava lá para resolver todas as pendências, resolvi procurá-la mais um pouco. Quando eu estava entrando na sala de TV, na manhã de segunda-feira, enquanto procurava a pirâmide perdida, vi, na imensa TV de 70 polegadas, as últimas notícias do dia pela TV Senado, os últimos depoimentos da Presidente Dilma Rousseff.

Os senadores faziam as perguntas enquanto a presidente procurava responder de forma serena. Alguns diziam que ela não havia cometido crime algum.

Dilma Rousseff continuava sustentando que era inocente, que não havia cometido crime e que o *impeachment* era um golpe de Estado. Por outro lado, alguns senadores alegavam que outros aspectos, como os créditos suplementares por decretos deviam ser considerados crime. A Constituição proíbe a abertura de créditos suplementares pelo Executivo.

Dilma defendia-se: "A Lei prevê abertura mediante o artigo quarto da constituição. No entanto, a LOA - Lei Orçamentária Anual autoriza a abertura dos créditos. A LOA diz as hipóteses em que pode haver a abertura desses créditos".[57] Ela discordava que havia desrespeitado o legislativo, tendo em vista que se pode tirar créditos de uma área para enviar a outra. Ela dizia: "O PLN 05 - Projeto de Lei do Congresso Nacional foi editado em julho e aprovado em dezembro de 2015. As medidas presidenciais devem ser imediatas".[58]

Após ver alguns trechos do julgamento do *impeachment* pela TV Senado, fiquei pensando e refletindo sobre tudo que estava acontecendo no Brasil. Sobre todo o negativismo que se estava propagando pelo país. Sobre a derrocada proporcionada à presidente Dilma Rousseff.

Depois do *impeachment* e depois de todos os casos de corrupção bem explicados nos jornais e na TV, descobri que Expedito fazia parte do

---

[57] ROUSSEFF, Dilma. Dia do Impeachment de Dilma Rousseff. *TV Senado*. Transmitido em 31 ago. Acesso em: 31 ago. 2016.

[58] *Idem.*

esquema de favorecimentos políticos à sua empresa, em Brasília. A sua empresa patrocinava as campanhas políticas de alguns políticos que nem eram do PT e, em contrapartida, recebia favorecimentos para licitações. Havia aproveitado e acrescentado também um caso à parte de favorecimentos para a construção de uma fortuna particular. Ele fazia parte dos magnatas que ainda queriam ter o seu tesouro exclusivo, particular. No entanto, ele fazia parte de um esquema ainda mais perigoso, o domínio do capital, de um grupo de elite.

Logo ao entardecer, Ayla, a mãe de Rayane, chegou de Lisboa. Sim, eu havia ligado para ela voltar para o Brasil porque eu não ia conseguir cuidar de Rayane.

– Olá, Elisa. Muito obrigada por ter cuidado da minha filha. Não sei como lhe retribuir. Quero vê-la, onde ela está?

Ayla anda, olhando as ruínas do palácio.

– Nossa, esse palácio está horrível. O que houve? E essas ruínas? Os vidros estão todos quebrados. Quem fez isso?

– Grande parte da destruição foi feita por Rayane mesma, quando ela ficava presa por ordem do Expedito e presa no vício das drogas. Quando ela se enfurecia, quebrava as vidraças. O palácio foi quebrado também pela Polícia Federal, quando arrombou as portas e quebrou vidros para procurar o tesouro de Expedito.

– Como pode acontecer? O Expedito me traiu mais uma vez, destruindo a nossa casa e a nossa filha. Agora chego aqui no Brasil, em meio ao *impeachment*, em meio a toda essa destruição de tudo. Meu Deus, que caos! Preciso ver Rayane. Rayane! Rayane! Rayane!

Ayla saiu andando desesperada pelo palácio.

Resolvi ligar para Téo para que nos ajudasse com a Rayane. Agora, sim, eu o colocaria à prova. Tinha que descobrir se ele me amava de verdade. Quase todos os meus amigos haviam me abandonado por eu ser cunhada de Expedito. Até os meus assessores estavam desconfiados e me olhavam de um jeito meio estranho. Sentia-me só, não recebia mais convites para nenhum evento. Apenas para aqueles obrigatórios do Judiciário.

Tínhamos que tirar a Rayane do palácio. Ela sempre insistia em voltar para o palácio semivazio, de vidraças quebradas. E Ayla havia retornado para cuidar dela. Téo chegou bem rápido. Beijou-me ternamente e pude perceber o quanto era imenso o amor que ele acabou revelando por mim.

Quando Téo andou comigo pelo palácio para me ajudar com Rayane e a mãe, fiquei feliz por ele ter atendido ao meu chamado. Naquele momento pude perceber que ele era um homem de bem. Havia se transformado em outro homem, a fim de levar uma vida digna e sair daquele mundo de poliafetividade sexual.

Ele chegou ofegante, olhando nos meus olhos. Senti que ele me amava de verdade. Logicamente, eu o aceitaria. Agora, era um homem revigorado. Eu acredito que o ser humano pode mudar para melhor, basta querer.

Olhei bem para ele, parecia um sonho lindo. Ele chegou em mim bem carinhoso, aproximou-se bem de perto e me olhou profundamente. Nós nos beijamos muito. Várias vezes. Ele não queria me largar. Era possível ver que ele estava apaixonado pelo jeito de ele me olhar.

Após vários beijos, eu já estava ficando muito excitada. Então resolvi empurrá-lo um pouco, porque tinha assuntos urgentes para resolver. Tínhamos que fazer alguma coisa pela Rayane. Ele se soltou de mim e fomos conversar com Rayane, Homero e Ayla.

– Veja bem, Téo, Não sei o que posso fazer. A Rayane está sempre voltando para o palácio, que já não tem condições de habitação. Ela insiste em ficar por aqui.

– Elisa, ela é namorada do Homero. Talvez ela possa ficar com ele no Recanto das Emas por alguns dias – disse Téo.

– De forma alguma. Ela vai ficar comigo. Vim de Lisboa para cuidar da minha filha – protestou Ayla. Então ela andou pelo palácio, pegando as roupas e outros objetos de Rayane, e foram para outro imóvel que já estava reservado para elas morarem, tendo em vista que Expedito possuía mais vários outros imóveis no Distrito Federal.

Depois de tudo resolvido para o bem de Rayane, saí andando pelo palácio para ver se eu encontrava a pirâmide de ouro no meio das ruínas. Tudo isso porque a pirâmide de ouro não saía da minha cabeça. Senti as lembranças dos momentos que vivi naquele lar. Quanta riqueza havia naquele palácio! Voltei a pensar no ouro de Expedito e no ouro de Paracatu. Para onde vai todo o ouro industrializado em Paracatu? Porque agora, com a tecnologia, o ouro não estava sendo mais garimpado e, sim, industrializado.

O ouro estava sendo garimpado clandestinamente, apenas pelos pobres jovens da periferia que buscavam uma vida melhor. Porém, a maior parte de todo o ouro produzido em Paracatu estava nas mãos dos donos da principal mineradora de ouro da cidade, da Kinross Gold Corporation. Apesar do domínio do capital, os funcionários da multinacional estavam felizes pelo emprego, diziam que conseguir um emprego como aquele em Paracatu era muito difícil. Nos últimos anos, o ouro de Paracatu estava sendo industrializado, enquanto os pequenos garimpos diminuíram consideravelmente. A ambição da empresa Kinross Gold Corporation tornava-se imensa devido ao alto valor do preço do ouro no mercado internacional.

Pensei no sótão. Eu tinha que voltar lá mais uma vez, pois precisava encontrar a pirâmide de ouro. Apenas eu sabia do esconderijo da pirâmide. Ela ficava escondida por trás da pintura de Di Cavalcanti. Subi as escadas até o terceiro andar, passei pelo arcobotante de concreto e entrei no sótão. A pintura das mestiças de Di Cavalcanti já não estava mais lá. Andei, abri a parede falsa de gesso, fácil de empurrar. Mas a pirâmide já não estava lá. Provavelmente, a Polícia Federal a havia arrestado. Objeto de valor escondido era de conhecimento das perícias da Polícia Federal, então, certamente, a própria polícia havia arrestado a pirâmide de ouro.

Continuei andando pelo palácio todo em ruínas. Como todos nós devíamos sair do palácio e desocupá-lo a pedido da Polícia Federal, saí andando para levar o que pudesse para Rayane. Apenas objetos e móveis de uso pessoal.

Andei e andei... Cheguei ao jardim central do palácio, onde havia um piso de mármore rústico entre os canteiros de hortênsia. De repente, tropecei em um piso quadrado de mármore, semi-solto. Então vi reluzir, debaixo desse piso de mármore, um tom dourado. Quando coloquei a mão para ver o que era, parecia uma barra de ouro enterrada. Mas ela estava presa. Resolvi chamar Homero e Téo para que eles me ajudassem a cavar o piso de mármore para ver o achado.

Pegamos algumas picaretas e fomos cavando o rico mármore do jardim central. Quando Rayane olhou e viu que estávamos procurando algo, ela correu até nós para nos ajudar. Fiquei comovida com o aspecto de Rayane, que parecia ter melhorado bem. Fomos cavando e cavando com as picaretas. Falei:

– Cuidado, gente! Não podemos quebrar. Acho que é uma parte do tesouro de Expedito que está enterrado aqui!

– Tesouro?

Téo ficou muito curioso e resolveu cavar com mais cuidado.

– Tenham calma. O mármore é muito duro, mas vamos conseguir. Acho que é ouro.

– Ouro? – Homero indagou impressionado.

Quando conseguimos abrir o rico piso de mármore, fiquei boquiaberta com o que eu vi. Era um dourado que brilhava como uma luz amarela refletida pela luz do sol. Era uma boa parte do ouro de Expedito. Era a pirâmide de ouro que havia sido enterrada no piso do jardim central do palácio.

Eu poderia ficar milionária com aquela pirâmide de ouro, agora, finalmente, encontrada. Por direito, ela era minha e da minha família de Paracatu, já que tinha sido roubada da pousada dos meus familiares, por Expedito, um homem de índole corrupta. Todavia, eu não tinha plena certeza se era a mesma pirâmide da minha cidade.

Se fosse verdade, eu nunca mais precisaria trabalhar para sobreviver, eu poderia até viver na Europa, assim como fazem muitos ricaços brasileiros. Aquela pirâmide representava o sofrimento de muita gente. Desde os meus antepassados escravos e garimpeiros à população contemporânea, sofrida com o caos da saúde pública, falta de saneamento básico e outras pobrezas.

Agora, sim, tudo fazia sentido. Comecei a lembrar do que a minha avó havia me contado sobre a pirâmide dos meus hexavós. A cena da minha avó contando aquela longa história da pirâmide vinha em minha mente.

Expedito havia ajudado os meus pais na reforma do sobrado no final da década de 80. Certamente, ele encontrou a pirâmide de ouro enterrada em algum lugar do quintal. Mas essa pirâmide era mesmo a que havia sido enterrada no século XVIII, bem no terreno da antiga pousada da minha família, e depois roubada? Eu não tinha certeza disso.

Aqueles adolescentes, no final da década de 80, estavam terminando de modelar a pirâmide para um magnata de Brasília. Seria o Expedito esse magnata? Presumi que sim.

Pensei no que eu devia fazer com aquela pirâmide. Qual seria o destino dela? Afinal, ela havia sido construída não apenas pelas mãos dos escravos, pelas mãos dos meus antepassados, mas também pelas mãos dos garimpeiros sofridos de Paracatu, da minha cidade natal.

Agora, toda aquela comunidade da minha terra pagava pela ingerência do trato da pirâmide. Os jovens de Paracatu estavam se acabando no mundo do crime, do tráfico de ouro e das drogas. Um tipo de pirâmide que favorece apenas aqueles que estão no ápice. Quem está na base está sofrendo muito com a falta de organização do poder público.

Durante o século XVIII, no Brasil, parte do ouro extraído das minas ia para os ornamentos de igrejas barrocas e rococós. Atualmente, o ouro produzido vai direto para palácios particulares ou exportado para países ricos. Toda a riqueza dispersava-se nas mãos de poucos capitalistas, enquanto muitas pessoas choravam por vários tipos de necessidades materiais.

No dia 25 de novembro de 2016, após alguns dias, voltei para o meu apartamento na Asa Sul. E Téo começou a grudar em mim como nunca. Passou a frequentar o meu apartamento e passava para me ver todos os dias. Fiquei impressionada com a frequência. Passamos a fazer amor todos os dias.

Um dia, à noite, após fazermos amor, liguei a TV e qual notícia estava estampada na tela? "Fidel Castro morre aos 90 anos".[59]

– Nossa, querida, o comunismo nunca chegou a existir de fato, visto que nunca foi aceito pela maior parte da população do mundo todo. Fidel Castro foi um totalitarista que impôs um regime ultrassocialista, para não dizer comunista, porque comunista ele não foi, visto que ele foi um ditador, um revolucionário. Apesar de tudo, várias pessoas estão comentando nas redes sociais que ele foi muito bom, que teve boas ideias.

Nunca havia visto o Téo falar tanto. E ele continuou:

– Não acredito, sinceramente. Agora, ele se transforma em um herói, outra vertente da história. Atualmente, os petistas e os professores que defendem teorias marxistas estão achando que o comunismo de Cuba é maravilhoso, mas lá, as pessoas estão enfrentando várias filas por racionamento de vários produtos. Palavras de uma servidora do TCU que esteve por lá.

Téo continuava falando muito. Acho que ele estava tentando me impressionar.

– Amor, como juíza, acredito que um bom sistema governamental ainda é o democrático. Não acredito que alguém possa conseguir administrar um país impondo as suas ideias. A maior mudança política perpassa pela consciência de cada pessoa. Sem uma boa concepção de reflexão do certo ou errado, as pessoas serão apenas adestradas para cumprirem ordens, ou seja, para não praticarem isso ou aquilo.

---

[59] ANSA, Agência. Fidel Castro morre em Cuba aos 90 anos de idade. *Agência Brasil*. Publicado em 26 nov. 2016. Disponível em: https://agenciabrasil.ebc.com.br/internacional/noticia/2016-11/fidel-castro-morre-em-cuba--aos-90-anos-de-idade# . Acesso em: 26 nov. 2016.

Pude perceber que Téo me admirava. Ele parava e ficava me olhando e me ouvindo com muita concentração. Pensei: "Acho que ele me ama de verdade". No entanto ele me passava a ideia de ser muito capitalista, enquanto era pobre.

– Fidel Castro não foi tão ruim como muitos diziam. Tudo que ele fez foi para que houvesse uma sociedade mais igualitária, com distribuição de renda para todos – falei, mas pensando que naquele momento maravilhoso da minha vida, eu não queria mesmo contrariar aquele homem que eu tanto amava. Tentei desviar o assunto.

– Sou contra qualquer tipo de violência. Não sei como fui parar no Direito Penal. Tenho que julgar casos e mais casos de assassinatos e crimes de corrupção, de casos envolvendo a União. Acho terrível um indivíduo tirar a vida do outro sem qualquer justificativa plausível. Mesmo porque tudo pode ser resolvido na paz. Mas todas as pessoas são dignas de arrependimento e de mudanças para melhor. Devido a minha forma de pensar, sou contra guerras. Podemos resolver tudo por meio da Justiça.

No entanto, Téo insistia em falar sobre Fidel Castro. Eu acreditava que era por ser o assunto do momento em toda a América.

– Querida, os jornais estão dizendo que Fidel Castro foi um ditador. Ele deixou um modelo de regime, mas com muita ditadura. Porém as coisas não se resolvem na base da imposição política.

– Justamente por isso que ainda sou a favor do voto, da democracia, da conscientização dos políticos e dos eleitores. Sem mudanças nas consciências não chegaremos à verdadeira democracia.

– Você fala tanto em consciência, querida. Como você acha que as pessoas, em um país como o nosso, terão consciência? O que estamos vendo é justamente o contrário. A falta de consciência para o mal comum.

– Amor, acredito que tudo isso possa mudar por meio da educação e da justiça. Mais leis devem ser criadas para serem cumpridas, sobretudo, para os políticos. O que anda ocorrendo é que os próprios políticos criam as leis. Assim, eles redigem os textos como bem entendem. Imagine se essas leis fossem criadas pelo povo. As pessoas ajudariam a estabelecer as leis de acordo com as suas necessidades.

– Querida, que tal pararmos com esse papo de política? Vamos falar sobre as nossas próprias vidas! – ele disse, enquanto me beijava de forma eloquente. Não pude dizer mais nada, porque ele não deixava. Beijamo-nos mais uma vez. Outro beijo na boca muito demorado. Ele estava muito entusiasmado comigo.

Naqueles momentos em que eu estava sendo muito feliz com Téo percebi que a felicidade não está atrelada ao dinheiro, à acumulação ou ao luxo. Nos momentos em que estava com ele, nada dessas coisas me interessava. Eu queria mesmo era beijar na boca e ser feliz.

Os dias foram passando e Rayane melhorava consideravelmente. Já tinha até ido visitar o pai na prisão. Como o fardo daquela moça era terrível! O que a consolava era aquele rapaz dócil, amoroso e muito religioso, o Homero. Como ele era um bom rapaz! Ele fazia muito pela moça.

Depois de tudo, Rayane já não se importava mais com dinheiro também. Mesmo porque o palácio havia sido desocupado pela Justiça para mais investigações a respeito do ouro encontrado. Expedito não pagava o IPTU da mansão, havia uma dívida enorme de impostos. Isso acontece muito no Brasil. Muitos magnatas, além de corruptos, não pagam nem os impostos.

A Polícia Federal havia desocupado o palácio para averiguações e, sobretudo, para procurar mais do tesouro do Expedito. Várias delações premiadas levaram os policiais várias vezes à mansão atrás do ouro de lavagem de dinheiro.

O verdadeiro motivo da prisão de Expedito foi que, mesmo longe da política, ele continuava com vários benefícios na empresa dele por meio de licitação. Expedito sempre obtivera o apoio dos seus correligionários do partido ao qual era filiado e lhes favorecia com milhões para campanhas políticas. Esse partido não era o PT.

– Elisa, querida, onde você guardou a pirâmide de ouro?

Tentei me esquivar da resposta e não consegui, então perguntei:

– Qual é o motivo de você estar tão interessado na pirâmide?

– Quero saber, pois ajudei a desenterrá-la no jardim do palácio.

– Me diz uma coisa... Seja sincero, você está comigo por causa da pirâmide?

Estávamos em 2017 e Téo não falava em casamento. Aguardava, ansiosamente, ele conversar sobre o nosso relacionamento, como iríamos ficar, já que ele não estava mais namorando a Mariana. Enquanto o esperava, no meu apartamento da Asa Sul, logo pela manhã, liguei a TV, vi algumas notícias quentes e só então pude entender tudo o que se passava no Brasil.

Todos aqueles fatos, sobretudo o Mensalão, de 2014, depois a Lava Jato, até a sétima fase da Lava Jato e, depois, várias outras fases da Lava Jato, tudo isso estava sendo elucidado em março de 2017.[60] Pelas explicitações dos jornais e revistas, ficava bem claro, que a organização política estava tendo patrocínios vultosos das empresas contratadas pelo Estado. Vários estudiosos comentavam que havia a necessidade da reforma política.

Téo chegou. Nós nos beijamos e nos abraçamos. Eu estava muito ansiosa e indaguei:

— Amor, vamos deixar de lado essa hipocrisia em que nos encontramos e vamos assumir que nos amamos?

Por longos minutos, ele ficou em silêncio, sério, e me pareceu distante. A TV, que continuava ligada na sala, acabou prejudicando a minha pergunta.

O noticiário tratava de outro assunto que causou polêmica durante o mês de março de 2017: a aposentadoria da Previdência Social pública. E Téo, vendo os fatos na TV, disse em voz alta:

— A nação brasileira, como uma grande comunidade social, precisa ter cuidado para não propagar a discriminação contra as pessoas mais velhas no mercado de trabalho. Várias delas pretendem exercer os seus direitos à igualdade. Muitas preferem continuar trabalhando, e estudando também, fatores que dignificam o ser humano.

— Eu também penso assim, amor. Se alguém prefere continuar trabalhando, que mal há nisso?

Téo andou até a janela da sala, abriu as cortinas para deixar entrar o sol da manhã e depois disse:

— A respeito da reforma da Previdência, sabemos que deve haver mesmo, justamente porque a expectativa de vida aumentou. Vários países mais desenvolvidos do que o Brasil já realizaram a reforma.

— Podemos ver vários exemplos de pessoas idosas que contribuíram ou ainda contribuem, por meio do trabalho ou da cultura. No entanto as pessoas querem aproveitar melhor a vida com a aposentadoria, longe do trabalho árduo, amor. Você entende isso? Viver bem, viver a própria vida, como estou vivendo agora.

— Mas você ainda nem se aposentou!

---

[60] Fatos históricos reais analisados pela autora.

– Quero dizer viver para amar como estou vivendo agora. Será que me entende? – respondi. Eu penso que devemos valorizar muito as pessoas mais velhas que ainda contribuem com o conhecimento, mas elas também devem viver a própria vida.

Téo continuou discutindo sobre a importância dos mais velhos no mercado de trabalho. Quando ele falava, dizia tudo com tanta empolgação, com todo o entusiasmo de um jovem.

Enquanto isso, eu pensava: "Será que daríamos mesmo certo no relacionamento?". Ele era mais jovem do que eu oito anos. Contudo, o discurso dele era o de valorização das pessoas mais experientes.

– Michel Temer é nosso presidente aos 76 anos. Clementina de Jesus começou a carreira na música aos 62 anos, Marie Dionne Warwick ainda canta, aos 76 anos. Devemos viver e trabalhar enquanto estamos vivos, independente de idade. A aposentadoria deveria ser um direito social para as pessoas doentes e incapacitadas, porque as pessoas saudáveis preferem trabalhar para se sentirem úteis.

Não quis contestá-lo muito, pois bem sabia eu que todos os trabalhadores brasileiros almejavam a aposentadoria. O Téo passava ideia de extrema direita, então eu disse:

– Te amo muito, mas não concordo contigo em alguns aspectos, pois as pessoas querem se aposentar mais cedo para curtirem a vida.

Ele se aproximou de mim e disse:

– Vamos parar com esse papo que não somos nós dois quem iremos decidir sobre a reforma da Previdência.

Téo foi se aproximando e me abraçou ternamente enquanto nos beijamos novamente na boca. Foi um beijo demorado, de pura felicidade.

No entanto, apesar da nossa felicidade estar prevalecendo, Téo não se esquecia da tal pirâmide.

– Elisa, o que você vai fazer com a pirâmide de ouro? Você disse que ia entregá-la à Polícia Federal.

– Mas não a entreguei, ainda...

Fiquei pensando que o Téo estava muito interessado na pirâmide. Será que ele realmente me amava ou estava comigo apenas por causa da pirâmide de ouro, que valia nove apartamentos no Plano Piloto?

Os dias foram passando, lentamente, em Brasília.

Levantei-me apressada para ir trabalhar. Olhei a tela do meu celular e o *time* mostrava o dia 24 de maio de 2017.

Cheguei bem cedo em meu gabinete na Justiça Federal e não havia lido os jornais do dia anterior porque fiquei até tarde conversando com Téo a respeito do nosso relacionamento. Os meus assessores estavam eufóricos e preocupados com vários fatos que estavam acontecendo em Brasília.

– Dr.ª Elisa de Mello, a senhora ficou sabendo que hoje haverá manifestação na Esplanada rumo ao Congresso Nacional?

– Deve ser apenas mais uma simples manifestação dentre tantas outras que acontece quase todos os dias por aqui.

– A Dr.ª está enganada. Desta vez virão vários ônibus de vários estados do Brasil para essa manifestação.

– Não brinca! Tenho que analisar alguns processos logo pela manhã.

– Então vamos aproveitar e fazer todo o nosso trabalho, pela manhã, porque à tarde vai ficar difícil por causa do barulho em frente ao Congresso.

Marco Aurélio estava encaminhando todos os nossos trabalhos do dia 24 de maio de 2017.

As horas passaram muito rápido e quando parei para lanchar à tarde, as notícias nos foram chegando muito rápido também. Funcionários diziam que a Esplanada dos Ministérios havia se tornado uma verdadeira praça de guerra. Usavam placas, cartazes e sinalizadores de trânsito como escudos de luta.

– Dr.ª Elisa, devemos encerrar o expediente, porque os órgãos públicos estão sendo esvaziados neste momento. Várias pessoas estão invadindo os Ministérios, quebrando vidraças e atiçando fogo dentro dos edifícios.

– Será que esses manifestantes chegarão até aqui, na Justiça Federal? Nossa! Quanta revolta do nosso povo! Acho que há razão de ser. Todas essas delações de corrupção fazem com que o nosso povo não engula as reformas, sobretudo a trabalhista, que está para ser votada na Câmara. Querem retirar direitos dos trabalhadores do nosso país.

– Doutora, o povo está revoltado. Um rapaz tentou atirar um rojão e teve a mão dilacerada com a explosão.

– A questão é que o povo não está satisfeito com as reformas trabalhistas e previdenciárias. O rapaz está sendo uma espécie de mascote para representar a insegurança pela qual passa o nosso país. Não adianta o

Congresso tentar votar essas reformas bem no momento em que há várias delações de corrupção pelo país.

– Concordo com a doutora – disse meu assessor, o Marco Aurélio.

– Imagine uma pirâmide, Marco Aurélio. No topo estão os magnatas, os corruptos, a classe dominante de todo o nosso capital. No meio da pirâmide está a classe média e, na base, os pobres, tentando ascender à classe média. Todavia, o que vem ocorrendo no momento é um afunilamento repentino, a pirâmide está larga demais na base e estreita em demasia no meio. Ainda, quem está nesse meio está caindo para baixo. Todos estão transformando-se em pobres com a falta de recursos, após crise gerada para tirar os políticos eleitos em 2014.

Depois do expediente fui para o meu apartamento. Os dias foram passando e, no dia 04 de junho de 2017, tive que voltar novamente a Paracatu para ver se eu conseguia me encontrar com o Gilberto e descobrir mais sobre a pirâmide de ouro do palácio. Sei que não era o meu papel aquela investigação, mas necessitava de provas para comprovar que a pirâmide era do século XVIII e era da minha família.

Quando cheguei à pousada, a minha mãe me deu uma notícia bomba.

– Filha, a mineradora de ouro, a Kinross Gold Corporation está prestes a parar com os trabalhos de mineração na cidade por causa da falta de água.

– Não me diga, mãe. O que fizeram com a água de Paracatu? O que fizeram das nascentes do Morro do Ouro? A Gruta de Vênus, por exemplo, não existe mais? Como ficará Paracatu e os habitantes que aqui vivem?

– Ainda temos outro problema com a nossa água, Elisa. Os córregos que fornecem água potável para Paracatu também estão secando. A empresa de água, a COPASA, está indo buscar água para a população em João Pinheiro. O povo de Paracatu está amedrontado com a falta d'água.

– E o que faz o poder público da cidade? Teriam que recuperar as nascentes, ou seja, exigir que a empresa mineradora e outros empresários de outros ramos devolvam a água para a cidade.

– Mas, filha, o problema da água está no Brasil todo.

– Verdade, mãe. Em Brasília também estamos tendo problemas sérios com a falta de água. Dizem os meteorologistas que está havendo uma seca prolongada, que já se estende por cinco anos seguidos.

– A verdade é que está havendo um desequilíbrio no clima do planeta.

– Mãe, se as pessoas querem ter água, devem lutar para preservar. O poder público deve exigir das empresas e do povo maior racionamento.

– A população consciente e o poder público devem encontrar uma saída para a falta de água.

Após conversar um pouco com os meus pais, fui, finalmente, encontrar-me com Gilberto e tentar descobrir a verdade sobre a pirâmide de ouro. Quando cheguei à residência dele, vi que era muito sofisticada, uma mansão luxuosa no bairro Alto do Córrego. Fiquei surpresa.

Toquei a campainha. Um homem todo vestido de preto veio me atender. Notei logo que era o segurança da mansão. Perguntei por Gilberto e disse a ele que já havia marcado o encontro.

– Dr.ª Elisa?

– Sim.

– Gilberto já está aguardando a senhora.

Fiquei observando a suntuosidade da mansão. Piscina, jardim... Como o garimpeiro Gilberto havia prosperado! Fui andando, acompanhando o segurança. Logo que chegamos ao hall da entrada, Gilberto veio nos encontrar.

– Boa tarde, Dr.ª Elisa de Mello!

– Boa tarde, Gilberto. Estou observando aqui o quanto você prosperou com o ouro!

– Não é bem assim, Dr.ª. Não progredi apenas com o ouro. Trabalhei no comércio do ouro apenas até o ano de 2014. Além do ouro, trabalhei com outros negócios.

Fiquei desconfiada, tudo aquilo me cheirava a corrupção.

– Mas quais negócios?

– A doutora acha que consegui tudo que tenho com o comércio do ouro? Pois a senhora está enganada a meu respeito. Se eu fosse depender do garimpo do ouro, hoje eu estaria pobre.

– Então como foi que o senhor ficou tão rico?

– Dr.ª Elisa, vamos marcar outro encontro e eu conto para a senhora todo o ocorrido. Hoje tenho um compromisso muito importante e não posso me alongar.

Eu não quis insistir muito, ele não queria mesmo revelar. Todavia tive esperança de que ele se abrisse mais, iria descobrir a verdade sobre a pirâmide, se ela era a mesma pirâmide do palácio.

– Quando podemos marcar para conversarmos melhor?

– Podemos marcar de nos encontrarmos na pousada dos meus pais.

– Pode ser lá sim, Dr.ª Elisa. Não me oponho em contar toda a verdade para a senhora.

Saí dali com uma leve decepção, mas ainda mantinha a esperança de saber a verdade da pirâmide de ouro.

CAPÍTULO 20

OS JULGAMENTOS

Os jornais, sites, blogs e redes sociais comentavam acerca do julgamento da cassação da chapa Dilma-Temer no Tribunal Superior Eleitoral.

Cheguei ao meu gabinete logo pela manhã da quarta-feira e todos os meus assessores e funcionários da Justiça estavam comentando sobre o julgamento. Diziam que eu deveria comparecer ao Tribunal Superior Eleitoral, já que eu havia sido convocada a participar como testemunha sobre o ouro encontrado no palácio. Mas a minha participação como testemunha havia sido rejeitada pelos ministros da corte eleitoral.[61] Assim, fiquei aliviada. Porém, de qualquer forma, apareceria por lá como estudiosa do Direito.

Cheguei ao Tribunal Superior Eleitoral. Observei a mesa composta por Nicolau Dino, o vice-procurador geral eleitoral; os ministros Admar Gonzaga, Gilmar Mendes, Herman Benjamin, Luís Fux, Napoleão Nunes Maia Filho, Tarcisio Neto e Rosa Weber,[62] todos eles estavam presentes na corte para o julgamento. O assunto do dia era se as provas da Odebrecht deviam ser incluídas no processo de julgamento da chapa Dilma e Temer.

Eu assistia ao processo julgado no Tribunal e, quando olhei para o lado, vi o meu conterrâneo, o ex-ministro João Garbo, assistindo ao julgamento. Ele estava na lateral direita, com um grupo de amigos. Fiquei pensativa, no meu canto. Todavia, pensei em fazer uma pergunta ao meu conterrâneo; a pergunta não conseguia me calar. Mas eu precisava criar coragem, pois não sabia se ele ia aceitar conversar comigo, pois já sabia que o meu cunhado Expedito estava preso. O ex-ministro do STF era um homem que não gostava de se comprometer, pois zelava pelo seu caráter.

Olhei, observei tudo ali, naquele momento histórico. Ouvi quando um dos ministros da corte agradeceu à presença do ex-ministro João Garbo.

---

[61] Enredo fictício.
[62] TRIBUNAL SUPERIOR ELEITORAL. Por 4 votos a 3, Plenário do TSE nega pedido de cassação da chapa Dilma e Temer. Publicado em jun. 2017. Disponível em: http://www.tse.jus.br/imprensa/noticias-tse/2017/Junho/por-4-votos-a-3-plenario-do-tse-decide-pela-nao-cassacao-da-chapa-dilma-e-temer. Acesso em: 30 jun. 2017.

Em seguida, ele olhou para o público e disse que o ex-ministro era muito admirado pela sociedade brasileira.

Novamente, pensei na pergunta. Ao final do julgamento ia dar um jeito de falar com João Garbo, afinal, eu não era corrupta e não tinha ligação com a corrupção de Expedito. E eu também me sentia roubada, pois a pirâmide de ouro do meu hexavô Eulálio deveria ser parte da minha herança.

A pirâmide ainda estava comigo, mas ninguém, além de Ayla, Rayane, Homero e Téo, sabia que eu a guardava. Ainda estava pensando se deveria devolvê-la à minha família de Paracatu ou se a entregaria à Polícia Federal. Fiquei na dúvida, pois devia conversar primeiro com a minha avó e também analisar o direito de sucessão.

Como eu estava na sessão de julgamento da cassação da chapa Dilma e Temer, continuei observando a corte, que se pronunciava. O relator Herman Benjamin lia as prerrogativas para a cassação do mandato de Michel Temer. Eu o olhava e analisava o seu texto, porque ele fundamentava o seu voto baseado na verdade dos fatos.

O ministro Admar Gonzaga, o segundo a votar, ao justificar o seu voto, afirmou que consoante às provas da Lava Jato, os delitos teriam sido cometidos antes das eleições de 2014.

Um dos ministros, ao fundamentar o seu voto, afirmou que não apenas os partidos de Dilma e Temer tinham recebido verbas de empresas, mas vários outros partidos também. Ele disse, ainda, que Alberto Youssef já estava preso antes do pleito de 2014 e que os valores ilícitos tinham sido destinados a partidos e não às campanhas de Dilma e Temer.[63]

O voto de Minerva do Ministro Gilmar Mendes decidiu contra a cassação da chapa Dilma e Temer.

Como juíza, avaliei que os pagamentos de empresas a partidos políticos estavam sendo explorados em demasia. Todos sabiam que o Brasil precisava da reforma política.

Herman Benjamin votou pela cassação da chapa Dilma e Temer. Já o ministro Napoleão Nunes Maia Filho votou contra a cassação da chapa Dilma e Temer.

Após a votação, as redes sociais comentavam sobre o pleito, principalmente o fato de a corte ter ignorado as provas da Lava Jato. Mas, como juíza, sabia que a corte tinha outras provas em mãos. Os vários estudiosos e juristas

---

[63] Idem.

tentavam explicitar a respeito da democracia nos meios de comunicação, diziam que o tribunal eleitoral havia estudado o processo em julgamento.

Quando terminou a sessão, fui andando em direção ao meu conterrâneo, o ministro João Garbo. Ele me viu, mas deu de ombros e continuou andando para sair pela porta de vidro. No entanto insisti:

– Doutor, por favor, dê-me um pouco da sua atenção.

– Sim, Dr.ª Elisa de Mello.

– Sei que o doutor deve estar muito decepcionado com o meu cunhado, o Expedito. Quero dizer ao senhor que nada tenho de ligação com tudo que o meu cunhado cometeu. Gostaria de conversar um pouco com o senhor.

– Elisa, me poupe de diálogos imprecisos, mal a conheço. Não temos vínculos de amizade, nem contigo e muito menos com Expedito, o seu cunhado. A única afinidade que possuímos é que sou de Paracatu e você também. Somos conterrâneos, apenas.

– Mas preciso fazer uma pergunta ao senhor. Essa pergunta não me deixa calar.

– E qual é essa tal pergunta? Vou ouvir a sua pergunta por que a senhora também é minha companheira de carreira jurídica, além de ser minha conterrânea. Que fique tudo muito claro que é por esse motivo o meu diálogo contigo.

– Por que o senhor aposentou-se em 2014, tendo em vista que ainda podia estar no cargo de ministro do STF? O senhor ainda poderia ter continuado no cargo até completar 70 anos. Atualmente, o senhor está com 63 anos. Ainda, com a nova Lei, o senhor poderia ficar até completar os 75 anos.

– Não preciso me preocupar com status. Já estava na hora de me aposentar. Dediquei toda a minha vida à carreira jurídica. Comecei a trabalhar muito jovem para ajudar os meus pais, a minha família. Ora, minha cara, com a devida *vênia*, não quero alongar ademais conversas contigo e ainda mais sobre esse assunto de cunho pessoal. Ainda mais que a senhora é a cunhada de Expedito. Não quero saber.

– Tudo bem, mas saiba que, de qualquer forma, possuo muita admiração pela sua pessoa. Não é apenas porque o senhor é da minha cidade de Paracatu, mas porque o senhor é um homem honesto e muito admirado pelo seu caráter. O senhor devia estar ocupando o lugar do juiz Sérgio Moro. Assim, o senhor seria o nosso herói negro mineiro.

– Herói? Que herói?

— Para mim, o senhor é um herói, porque saiu da cidade de Paracatu muito pobre e conseguiu ser uma importante personalidade. Conseguiu vencer na vida estudando e trabalhando. Mas bem que o senhor devia ter ido mais fundo e continuado com as investigações para chegar à Operação Lava Jato. Sei que o juiz Sérgio Moro tomou o seu lugar.

— Minha cara, o papel de investigar não me pertence. Depois, não gostaria de cometer injustiças. Apenas com depoimentos de delações há riscos de condenarmos pessoas inocentes.

Senti que o ministro da minha cidade era realmente um homem probo, gente do bem. Muito honrado e admirado pela sociedade. Homem negro que venceu na vida estudando e trabalhando.

Saí do TSE com a clara certeza de que o presidente Michel Temer ia continuar o mandato como presidente do Brasil até 2018. Se os ministros do TSE o haviam absolvido, certamente, o Congresso Nacional ia absolvê-lo também.

Pouco tempo depois, a minha quase certeza tornou-se real. Michel Temer foi absolvido no Congresso Nacional. O STF devia arquivar todas as denúncias do procurador geral da República.

A esquerda brasileira criticava a Lava Jato, dizia que ela havia sido criada para destituir a presidente Dilma Rousseff. O ex-presidente Lula havia tentado, mas não pôde dar continuidade ao seu projeto educacional.

A História brasileira estava sendo desnudada. As verbas necessárias para a verdadeira mudança do país estavam nas mãos da elite. A classe dominante devia soltar, desapegar e elaborar projetos para tirar o povo da linha abaixo da pobreza, em que muitos viviam. Alguns jornais diziam que a Lava Jato não tinha o objetivo de prender a esquerda brasileira, mas de combater a corrupção das empresas ligadas à Petrobras e as suas adjacentes. Assim, a controvérsia a respeito da Lava Jato estava em foco.

Voltei mais uma vez a Paracatu, em dezembro de 2017. No final daquele ano, o problema da crise hídrica repercutiu na empresa de mineração Kinross Gold Corporation, que teve prejuízo com a extração de ouro devido à falta d'água. O homem deve saber fazer uso racional dos recursos naturais, sobretudo da água, o recurso mais precioso de todos. Preservar para não faltar, porque a economia depende da água, a vida depende da água.

O agrohidronegócio estava gerando polêmicas pelo Estado neoliberal em vigor. As outorgas concedidas estavam, cada vez mais, exigindo do poder público formas de controle do bem mais precioso que o ouro, a água.

Voltei a Paracatu porque precisava descobrir os pormenores da pirâmide de ouro, se ela era a pirâmide que pertencia à minha família. Gilberto havia marcado para conversarmos bem no dia do Natal, dia 25 de dezembro de 2017, no início da noite. Sei que precisava de uma testemunha para depor, dizer onde fora encontrada a pirâmide misteriosa. Se conseguisse provar, a pirâmide de ouro do século XVIII voltaria para a minha família. Por enquanto, não havia dito nada a minha vó. Primeiro, queria conversar com Gilberto. Perante à Justiça, os manuscritos também ficariam como provas. Após conversar com Gilberto, ia tentar mais uma vez juntar os pedaços dos pergaminhos danificados para tentar provar que a pirâmide não pertencia a Expedito.

Eu já estava esperando por Gilberto, ao entardecer, quando homens trajando fantasias coloridas, tocando instrumentos musicais no portão, de repente, entram na pousada. Não sabia que a Festa dos Reis Magos ia ser apresentada na pousada. Os meus pais, como católicos, amavam a festa de tradição cristã. Os homens, que esperavam no portão para entrarem pela sala, eram simples e praticavam a tradição sem nada em troca, apenas para manter viva a prática cultural-religiosa.

O grupo de foliões saiu da Igreja Matriz de Santo Antônio, após a missa, e entrou, de repente, dentro da pousada. Os homens do grupo não entravam em nenhuma casa sem serem convidados. Provavelmente, os meus pais os haviam convidado, pois, como disse, eu sabia que eles amavam essa tradicional festa. Eles não haviam me avisado, assim sendo, o meu encontro com Gilberto ficaria mais difícil.

Um homem vinha à frente dos outros segurando a bandeira com o presépio, com os desenhos do Menino Jesus, Maria, José e os três Reis Magos – Melchior, rei da Pérsia; Gaspar, rei da Índia; e Baltazar, rei da Arábia. A Festa dos Reis, em homenagem a Jesus Cristo, começa no dia 25 de dezembro e termina no dia 06 de janeiro de 2018, no dia designado à tradicional festa cristã. Os homens foram se adentrando na pousada, tocando e cantando louvores.

Fiquei sensibilizada. Neste mundo onde as pessoas estão perdendo as virtudes, os valores simples devem, realmente, ser resgatados. De acordo com a filosofia cristã, o amor ao próximo, o perdão e o desapego material são muito importantes. Algo sublime. Pensando assim, o ouro deveria ser mais bem compartilhado para que a renda seja melhor distribuída entre as pessoas.

O ouro foi tido como moeda e objeto de valor econômico desde a Antiguidade. Um dos presentes que o menino Jesus recebeu dos Reis Magos foi ouro, presente para o maior rei de todos, Jesus Cristo.

Em meio aos cantos, Gilberto chega para conversarmos. Observei que Gilberto estava gostando do que via.

— Hoje não estou com pressa, Dr.ª Elisa. Podemos deixar o grupo de foliões terminar a apresentação.

Então ficamos assistindo aos homens que cantavam na Festa dos Reis Magos. Quando terminaram a cantoria, foram deixar os instrumentos num quarto da pousada. A minha mãe havia autorizado e ficou como guardiã dos instrumentos musicais.

— Dr.ª Elisa, vamos conversar sobre aquele assunto que a senhora tanto insiste.

Todos foram embora e a pousada ficou vazia. Fomos para uma sala de espera da pousada e começamos a conversa.

— Quero saber o que o senhor fez com aquela pirâmide de ouro que o senhor estava modelando na década de 80.

— Nossa, Dr.ª Elisa, já faz tanto tempo!

— Mas o senhor sabe. Quem era o magnata de Brasília para quem o senhor estava esculpindo a pirâmide?

— Veja bem, Dr.ª Elisa... Entreguei a pirâmide que era encomenda, mas ganhei uma merreca com aquele trabalho. Não foi com a pirâmide de ouro que fiquei rico.

— Então como o senhor ficou tão rico?

— A Dr.ª Acha que o ouro de Paracatu deixou alguém rico? A senhora acha que algum funcionário que trabalha com o ouro fica rico? Apenas os donos da multinacional ficaram ricos.

— Vou repetir a pergunta, Gilberto. Então como o senhor ficou tão rico?

— A senhora é da Lava Jato? Preciso saber.

— Sou da Justiça Federal, mas não sou da Lava Jato. A minha conversa com você é de cunho particular.

Gilberto não conseguia esconder o medo. Por eu ser juíza ficou temeroso em responder as minhas perguntas.

— Ah, sim, Dr.ª... Porque se fosse um interrogatório, teria que chamar o meu advogado.

– O que aconteceu com a pirâmide de ouro?

– Posso afirmar à doutora, não fiquei rico com a pirâmide de ouro. Já lhe disse que, na década de 80, ganhei uma merreca para continuar a modelar aquela pirâmide. Fiquei rico trabalhando duro, não apenas com o comércio do ouro. Trabalho também com o agronegócio e outros investimentos. Trabalho com o agronegócio porque me casei com uma herdeira de terras. Eu era pobre, mas me casei com uma mulher rica. E também invisto em barras de ouro. Estou investindo até em moeda virtual. Trabalhei com o comércio do ouro até 2014, depois daquele ano, depois dos boatos de corrupção envolvendo Expedito, abandonei a entrega de ouro para ele. Depois, se ele roubou para comprar o ouro dos pequenos garimpeiros de Paracatu, não tenho nada com isso.

– Como o senhor comprava o ouro?

– Eu sempre comprava o ouro que me ofereciam e mandava fundir as barras para revenda. A senhora deve saber que o ouro de Paracatu vai para o comércio nacional e internacional.

– Tudo bem, sei disso. Mas quero saber mesmo é da pirâmide da década de 80. Vou repetir, para quem o senhor entregou a pirâmide de ouro?

– Ok. Vou dizer a verdade. Entreguei a pirâmide para o Expedito mesmo. Ele pagou muito mal para eu continuar modelando a pirâmide. E depois, na época, eu ainda era um adolescente, não sabia o que estava fazendo. Não tinha consciência. E o seu pai, o Lucas, não ficou sabendo de toda a verdade da pirâmide?

– Qual verdade?

– Que a pirâmide foi encontrada aqui na pousada mesmo. Quando foram escavar o chão para construir a piscina dos hóspedes. A doutora sabe que foi o Expedito quem ajudou na reforma. Ele não ajudou apenas com o dinheiro. Ele acompanhou a obra. Dizia que era para economizar, porque se a sua avó, a verdadeira dona da pousada, fosse fazer a reforma, ia se perder nas contas.

– Você pode depor para mim sobre a verdade da pirâmide? Onde ela foi encontrada, por que essa pirâmide pertence à minha família, que a pirâmide é mesmo da minha avó Flora.

Em março de 2018 tive que comparecer ao julgamento de Expedito, que já se encontrava preso no Complexo Penitenciário de Brasília. Eu não ia atuar como juíza, mesmo porque estaria impedida. Mas já havia feito o meu papel de parente ao contratar um advogado para o meu cunhado. Ele estava sendo julgado pelo juiz de primeira instância da Justiça Federal, em Brasília. Ia ser julgado pelas práticas de corrupção e lavagem de dinheiro. Ademais, por participar de envolvimentos com o poder público, sobretudo, ao ser beneficiado em licitações para sua empresa de construção civil.

Sentei-me no auditório como familiar para assistir ao julgamento. Expedito estava cabisbaixo, não levantava a cabeça por nada, muito vexatório. Ele fazia parte de um partido em Brasília, portanto, havia obtido benefícios das empresas e dos políticos que patrocinavam o partido.

O juiz pronunciou:

– O réu, Expedito Lima de Andrade, encontra-se denunciado pelos crimes de corrupção e lavagem de dinheiro. Neste momento, daremos início ao julgamento. Iniciaremos com o pronunciamento do Ministério público, representado pelo promotor Miguel da Corruptiva.

– O senhor acusado, Expedito Lima de Andrade, está sendo acusado por crimes contra o patrimônio público. O pequeno partido que ele apoiou cresceu consideravelmente nestes últimos anos, além de abocanhar para o seu patrimônio pessoal, imenso valor em ouro, fruto de lavagem de dinheiro. Ao juntar todo o ouro no seu palácio particular, mostrou o quanto é perigoso para a organização pública do nosso país. Indicio o réu para responder pelos crimes cometidos em separado do seu correligionário, o senador Humberto Rodrigues Tavares Lima, que será julgado no STF, por ter foro privilegiado.

O juiz de Direito tomou a palavra:

– Então, agora chamaremos o advogado de Expedito Lima de Andrade para a defesa.

– Venho, em defesa do meu cliente, Expedito Lima de Andrade, dizer que ele não cometeu crime de corrupção, tendo em vista que possui todos os comprovantes de licitação com o poder público. Todas as prestações de serviço da sua empresa de construção civil foram legais, assim como prevê a Lei, nada tendo a desabonar o meu cliente.

O promotor Miguel da Corruptiva pronuncia:

– Como o senhor explica todo o ouro acumulado no sótão do palácio de Expedito Lima de Andrade, o ouro de lavagem de dinheiro?

– Todo o ouro de Expedito é fruto do seu trabalho árduo na sua empresa de construção civil. Todo o lucro obtido na empresa era destinado a investimentos em ouro.

– Vejam bem, meus senhores e minhas senhoras presentes neste tribunal, um empresário acumular tantas barras de ouro para os seus investimentos. Tudo isso, *data vênia*, fruto de lavagem de dinheiro, como comprovado pelos benefícios de licitação. Em contrapartida, o senhor Expedito tinha que pagar boa parte desses benefícios ao senador Humberto Rodrigues Tavares Lima, para a sua candidatura no processo eleitoral de 2014.

Lembrei-me que a pirâmide de ouro ainda estava comigo. Nem o juiz nem o promotor sabiam a respeito dela. Eu estava aguardando um bom momento para comprovar que a pirâmide de ouro não pertencia ao esquema de corrupção, que a pirâmide vinha do século XVIII e pertencia a minha vó Flora. Todavia não me pronunciei, senti enorme medo, porque não sabiam que estava escondendo algo importante. Eu não podia perder o meu cargo de juíza, o qual consegui por meio de inúmeras horas de estudo.

Não indiquei o Gilberto para depor. Ainda não sabiam dele. Também acho que nem iam precisar, porque as barras de ouro encontradas no palácio já diziam tudo, já revelavam toda a lavagem de dinheiro. Na verdade, Gilberto se dizia inocente, então me calei, porque precisava dele para depor para mim sobre a verdade da pirâmide.

Expedito foi condenado a doze anos de cadeia por corrupção e lavagem de dinheiro. Ayla, Rayane, Homero e Carlos Magno, abraçados, choravam a derrota do empresário e pai de família.

Agora, em 2018, as eleições estão de volta. O povo está revoltado com a política atual devido à corrupção. Penso que precisamos dos políticos porque fazem parte do sistema democrático vigente. Não podemos viver sem eles, mas aqueles que cometem corrupção devem responder pelo crime que praticam. Porém, outros políticos são bons e verdadeiros e querem o melhor para a nação.

Téo havia sumido mais uma vez. Fiquei pensando se ele havia sumido por causa do julgamento de Expedito. Todos estavam com medo de se envolver. Mas ele deveria estar comigo nesses momentos difíceis. Se ele realmente gostasse de mim, aceitaria os desafios. Sou uma juíza, há vários homens tentando me seduzir e, no momento, penso apenas em Téo. Não pode ser.

No dia 04 de abril de 2018, resolvi comparecer ao STF, como estudiosa do Direito, porque ainda ia completar o meu doutorado. Então assisti ao julgamento do *habeas corpus* preventivo[64] do ex-presidente Luiz Inácio

---

[64] Texto ficcional crítico baseado em fatos históricos (SUPREMO TRIBUNAL FEDERAL. STF nega *habeas corpus* preventivo ao ex-presidente Lula. Publicado em 05 abr. 2018. Disponível em http://www.stf.jus.br/portal/cms/verNoticiaDetalhe.asp?idConteudo=374437. Acesso em: 6 abr. 2018.

Lula da Silva. Sentada na poltrona, eu observava os ministros da Suprema Corte e me perguntava, silenciosamente, perante os ministros, naquele dia histórico de julgamento, que alguns membros de outros partidos terem cometido corrupção não significava que Lula houvesse cometido também. Ele representa a luta dos trabalhadores. Como juíza e estudiosa do Direito, eu analisava: se o STF resolver conceder o *habeas corpus* a Lula, não deveria significar que iria conceder a outros políticos.

O pior, ali, é que as provas da inocência ou não do ex-presidente estavam na primeira e na segunda instância, então, o STF, naquele momento, não julgaria as provas, apenas o direito ou não do *habeas corpus* preventivo.

Sentada, olhando a composição do plenário, pude ver e ouvir a votação dos magistrados, que não concederam o *habeas corpus* ao ex-presidente Luís Inácio Lula da Silva que foi julgado como uma pessoa comum. A esquerda brasileira protestou, dizia que uma injustiça havia sido feita.

Como estudiosa do Direito, analisava que o Judiciário, como instância superior, julgava as partes como um todo. No meu ponto de vista, cada réu deve ser julgado individualmente pelo ato de corrupção praticado. Se o político cometeu o crime, deve responder individualmente, não coletivamente. Essa é a minha teoria como juíza, mas não sou ministra do STF dotada de poder para julgar na instância superior.

No entanto, eu sabia que o STF possui conhecimento jurídico para julgar, porque é um dos três poderes constituídos. Os poderes devem ser harmônicos e independentes, conforme a Constituição brasileira.

Após o julgamento e a prisão de Lula, aos poucos, a direita brasileira foi assumindo o comando do país.

Em 2020, depois de juntar todas as provas sobre a existência da pirâmide de ouro, reunia todas as prerrogativas para que a pirâmide fosse tratada como sendo da minha família, de Paracatu. Na petição, alegava, por meio do advogado da minha vó Flora de Mello, que Expedito havia se apossado de um bem da minha avó.

A minha vó Flora, os meus pais, a minha irmã Gabriela e a minha irmã Ayla, estávamos todos reunidos em meu apartamento, na Asa Sul, para, enfim, irmos à Justiça Federal para o julgamento da pirâmide de ouro. A justiça haveria de ser feita e a pirâmide voltaria para a minha família. Assim, os meus hexavós seriam justiçados com a recompensa da pirâmide finalizada.

Mas seria imensamente difícil ganharmos a causa, tendo em vista o tamanho da pirâmide, que já pesava 60 quilos. Ainda mais que eu havia feito a denúncia de que a pirâmide havia ficado por um bom tempo no sótão do palácio de Expedito, que se tratava de mais um roubo de Expedito.

No dia do julgamento, entrei no prédio da Justiça Federal com a minha vó, de bengala, que tremia devido à velhice. Já eu, era de nervosismo. Logicamente, entrei com a petição no nome dela, a verdadeira proprietária da pirâmide de ouro. E, depois, não podia me comprometer com essa história, pois eu já era uma juíza.

Naquele momento tão importante para minha vida, o Téo estava ausente. Acho que ele também tinha medo de se comprometer, pois era um funcionário público da Justiça. Porém, eu estava ressabiada a respeito do amor do Téo por mim. Se ele realmente me amasse, estaria comigo num momento tão importante da minha vida e da minha família.

– Então daremos início ao julgamento da pirâmide de ouro. Esta aqui, que os senhores estão observando – proferiu o juiz, apontando para a pirâmide fundida em ouro, no centro da mesa do tribunal.

– Ohhhhh!! – Todos os presentes ficaram boquiabertos com a imensa peça de ouro, que pesava 60 quilos. A escultura brilhava mais do que sempre brilhara. Era um amarelo cor do sol, o ouro tão cobiçado brilhava de maneira incomum. O promotor Miguel da Corruptiva pronunciou:

– Estou analisando que a senhora Flora de Mello reivindica a pirâmide de ouro como patrimônio da sua família, de Paracatu. Ela justifica que os manuscritos do século XVIII comprovam a veracidade da pirâmide. *Data vênia* que essa pirâmide foi concluída por Expedito, no sótão do palácio. Assim tendo procedido, devo me pronunciar contrariamente à reivindicação da senhora Flora de Mello, tendo em vista que essa pirâmide transformou-se em elemento de corrupção. Então, senhor juiz, posiciono-me favorável a que todo esse ouro seja entregue ao Banco Central do Brasil.

O advogado de defesa da minha vó Flora protestou:

– Caro promotor Miguel da Corruptiva, esse é um bem particular e, portanto, não deve ser arrestado pelo Estado, tendo em vista todo o esforço dessa família, durante anos, desde o século XVIII, conforme os manuscritos. Ademais, a senhora Flora de Mello está denunciando Expedito Lima de Andrade, que se apossou de um bem pertencente à família. Portanto, ela procura pela justiça, que seja devolvida à verdadeira dona, a pirâmide de ouro de sessenta quilos.

– Caro advogado, falaremos de equidade neste momento, tendo em vista que tantas pessoas necessitam de hospitais, educação e saneamento básico. Enquanto isso, essa pirâmide milionária pode ficar apenas nas mãos da família de Expedito. O senhor sabe o real valor dessa pirâmide de ouro de 60 quilos? Se fizermos o cálculo de acordo com a cotação atual do grama de ouro, teremos o valor de R$ 9.300.000,00. Ou seja, o valor de nove milhões e trezentos mil reais, correspondente a nove apartamentos no Plano Piloto.

– Senhor promotor Miguel da Corruptiva, vivemos num país capitalista. As pessoas têm o direito aos seus bens. Por conseguinte, conforme o seu cálculo, o valor de 9.300.000,00 não é uma grande quantia, tendo em vista que uma família rica de Paracatu gastou um milhão apenas com uma festa para a filha que estava completando 15 anos.

– Ohhhh!!

A plateia ficou boquiaberta com tamanha quantia.

– O senhor advogado de defesa da senhora Flora de Mello acha normal tamanho gasto exorbitante apenas com uma festa? Enquanto milhões de brasileiros estão longe de acumular um milhão para o seu patrimônio?

– Muito normal em um país capitalista, Dr. Miguel da Corruptiva.

– Prezado senhor advogado de defesa, não mudaremos o foco do julgamento – pronunciou o juiz, tentando colocar ordem no tribunal.

– Dr. Miguel da Corruptiva, favoreça a continuidade para que não atrase o julgamento.

– Devo acusar o senhor Expedito por mais esse roubo de patrimônio familiar. Mediante os fatos, como os senhores estão observando, o empresário e ex-político, além de se envolver em lavagem de dinheiro, ainda tomou posse de uma boa parte do patrimônio da família. Todavia não podemos mais considerar um bem da família da senhora Flora de Mello, tendo em vista que à pirâmide foram acrescentados mais alguns quilos de ouro por Expedito, fruto da corrupção. Dessa forma, sugiro que essa pirâmide seja arrestada – pronunciou o promotor Miguel da Corruptiva, como advogado de acusação, mas, logo em seguida, o advogado de defesa protestou e defendeu a pirâmide.

Vamos chamar a testemunha para depor. Vamos dar voz ao senhor Gilberto, de Paracatu. O senhor pode falar sobre como ficou sabendo da pirâmide de ouro?

— Quando eu era apenas um adolescente trabalhei no garimpo de Paracatu, com o Sr. Lucas, o sogro de Expedito. Naquela época, a Kinross Gold Corporation nem havia se estabelecido na cidade, o garimpo era feito por meio de dragas. Então, nos anos 80, o senhor Expedito chegou com a pirâmide inacabada e pediu para eu continuar modelando e fundindo a escultura.

— Ele disse ao senhor onde havia encontrado a pirâmide de ouro?

— Sim, ele disse que a havia achado enterrada na pousada da senhora Flora de Mello. Encontrou quando foi cavar o subsolo para colocar a piscina dos hóspedes. Disse que ninguém da família devia saber. Ele me pediu segredo absoluto.

— Senhor advogado, e quanto às outras testemunhas que deveria haver? — indagou o juiz.

— Nesse caso, a próxima testemunha é o João, filho de Elisandra, de Paracatu. Logo após, vamos ler os manuscritos do século XVIII.

— Então chame o senhor João para depor.

— Trabalhei com o senhor Lucas nos anos 80, quando conheci o Senhor Expedito. Ele pediu pra nós trabalhar na construção da pirâmide de ouro. Dizia que queria a pirâmide pesando 60 quilos. Na época, recebi umas comissão, coisa pouca. Mas vou dizer uma coisa, o senhor Lucas, o pai da Dr.ª Elisa, não sabia de nada da pirâmide. Depois daquela época, a minha mãe passou a trabalhar na pousada como cozinheira. Para não prejudicar ela, preferi manter o bico fechado. Nunca falei nada pra ninguém sobre essa pirâmide. Acho que quem ganhou dinheiro com a pirâmide foi o Gilberto que hoje tá rico. Eu continuo pobre. Nem posso mais garimpar nos rejeitos da Kinross, porque os seguranças não deixa.

— Mas eu não fiquei rico com a pirâmide de ouro, João. Fiquei rico mexendo com outros negócios. O ouro não deixa ninguém rico. Apenas os donos da mineradora e algumas empresas prestadoras de serviço ganham muito dinheiro.

— Silêncio neste tribunal! Testemunhas, respondam apenas as perguntas — bradou o juiz pedindo ordem.

— Senhor advogado de defesa, agora leia os manuscritos do século XVIII.

— Sim, Excelentíssimo juiz. Vou ler os manuscritos recuperados — respondeu o advogado de defesa. — Vou ler, todavia, quero a pirâmide com a verdadeira dona, a senhora Flora de Mello. O senhor juiz há de concordar comigo.

PARTE FINAL DOS MANUSCRITOS DO SÉCULO XVIII

Eulálio, o homem a quem sempre amei, aproximou-se com a espada do meu pai na mão direita e a apontava de forma ameaçadora para o caixeiro viajante, dentro do quarto da pousada. A sua fisionomia era de tensão. O caixeiro realmente tentava esconder algo. Eulálio foi logo dizendo que queria revistá-lo para ver o que ele escondia.

– Senhor Eulálio, não roubei nada desta hospedaria!

– O senhor está mentindo, caixeiro! Quero ver as cargas que vosmecê vai colocar no lombo da mula.

Quando Eulálio abriu a carga do caixeiro, encontrou o objeto dourado, que brilhava intensamente. Era como se um clarão invadisse todo o aposento. O meu amado Eulálio ficou furioso com o caixeiro viajante que havia se apossado da pirâmide de ouro. Deu uns pontapés no traseiro do hóspede e o mandou para o olho da rua. Eulálio ficou tão nervoso que, logo em seguida, pegou a pirâmide, saiu com ela para o pátio da hospedaria e ficou ali por horas e horas até escurecer. Quando indaguei sobre a pirâmide, ele me disse que a havia enterrado novamente, mas não ia dizer onde. Só disse que a havia enterrado no pátio da hospedaria. Dizia-me que, dessa vez, ninguém a encontraria, de jeito algum.

Após aquele dia, Eulálio começou a adoecer com uma gripe forte, sentindo intensos vômitos, dor muscular e bolhas pelo corpo. Acho que o avultado movimento da romaria, da festa do Divino de Paracatu do Príncipe, havia trazido a tal peste. Fiz de tudo para que ele melhorasse da maldita doença, da varíola, que já causava várias mortes por estas bandas. Fiz escalfados, caldos e várias refeições fortes para ele. Deixava esfriar bem. Coloquei o Eulálio em um quarto mais fresco para abrandar o calor das bolhas do seu corpo. Porém, ele foi se acabando muito rápido.

Estava eu penando em demasia, vendo o meu amado Eulálio sofrendo daquele tanto, naquele estado lastimável. Tentei conversar com ele para distraí-lo um pouco, para que se esquecesse do sofrimento angustiante.

Indaguei sobre a pirâmide, ele apenas balbuciou que estava na hospedaria.

– Enter... rei... no pá... tio da... hospedari...a! Ah, Omolu tenha piedade... de da minha al... ma.

– São Lázaro terá piedade de ti, Eulálio. Ele vai sarar essa doença maldita que está acabando contigo. Tenha fé, meu amor!

Aquela noite foi imensuravelmente longa, pois não consegui pegar no sono e nem o Eulálio conseguiu dormir. Ele gemeu a noite toda. Não me preocupei mais com a pirâmide de ouro. Queria apenas ver o meu amado são. Passei a me dedicar apenas a ele naqueles momentos.

Quando o dia já estava amanhecendo e alguns raios de sol já penetravam nas frestas da janela de madeira, vi que o meu amado Eulálio estava falecendo da maldita varíola. Debrucei sobre ele, comecei a chorar em desespero, não podia ser. Eu amava aquele homem em demasia, ele não podia partir assim, por definitivo. Usei os brancos lençóis para secar a minha face cheia de lágrimas, mal podia suportar tamanha dor.

Apesar do sofrimento, tive que ir ao enterro, devia cumprir o que manda a Santa Madre Igreja. Devia enterrá-lo como cristão.

Após aquela triste despedida do meu amado, também fui acometida com uma gripe forte, senti intensos vômitos, dor muscular e bolhas pelo corpo, os mesmos sintomas que Eulálio havia sentido. Era a maldita da varíola! Não me desesperei, porque mantinha a esperança de encontrar-me com Eulálio do outro lado, junto ao Nosso Senhor Jesus Cristo e a Nossa Senhora. Corri e peguei os manuscritos. Precisava deveras terminá-los, pois a vida, para mim, estava se esvaindo rapidamente.

"Estou abandonando o meu corpo físico para sair desta vida. Vou para outro lugar, onde acho que todos são felizes e não se preocupam com bens materiais. No paraíso, o ouro não haverá de nos servir".

FINAL

A pirâmide de ouro do século XVIII foi arrestada pelo Judiciário. Após o julgamento, saí do prédio da Justiça Federal muito chateada, no entanto, mantinha a esperança de que o patrimônio da minha família haveria de servir às causas sociais. Haveria de, pelo menos, cumprir, em parte, os desejos do meu hexavô Eulálio e da minha hexavó Cárita, que construíram a pirâmide para libertar os escravos de Paracatu do Príncipe.

Os meus familiares voltaram para Paracatu decepcionados. Rayane e Homero foram para o apartamento da minha irmã Ayla. O palácio ainda estava vazio. Voltei para o meu apartamento, só queria descansar e esquecer a demasiada decepção com o julgamento da pirâmide. Fiquei com pena da minha vó Flora, que já contava com o dinheiro da pirâmide de ouro para a reforma da pousada.

Quando já estava descansando em minha poltrona macia, no final de abril de 2020, abri o meu PC nas *news*. Qual notícia estava estampada nas *trending topics*? Notícias a respeito do presidente do Brasil, Jair Bolsonaro. Todos comentavam sobre as mudanças polêmicas no seu governo, sobretudo com Sérgio Moro no Ministério da Justiça. O ex-juiz da Lava jato permaneceu pouco tempo na administração pública do governo, no dia 24 de abril de 2020[65], pediu demissão do Ministério da Justiça, porque contrariou o Presidente da República sobre a nomeação do diretor geral da Polícia Federal. Na sequência dos acontecimentos, a Lava Jato continuou a gerar controvérsias. Mas como juíza, eu via o Sérgio Moro como um colega de trabalho, como um profissional da justiça que zela pela sua conduta.

Novamente, Téo havia sumido do mapa, estava desaparecido e, desta vez, eu não iria mais procurá-lo, porque sou mulher independente. Passaram-se alguns dias.

Por conseguinte, no dia 22 de setembro de 2020, enquanto eu estava trabalhando em meu apartamento, durante o isolamento social, por causa da pandemia de Covid-19. Alguém tocou a campainha do meu apartamento, coloquei a máscara no rosto para me proteger e abri a porta.

---

[65] BORGES, Larissa. Moro pede demissão: "Tenho que preservar a minha biografia". *Revista Veja*. Publicado em 24 abr. 2020. Disponível em: https://veja.abril.com.br/politica/sergio-moro-pede-demissao/ . Acesso em: 18 set. 2020.

– Téo, se você optou em ficar com a Mariana, de Paracatu, vou te entender, vamos acabar com tudo de vez. Chega! Não preciso de você! Sou mulher independente.

– Calma, meu amor!

– Não me chame de meu amor, hipócrita!

– Posso explicar tudo o que aconteceu, estive doente e não queria te incomodar. Peguei a tal Covid-19 e tive medo de contar a você, que poderia tentar ir atrás de mim, assim você poderia se contaminar. Temi pela sua vida, amor. E quanto à Mariana, fique tranquila, ela até já está com outro. E depois, descobri que você é a mulher que realmente amo. Mulher mais madura, linda e inteligente do que você, nunca conheci.

– Oh, meu amor, você poderia ter me dito que estava com a Covid-19. Então agora estou te entendendo.

– E tenho aqui um presente pra você, Elisa.

Téo retirou do bolso da calça uma pequena caixinha com um par de alianças, pegou a aliança menor de ouro e disse:

– Aceita ficar comigo até que a morte nos separe?

Fiquei emocionada com as palavras de Téo. Olhei para ele com um leve sorriso nos lábios. Ele olhou para mim de um jeito que só ele tinha. Observei bem aqueles olhos castanhos e o sorriso branco. Enfim, compreendi que o que faz a pessoa realmente feliz não é o ouro acumulado, não é a fortuna, mas a profissão, a paz de espírito e o amor verdadeiro.

Brasília, 30 de novembro de 2020.

REFERÊNCIAS

ALBERNAZ, Lavoisier. *Morro do ouro Ambição e agonia*. Brasília: Universidade de Brasília: CPCE/UnB, 1992.

ANSA, Agência. Fidel Castro morre em Cuba aos 90 anos de idade. *Agência Brasil*. Publicado em 26 nov. 2016. Disponível em: https://agenciabrasil.ebc.com.br/internacional/noticia/2016-11/fidel-castro-morre-em-cuba-aos-90-anos-de-idade#. Acesso em: 26 nov. 2016.

BORGES, Larissa. Moro pede demissão: "Tenho que preservar a minha biografia". *Revista Veja*. 24 abr. 2020. Disponível em: https://veja.abril.com.br/politica/sergio-moro-pede-demissao/ . Acesso em: 18 set. 2020.

BOTELHO, José Aluísio. Padre Antônio Mendes Santiago. *In: A raposa da chapada*. 03 mar. 2013. Disponível em: https://araposadachapada.blogspot.com/2013/03/padre-antonio-mendes-santiago.html. Acesso em: 25 abr. 2016.

CARRARA, Angelo. Ouro de Tolo. *In:* FIGUEIREDO, Luciano (org.). *História do Brasil para ocupados*. Rio de Janeiro: Casa da Palavra, 2013.

CHIAVENATO, Júlio José. A conjuração mineira e a derrama. *In: Tributos do Brasil Colonial*. 1ª parte. São Paulo: Editora da USP, 2017. Disponível em: https://edisciplinas.usp.br/pluginfile.php/1766986/mod_resource/content/1/Sem%20II%20-%20Julio%20Jos%C3%A9%20Chiavenato%20-%20obrigat.pdf. Acesso em: 3 out. 2020.

EQUIPE DO ARQUIVO PÚBLICO MUNICIPAL. *Inventário analítico do fundo Tribunal Eclesiástico*. 2016. Disponível em: https://paracatumemoria.wordpress.com/fundo-tribunal-eclesiastico-tec/inventario-eclesiastico/. Acesso em: 9 nov. 2016.

FAUSTO, Boris. *História concisa do Brasil*. São Paulo: Editora da Universidade de São Paulo, 2006.

GAMA, Alexandre de Oliveira. *Historiografia e memórias de Paracatu - Noroeste de Minas Gerais*. Brasília: Universidade de Brasília, 2015. Disponível em: http://repositorio.unb.br/bitstream/10482/18413/1/2015_AlexandredeOliveiraGama.pdf. Acesso em: 14 jun. 2016.

GONZAGA, Olympio. *Memória histórica de Paracatu*. 2. ed. Paracatu: Prefeitura Municipal, 1988.

KUNDERA, Milan. *A insustentável leveza do ser*. São Paulo: Companhia das letras, 2008.

MARONIS, Públio Virgílio. *Eneida*. Tradução de Manuel Odorico Mendes. São Paulo: Unicamp, 2005. p. 23. Disponível em: http://www.ebooksbrasil.org/eLibris/eneida.html. Acesso em: 19 abr. 2019.

MONTEIRO, John. Bandeiras indígenas. *In:* FIGUEIREDO, Luciano (org.). *História do Brasil para ocupados*. Rio de Janeiro: Casa da Palavra, 2013.

NEIVA, Maria da Paixão Mendes. Entrevista concedida a Eli M. Lara. Brasília, 01 abr. 2017.

NETTO, Vladimir. *Lava Jato:* o juiz Sérgio Moro e os bastidores da operação que abalou o Brasil. Rio de Janeiro: Primeira Pessoa, 2016.

OLIVEIRA, Mariana. Julgamento do Mensalão. *In: G1*. Publicado em 13 mar. 2014. Disponível em: http://g1.globo.com/politica/mensalao/noticia/2014/03/apos-um-ano-e-meio-e-69-sessoes-stf-conclui-julgamento-do-mensalao.html. Acesso em: 24 nov. 2016.

PROENÇA, Graça. *História da Arte*. São Paulo: Editora Ática, 2003.

ROSA, João Guimarães. *Grande sertão: veredas*. São Paulo: Ed. Nova Aguilar, 1994.

ROUSSEFF, Dilma. Dia do impeachment de Dilma Rousseff. Brasília: *TV Senado*. Transmitido em 31 ago. 2016. Acesso em: 31 ago. 2016.

SANTOS, Mário Pereira dos. "Palácio Nacional distinção de Mafra". Publicado em 2017. Disponível em: http://www.patrimoniocultural.gov.pt/pt/museus-e-monumentos/dgpc/m/palacio-nacional-de-mafra/. Acesso em: 31 jan. 2020.

SILVA, Paulo Sérgio Moreira. *A caretagem como prática cultural*: fé, negritude e folia em Paracatu. Uberlândia: Universidade Federal de Uberlândia, 2005. Disponível em: HTTP://www.livrosgratis.com.br. Acesso em: 22 jun. 2017.

SILVA, Rafael Ricarte da. "Sesmarias". *In: Biblioteca de Referências do Atlas Digital da América Lusa*. Publicado em 03 jul. 2013. Disponível em: http://lhs.unb.br/atlas/Sesmarias. Acesso em: 22 mar. 2020.

SUPREMO TRIBUNAL FEDERAL. STF nega *habeas corpus* preventivo ao ex-presidente Lula. Publicado em 05 abr. 2018. Disponível em: http://www.stf.jus.br/portal/cms/verNoticiaDetalhe.asp?idConteudo=374437. Acesso em: 6 abr. 2018.

TEIXEIRA, Zélia Dantas. Entrevista concedida a Eli M. Lara. Paracatu, 12 set. 2016.

TRIBUNAL SUPERIOR ELEITORAL. Por 4 votos a 3, Plenário do TSE nega pedido de Cassação da chapa Dilma e Temer. Publicado em jun. 2017. Disponível em: http://www.tse.jus.br/imprensa/noticias-tse/2017/Junho/por-4-votos-a--3-plenario-do-tse-decide-pela-nao-cassacao-da-chapa-dilma-e-temer. Acesso em: 30 jun. 2017.